루카복음서 해설 1

일러두기

* 본문에 나오는 알.가.유.소.는 '알아두면 가끔 유익한 소소한 정보'의 줄임말이다.
* 지도 출처: 《성경지도》(성서와함께, 2010)
Tübingen Bibel Atlas(Deutsche Bibelgesellschaft, 2001)

루카복음서 해설 1

최안나 지음

성서와함께

책을 펴내며

루카복음서는 신앙의 초보자 또는 비신자까지도 쉽게 접근하여 흥미롭게 읽을 수 있는 복음서입니다. 착한 사마리아인의 비유, 등 굽은 여인의 치유, 돌아온 탕자(되찾은 아들), 예리코의 눈먼 이, 자캐오 이야기, 베들레헴 들판의 목자 이야기 등 흥미롭고 매력적인 에피소드가 많이 들어 있습니다. 개별 이야기 그 자체만으로도 우리 마음을 선으로 이끌기에 충분하며 풍요로운 메시지를 전달합니다.

여기에서 시작하여 우리는 루카복음이 전하고자 하는 메시지에 도달해야 합니다. 루카 복음사가가 이야기를 엮으며 그런 훌륭한 사화들과 비유들과 전승들을 어디에, 어떻게, 왜 배치했는지, 기획 의도와 목적, 새로운 정보들을 알아가며 읽으면 더 흥미진진합니다. 루카복음의 더 실제적이고 깊은 의미들이 가슴을 두드리며 다가올 것입니다.

마르코복음서나 마태오복음서에 나오는 상당히 많은 구절이 루카복음서에 공통으로 등장합니다. 이야기의 구성 요소는 비슷하지만 놀랍게도 같은 이야기를 하고 있지는 않습니다. 그 차이를 발견하는 재미를 누리시기 바랍니다. '예수님의 가르침이 이렇게나 절절하고 의미가 가득했구나'라고 느끼시게 될 것입니다.

해설서를 집필하는 데 네 학자가 쓴 주석서의 도움을 받았습니다. 입문 부분은 전적으로 조셉 A. 피츠마이어Joseph A. Fitzmyer의 《앵커 바이블 누가복음 I》(이두희 · 황의무 옮김, 기독교문서선교회, 2015)에 의존하였습니다. 그가 입문에서 다룬 방대한 자료와 종합적이고 깊은 연구는 타의 추종을 불허합니다. 여기서는 복음서 이해에 필요한 최소한의 내용을 요약하였습니다. 그리고 프랑수아 보봉François Bovon의 *Vangelo di Luca I, II, III*을 공부하면서는 그의 해석에 공감할 수 있어서 기쁘고 감사했습니다. 난해하고 어려운 구절들은 주로 이 주석서의 도움을 받아 풀었습니다. 루크 티머시 존슨Luke Timothy Johnson의 《루카복음서》(조장윤 옮김, 대전가톨릭대학교출판부, 2017)에서 신학적인 개요들을 확인하였고, 마지막으로 복음서의 그리스어 단어와 문장 분석은 존 놀랜드John Nolland의 《누가복음》(김경진 옮김, 솔로몬, 2003)을 참고하며 확인하였습니다.

이 책이 나오도록 수고를 아끼지 않고, 부족한 책을 기꺼이 출판해주신 '성서와함께'에 감사드립니다. 늘 기도로 동반해주시는 '성서영

적여정' 길벗들과 말씀에 대한 열정으로 열심히 읽고 공부하고 숙고하는 말씀의 봉사자님들께 진심으로 감사드립니다.

코로나 이후, 환경 위기와 더불어 모든 것이 불확실하고 무섭고 새로운 이 시대에, 성경은 우리에게 무슨 이야기를 들려주는지 정말 궁금합니다. 루카복음서가 들려주는 하느님의 계획, 구원자이신 예수 그리스도의 가르침, 그분이 세상에 오셔서 이루신 일이 오늘 이 시대를 사는 우리의 마음을 타오르게 해주시기를 기도합니다. 그리하여 성령의 힘으로 생명과 치유와 사랑이 여전히 가능하다는 것을 믿고 희망하게 되기를 바랍니다.

2021년 7월 5일

성 김대건 안드레아 사제 순교자 기념일에

최안나 수녀

차례

제1부 예언

제2부 공생활

입문

1. 저술 목적

루카는 왜 이 복음서를 썼을까? 루카 복음사가는 전해 받은 모든 전승을 면밀히 연구하여 자신의 방식으로 좀 더 명확하게 표현하는 것이 좋겠다는 생각으로 이 '이야기'를 기록하였다고 말한다.

복음서 서문에서 루카는 "우리 가운데에서 이루어진 일들에 관한 이야기를 엮는 작업에 많은 이가 손을 대었습니다"(1,1)라고 말한다. 기록한 이들이 많다는 말은 당시 정경화政經化 작업 이전에 이미 복음서가 여럿 있었다는 뜻이다. 루카는 그것을 '이야기'(디에게시스 διήγησις, narrative)를 엮는 작업이라고 표현한다. 그 '이야기'들은 예수님의 일을 처음부터(아파르케스 ἀπ' ἀρχῆς) 목격한 이들이면서 '말씀의 종'이 된 이들이 전해준 내용을 그대로 기록한 것이라고 밝힌다. 그래서 루카 자신은 이 모든 일을 '처음부터'(아노텐 ἄνωθεν) 자세히 살펴보고는 순서대로 기록하는 것이 좋겠다고 생각하였다. 여기서 '처음부터 자세히 살펴보았다'는 것은 시간적 정밀함을 가리키기보다는 철저하고 완전하게 파악했다는 의미이다. 그는 이 모든 전승 자료를 철저하고 주의 깊게 연구하고 나서 '순서대로'(카테크세스 καθεξῆς), 즉 시간과 공간에 따라 차례대로 그리고 논리적으로 기록하리라는 생각을 했다(1,3). 그러면 그 이야기를 읽는 이는 그동안 예수님의 행적과 가르침에 관하여 이미 듣고 배운 것들이 진실 즉 확실한 일임을 알게 될 것이라고 말한다. 여기서 "진실"이라고 번역된 그리스어 아스팔레이아(ἀσφάλεια)는 어떤 개념이나 진술이 안정적이고 견실하다는 의미이다. 따라서 루카는 전해 받은 전승을 논리 정연하게 기록하여, 그간의 배움에서 있을 수 있는 의혹이나 의문을 제거하고 이야기가 전하는 사실에 대한 확신을 주겠다는 것이다. 이것이 일차적인 저술 목적이다. 여기서 더 나아가 본질적인 목적은 고유하게 엮은 그 이야기에 담고자 한 메시지일 것이다.

복음사가는 나자렛 예수님을 통해 우리 가운데 이루어진 일을 '예수님의 삶, 곧 행적과 가르침'으로 보고, 당시의 문학 형식을 독보적인 방식으로 이용하여 그 '이루어진 일'을 이야기한다. 그리고 이 이야기를 통해 기원후 80년대 후반 무렵 독자들에게 선포되고 있던 초기 교회의 가르침과 행위가, 30년대인 예수님 시대에 뿌리를 두고 있음을 보여준다. 목격자들인 말씀의 종은 갈릴래아에서부터 예루살렘까지 예수님과 함께 다니던 제자들이다. 그들은 "성경에 기록된 대로, 그리스도는 고난을 겪고 사흘 만에 죽은 이들 가운데에서 다시 살아나야 한다"(루카 24,46)는 사실과 "예루살렘에서부터 시작하여, 죄의 용서를 위한 회개가 그의 이름으로 모든 민족들에게 선포되어야 한다"(루카 24,47)는 사실의 증인이다. 또한 그들은 예수님의 예루살렘 여정에 함께하며 특별히 가르침을 받은 사람들이다. 그들이 전해주고 증언한 것을 바탕으로 루카는 자신이 전하는 이야기의 핵심이 처음 선포될 때와 다르지 않다는 사실을 당시 교회에 전달하며, 나아가 테오필로스에게 그리스도인의 삶을 위한 보증을 제공한다. 그 모든 일은 우연히, 일시적으로 일어난 일이 아니라, 하느님의 계획에 따라 예로부터 모세와 모든 예언자에게서 시작하여 성경 전체에 걸쳐 그리스도에 관하여 기록된 것이 이루어지고 실현된 일이기에, 세월이 흘렀어도 변함없이 확실하다. 또한 이 확실함은 예수님이 활동을 시작하도록 이끄시고(루카 4,1.14), 그분 선포의 진정성을 인정하시는 분(10,21; 사도 1,2.8)으로 묘사되는 성령에게서 오는 것임을 밝힌다.

2. 저술 시기, 독자, 저자

1) 저술 시기

루카복음서의 원전 중 하나인 마르코복음서가 65-70년경에 기록되었다고 보면, 루카는 그 이후에 쓰여야 맞다. 기원후 70년 로마에 의해 예루살렘이 함락되고 성전이 소실되었는데, 그 일은 예수님 사건 후 한 세대가 지난 뒤의 일이고, 그 무렵 그리스도교는 이미 팔레스티나 영역을 벗어나 있었다. 유다인들은 예루살렘에서 추방되었고, 팔레스티나 지역 내에서는 예수 그리스도 사건에 대한 관심이 사라지고 있었을 뿐만 아니라 거부감까지 보였기에 유다계 그리스도인들은 지중해 주변 세계인 소아시아와 유럽에 흩어져 살며 그리스도교를 전파하게 되었다.

루카복음서의 저술 시기를 추정하기 위해서는 같은 저자가 기록한 사도행전의 저술 시기도 고려해야 한다. 루카가 사도 1,1에서 루카복음서를 '첫 번째 책'이라 부르고, 내용상으로도 루카복음서의 속편으로 되어 있으니 복음서가 먼저 쓰였으리라 추정하지만, 사도행전이 먼저 기록되었다고 보는 학자들도 있다. 그러나 복음서에 이어 사도행전이 집필된 것으로 보는 견해가 더 많다. 우리는 사도행전이 나중에 기록되었을 것이란 전제하에 루카복음서의 저술 시기를 추정한다. 사도행전은 마르코복음서가 기록된 이후, 기원후 70년 예루살렘 함락 이후에 기술되었을 것으로 추정하며, 저술 시기가 아무리 늦어도 2세기까지는 넘어가지 않을 것이라 본다. 사도행전은 바오로가 로마에서 복음을 전파하는 시점에서 마무리되고, 바오로의 순교 사실은 나오지 않는다. 이것은 루카가 사도행전을 이른 시기에 써서 그 사실을 몰랐기 때문이 아니라, 바오로가 제국의 수도에서 복음을 담대히 전파했다는 사실을 순교보다 더 중요시했기 때문이라고 본다. 사도행전의 저술 시기를 추정하는 데에는 이 외에 바오로 서간집들이 형성되거나 회자되기 전이어야 한다는 점도 고려해야 한다. 그래서 루카복음서의 저술 시기는 예수님의 공생활 이후 50여 년이 흐른 기원후 80-85년으로 본다.

2) 독자

루카복음서의 독자는 이방계 그리스도인들이라고 보는데 그 근거는 다음과 같다. 그리스어 이름을 사용하는 인물 곧 테오필로스에게 복음서와 사도행전을 헌정한 사실, 그리스도 사건 이야기(복음서)와 이어지는 제자들의 활동 이야기(사도행전)를 그리스-로마의 문학적 전승과 연결한 사실, 그리고 구약에서 이스라엘에게 약속된 구원을 이방인이나 비유다인과 연결하려는 노력이 보인다는 사실이다.

루카는 정결례 같은 유다적 성격이 강한 마르코복음서 자료나 어록(Q) 자료는 생략한다. 생략할 수 없는 히브리어 이름이나 호칭은 그리스식으로 바꾸는데, 예를 들면 다음과 같다. 라삐를 주님이나 선생으로, 골고타를 해골 터로, 카나나이오스(마르 3,18)를 열혈당원(젤로테스)으로, 율법학자(그람마테우스 γραμματεύς = 서기관)를 율법 교사(노미코스 νομικός, = 법조인: 루카 5,17; 7,30; 10,25.29.37; 11,45.46.52; 14,3)로 변경하여 사용한다. 예수님의 족보(루카 3,23-38)는 루카의 관심사를 단적으로 드러내는데, 족보는 유다인의 조상인 야곱을 넘어 하느님의 아들인 아담까지 즉 하느님까지 소급된다. 루카는 이런 방식으로 구원의 보편적 차원을 펼쳐 보인다. 그래서 루카의 독자는 유다계 그리스도인이 아니라 이방계 그리스도인일 것이라고 추정을 하고, 테오필로스는 그들 중 한 명일 것으로 본다. 물론 독자 중에는 유다계 그리스도인도 있었을 것이다.

3) 저자

'루카에 의한 복음'이라는 고대 제목은 파피루스 사본 P75(175-225년에 기록된 사본) 끝부분에 나타난다. 또 교회의 전승 중 170-180년 자료인 무라토리 정경과 2세기 말 교부인 이레네오가, 이 복음서의 저자는 루카라고 밝힌다. 복음사가 루카와 동일 인물이라고 보는 '루카'는 신약성경에 3회 언급된다(필레 24절에서 바오로의 협력자 루카; 콜로 4,14에서 사랑하는 의사 루카; 2티모 4,11에서 바오로의 유일한 일행 루카). 또 본문에 이름이 명시적으로 나타나 있지는 않지만, "이 형제는 복음을 선포하는 일로 모든 교회에서 칭송을 받는 사람입니다"(2코린 8,18)라고 언급되는 사람을 루카로 보기도 한다.

그런데 사실 루카가 저자가 아니라면, 고대 문헌들이 유명 인사도 아닌 그 이름을 굳이 썼을 이유가 없다. 고대 그리스어, 라틴어 문헌들에서 루카가 언급되고, 에우세비오와 예로니모도 루카를 언급한다. 이렇게 고대에 이미 루카라는 이름이 복음서와 사도행전의 저자로 통용되고 있었던 것을 확인할 수 있다.

루카는 직접 목격자가 아니며, 2세대 또는 3세대 그리스도인이었을 것이고, 셈족의 문화 환경에서 성장한 비유다인으로 안티오키아에 거주했을 것이다. 그리스 세계에서 학문적 교육을 받은 것으로 보이며, 성경(그리스어)의 문학적 전승과 그리스어 문학적 기법을 사용하는 데 정통하고 탁월하다.

3. 저술 자료

루카복음서에는 세 가지 자료가 사용되었다고 추정한다. 곧 마르코복음서 자료(Mk 자료), 예수님의 어록 모음집이라고 하는 어록(Q) 자료, 그리고 루카의 고유 자료(L 자료)이다.

마르코 자료와 어록(Q) 자료가 마태오복음서와 루카복음서에서 사용되었다는 근거는 우선적으로 공관복음서 세 권에 나타나는 자료의 내용과 근본 줄거리의 배열이 같다는 것이다. 세 복음서는 공통적으로, 예수님께서 공생활을 시작하신 후 대부분 갈릴래아에서 활동하시고 수난과 죽음의 때가 이르자 예루살렘에 입성하시는 줄거리를 작성했다. 예수님의 행동 묘사에 있어서도, 대화체를 주로 사용하여 행위와 말씀들이 이어지도록 하고, 그 효과도 반드시 전한다. 또한 문체와 언어가 매우 유사하며 일치하는 면이 많아서 밀접하게 연결되어 있다고 볼 수밖에 없다.

그런데 형식이나 내용에서 차이가 있는 부분에서는 그 차이가 아주 분명하게 드러난다. 예컨대 '예수님의 탄생 이야기'를 마태오복음서는 요셉의 관점에서 다루고, 루카복음서는 마리아의 관점에서 다룬다. 예수님의 족보의 경우, 마태오의 것과 루카의 것은 형식부터 아예 다르다. 이러한 사실을 바탕으로 루카복음서를 구성하는 출전이 두 개라는 가설이 제기되었다. 하나는 마르코복음서, 다른 하나는 어록(Q) 자료이다. 학자들이 많은 연구와 논쟁을 거쳐 보편적 합의를 이룬 이 가설을 '두 문서 수정안' 혹은 '수정 이출전설'이라고 부른다.

1) 마르코 자료

마르코복음서가 루카복음서의 출전 중 하나라고 보는 근거는 다음 네 가지다.

① 동일한 구절과 단어를 사용하는 곳이 많다

<table>
<tr><td>마르코</td><td rowspan="2">55% 일치</td><td>구절: 마르코의 661 구절 중 350 구절이 루카와 동일하다.</td></tr>
<tr><td>루카</td><td>단어: 마르코의 8,485 단어 중 7,036 단어가 루카와 동일하다.</td></tr>
</table>

② 에피소드의 순서가 동일한 곳이 많다

루카는 마르코의 순서에 따라 에피소드를 배열하다가, 다른 내용을 삽입하거나 생략할 경우에도 마르코의 순서를 따른다(루카 3-9장; 4,31-6,20; 8,1-50). 마태오, 마르코, 루카복음서에서 동일하게 나타날 때는 마르코의 순서를 따른 것이다. 그런데 이 순서에서 벗어날 경우에는 마태오와 루카가 완전히 다르게 각각 독자적인 순서로 배열했다. 마르코 자료와 달리 Q 자료는 어떤 부분에도 같은 위치에 나타나지 않는다.

③ 동일한 어법을 사용한다

공통된 많은 본문에서 때때로 단어의 배열, 문장과 절의 구조가 같게 나타난다.

④ 더 세련된 표현과 서술 방식을 사용한다

마르코복음서의 생생하고 구체적인 묘사, 투박한 문체와 문법은 초기의 특징일 것이다. 마르코복음서에 보존된 아람어 단어 같은 '생동감과 정황情況의 성격'이, 이 복음서가 루카복음서나 마태오복음서보다 이른 시기의 자료라는 사실을 말해준다. 루카나 마태오는 이러한 마르코의 저술 방식을 개선하고 세련되게 하였다.

2) 어록(Q) 자료

우선 마태오복음서의 50%는 마르코복음서에 없는 내용이다. 마르코 자료에는 없는 마태오 자료 중 5/9는 루카복음서와 동일하고 4/9는 마태오의 고유 자료다.

① 마르코복음서에는 없는데, 마태오복음서와 루카복음서에는 표현법(wording)이 유사하고 글자가 그대로(word-for-word) 동일한 구절들이 230개다.

② Q 자료는 마태오복음서와 루카복음서에서 완전히 다른 문맥에 삽입되어 있으나 기본적인 배열은 같다. 마태오의 경우에는 5개의 설교 대목에서 Q 자료 대부분이 발견되고, 루카에서는 주로 큰 삽입구(9,51-18,14)와 작은 삽입구(3,1-4,30; 6,20-7,50)에서 Q 자료가 발견된다.

③ 루카복음서에 나오는 중복구가 또 다른 증거이다. 중복구란 동일한 복음서에 같은 본문이 두 번 나오는 것을 가리킨다. 루카복음서의 경우 마르코 자료에서 하나, Q 자료(= 마태오와 동일)에서 하나를 가져와 중복된 예가 나온다. 예컨대 "들을 귀 있는 사람은 들어라"라는 구절이 두 번 나오는데, 그중 루카 8,8은 마르 4,9에서 가져오고, 루카 14,35은 Q 자료에서 가져온 것으로 마태 11,15과 동일하다.

3) 루카의 고유 자료(L 자료)

루카복음서는 전체 자료의 2/3는 마르코복음서와 Q자료에서 나왔다. 나머지 1/3은 루카의 고유 자료이다. 고유한 내용이 쓰여 있는 것은 명백하나 그 자료의 출처는 확실하게 알 수 없다. L 자료라고 가칭한 루카의 고유 자료는 문헌 자료라기보다 목격자들의 증언이라고 본다. 피츠마이어는 몇몇 사람이 이 자료의 원천일 것이라고 추측한다. 예수님의 어머니 마리아(루카 2.19.51; 사도 1,14)가 유년기 이야기와 나자렛 에피소드를 제공했을 수 있다. 또 세례자 요한의 제자들, 헤로데의 집사 쿠자스의 아내 요안나(루카 8,3), 헤로데 영주의 어린 시절 친구 마나엔(사도 13,1), 클레오파스(루카 24,18), 마르코 요한의 사촌 바르나바(콜로 4,10; 사도 12,12), 카이사리아에 살며 사마리아에 선교했던 필리포스와 그의 딸들(사도 8,5; 21,8-9), 예루살렘의 딸들(루카 23,28), 갈릴래아에서부터 그분을 따라온 여자들(루카 23,49)도 증언을 했을 수 있다. 이는 흥미로운 내용이긴 하나 말 그대로 추측일 뿐 결정적 자료로 볼 수는 없다.

4. 루카의 그리스어 특징

1) 고유한 단어 사용

루카복음서와 사도행전에 사용된 단어 수는 다음과 같다.

단어	반복	총 단어	1회 사용	2회 사용
루카 2,055개	47개가 15회 이상	19,404개	971개	352개
사도행전 2,038개		18,374개	943개	335개

루카복음서와 다른 공관복음서의 특징적 단어와 구절 수를 비교해보면 루카가 고유하게 사용한 단어가 상당하다는 것을 알 수 있다.

마태오복음서	마르코복음서	루카에만 4회 이상 사용된 단어
95개	41개	151개

2) 70인역의 영향

루카 복음사가가 사용한 단어의 90%가 칠십인역에서 발견된다. 빈도수를 근거로 볼 때 칠십인역의 영향이 분명히 드러난다. 그러니까 루카복음서에서 보이는 그리스어의 세미티즘(셈족어와 셈 문화의 영향)은 아람어나 히브리어 문화의 영향이 아니라 칠십인역을 중시하였기에 생긴 특징이라는 것을 알 수 있다. 이것들은 성경(구약)을 아는 이들이 루카복음서를 읽으며 익숙하고 친근하게 따라 읽을 수 있는 표현들이다. 칠십인역의 영향이 뚜렷한 루카복음서의 표현을 아는 것은 복음서를 이해하는 데에 유익하므로 여기에 그 목록을 제공한다.

그리스어	루카복음서 본문	히브리어(칠십인역)
아니스테미 '일어나다'	1,39 마리아는 길을 떠나 6,8 손이 오그라든 사람에게, "일어나⋯." 15,20 그는 일어나 아버지에게로 갔다.	쿰 창세 19,15; 22,3 등
아포크리테이스 에이펜 '대답하면서 말했다'	1,19 천사가 그에게 대답하였다. 5,5 시몬이 ⋯ 대답하였다.	와요메르 창세 18,9
독사제인 톤 테온 '하느님께 영광을 돌리다'	2,20 목자들은 ⋯ 하느님을 찬양하고 5,25-26 그(중풍 병자)는 ⋯ 하느님을 찬양하였다.	탈출 15,2; 판관 9,9; 이사 25,1; 42,10; 다니 3,51

	7,16 (나인) 사람들은 … 하느님을 찬양하며 13,13 그 여자가 즉시 똑바로 일어서서 하느님을 찬양하였다.	
엑 코이리아스 메트로스 '모태로부터'	1,15 어머니 태중에서부터	욥 1,21; 시편 71(70),6
에파이레인 투스 오프탈무스 '눈을 들다'	6,20 예수님께서 눈을 들어 … 보시며 16,23 부자가 저승에서 … 눈을 드니 18,13 세리는 … 눈을 들 엄두도 내지 못하고	창세 13,10; 2사무 18,24; 1역대 21,16
에피튀미아 에페튀메사 '나는 간절히 원했다'	22,15 이 파스카 음식을 먹기를 간절히 바랐다.	히브리어 절대부정사 용법 창세 31,30; 26,16
에노피온 '앞에, ~ 눈에'	1,15 그가 주님 앞에서 큰 인물이…. 4,7 당신이 내 앞에 경배하면 15,18.21 아버지께(앞에) 죄를 지었습니다. 공관복음서 중 루카에만 22회 발견 (사도 13회)	파네 창세 11,28; 탈출 3,6; 신명 1,18
카타 프로소폰 + 속격 '면전에 ~ 앞에'	2,31 모든 민족들 앞에서 마련하신 것으로	창세 23,17; 25,18; 탈출 26,9; 레위 8,9; 신명 7,24

레곤 '말하면서' (대답하였다, 외치셨다)	3,16 요한은 모든 사람에게 말하였다. 8,8 예수님께서는 이 말씀을 하시고	레모르 창세 1,22.28; 4,25; 탈출 1,22; 민수 1,1
호 테오스 '오 하느님'	18,11 오, 하느님! 제가 다른 사람들….	강조형으로, 혹은 호격으로 시편 44,1; 48,10; 51,1; 54,1
포이에인 엘레오스 메타 '자비를 보이다'	1,72 그분께서는 … 자비를 베푸시고 10,37 그에게 자비를 베푼 사람입니다.	창세 24,12; 판관 21,22; 예레 9,23; 다니 3,42
포류에인 에이스 에이레넨 '평안히 가다'	7,50 네 믿음이 … 평안히 가거라. 8,48 딸아 … 구원하였다. 평안히 가거라.	판관 18,6; 1사무 1,17; 20,42; 29,7; 유딧 8,35
포류텐테스 + 정형동사 '그는 갔다. 그리고…'	7,22 요한에게 가서 … 을 전하여라. 9,12.52 돌려보내시어, … 구하게 하십시오. 13,32 가서 그 여우에게 이렇게 전하여라. 22,8 가서 … 파스카 음식을 차려라.	창세 27,13.14; 37,14; 45,28
프로 프로소푸 + 속격 '면전에, 앞에'	9,52 당신에 앞서 심부름꾼들을 보내셨다. 10,1 당신에 앞서 둘씩 보내시며	탈출 23,20 33,2; 레위 18,24; 민수 14,42; 27,17; 2열왕 6,32

프로스테이스 + 정형동사 '덧붙여 ~을 했다'	19,11 비유 하나를 덧붙여 말씀하셨다	접속사가 생략: 욥 27,1; 29,1; 에스 8,3
프로세테토 + 부정사 '그가 (어떤 일을) 더했다'	20,11 주인이 또 다른 종을 보냈지만	창세 4,2; 12,8.21
레마 '일, 문제'	1,37 하느님께는 불가능한 일이 없다 2,15 알려주신 그 일 … 봅시다. 2,19 이 모든 일을 마음속에 간직하고 2,51 그의 어머니는 이 모든 일을	다바르(말씀, 일): 창세 30,31; 34,19; 1사무 4,16; 1열왕 1,27
핍테인 스토마티 마카이레스 '칼날에 쓰러지다'	21,24 사람들은 칼날에 쓰러지고	집회 28,18; 창세 34,26; 2사무 15,14
티테나이 엔 테 카르디아 '너의 마음속에'	1,66 들은 이들은 … 마음에 새기며 21,14 그러나 너희는 명심하여	1사무 21,13; 29,10; 시편 13,2
휘오스 '~ 의 아들'(비유적으로)	5,34 혼인 잔치 손님들이 10,6 그 집에 평화를 받을 사람이 있으면 16,8 이 세상의 자녀들이 20,34 이 세상 사람들은	신명 32,43; 창세 6,2; 1사무 14,52; 26,16; 2열왕 14,14; 시편 29,1; 지혜 2,18
포베테나이 포본 메간 '크게 두려워하다'	2,9 그들은 몹시 두려워하였다.	시편 53,5; 요나 1,10; 1마카 10,8

프로스 레고 + 대격 '~에게 말했다'	1,13 천사가 그에게 말하였다. 4,36 서로 말하였다. 5,22 그들의 생각을 … (그들에게) 대답하셨다. 7,24 요한을 두고 군중에게 말씀하기 시작…. 15,3 예수님께서 그들에게 이 비유를 22,15 그리고 그들에게 이르셨다. 23,4 빌라도가 수석 사제들과 군중에게 말…. 24,18 클레오파스라는 이가 예수님께 … 말….	히브리어 '레'나 '알'과 연결된다. 창세 19,5; 탈출 7,1.8.; 레위 12,1; 민수 1,1; 신명 2,17; 판관 9,1; 1사무 11,14; 2역대 10,14; 에제 37,11; 다니 3,36

5. 주요 사본

2005년에 출간된 우리말 《성경》에서 신약성경은 그리스어 신약성경(GNT: The Greek New Testament) 4판(1993)을 원문으로 삼아 번역한 것이다. GNT 4판은 네슬-알란트(E. Nestle, revised by K. Aland)가 편집한 그리스어 신약성경(NTG: Novum Testamentum Graece) 26판의 본문이다. GNT 3판과 4판의 본문은 같고, 4판에서 본문 비평 각주(apparatus criticus) 부분이 개정되었다. 2014년 GNT 5판이 출간되었는데 네슬-알란트 판은 28판이고 본문 비평 각주 부분이 개정되었다. 2015년에 교정판이 다시 출간되었다.

루카복음서 본문은 고대 파피루스와 양피지에 둥근 대문자 필사체(uncial)와 고사본 소문자체(minuscule)로 잘 보존되어 왔다. 대체로 파피루스 낱장에 부분적으로 보존된 것들인데 전체 본문이 담긴 양피지 사본보다 고대의 것이기에 중요하다. 중요한 사본은 일곱 개인데 그중 세 개는 3세기 것이다. 파피루스 45번(P45)과 75번(P75)은 분량도 가장 많고 중요하다. 가장 오래된 파피루스 사본 75에는 루카복음서의 본문 대부분이 담겨 있다.

6. 고유한 관점

1) 지리적 관심 - 예루살렘

루카복음서는 갈릴래아에서 활동하시던 예수님이 예루살렘으로 향하는 그 한 번의 여정을 기록하는데, 이는 마르코복음서와 동일하면서도 차이가 있다. 루카는 예수님이 갈릴래아를 떠나 예루살렘에 입성하시기 전 여정 동안의 행적과 가르침을 상당히 길게 썼고(9,51-19,27), 이 부분을 구성하고 편집하면서 자신의 고유한 신학을 많이 실었다. 루카는 예수님이 이동하시는 땅의 지리에 관심을 기울이며 거기에 신학적 해석을 곁들인다. '길을 가다' 또는 '떠나다'라는 단어도 매우 자주 사용한다(9,51.52.53.56.57; 10,38; 13,33; 17,11; 19,12). 예루살렘에 대한 관심이 특별하여, 그곳으로 향하는 여정도 중요하게 다룬다는 점이 흥미롭다. "하늘에 올라가실 때가 차자, 예수님께서는 예루살렘으로 가시려고 마음을 굳히셨다"(9,51). 예루살렘은 예수님이 가실 목적지이며 인류 구원의 축이자 정점으로서 복음 선포의 시작점이 된다. 그리스도 사건의 근원지는 예루살렘이고, 모든 말씀은 그곳에서 시작하여 땅끝까지 선포되어야 한다(24,47).

루카복음서는 예루살렘에서 시작하고 예루살렘에서 끝난다. 1장에서 머리말 후 첫 장면(1,5-22)의 무대가 예루살렘이며 또한 성전(히에론)이고 성소(나오스)이다. 사제 즈카르야가 성전 성소 안 분향 제단에서 향을 드리고 있을 때 말씀을 받는다. 24장의 마지막 장면의 배경도 예루살렘이고 성전이다. 24장은 열한 제자와 동료 제자들 모두가 예루살렘에 모여 있다고 전한다. 인근 마을 엠마오로 가던 제자들까지 다 돌아와 있다. 그리고 부활하신 예수님은 그들에게 발현하신다. 예수님은 "높은 데에서 오는 힘을 입을 때까지 예루살렘에 머물러 있어라"(24,49) 하고 이르시고, 그들을 베타니아 근처까지 데리고 나가신 다음 승천하셨다. 그러자 제자들은 예루살렘으로 돌아와 "줄곧 성전에서 하느님을 찬미하며 지냈다"는 말로 복음서는 마무리된다(24,50-53).

예루살렘에 대한 관심을 표현한 구절들

① 유혹 장면(4,1-13)에서 마르코복음의 기사 순서를 바꾸어 성전에서의 유혹을 마지막 유혹으로 배치한다.

② 유년 이야기는 예수님이 부모를 따라 두 번이나 예루살렘을 방문했다고 전한다(2,22 이하; 2,41 이하).

③ 공생활을 시작하신 후 예수님의 활동 지역은 '갈릴래아(4,14-9,50) - 예루살렘으로 가는 여정(9,51 - 19,27) - 예루살렘(19,28-24,53)'이다. 루카는 마르 6,45-8,26을 생략한다.

④ 예루살렘 여행에 대한 표현이 반복해서 나타난다: "하늘에 올라가실 때가 차자, 예수님께서는 예루살렘으로 가시려고 마음을 굳히셨다"(9,51). "예수님께서는 예루살렘으로 여행을 하시는 동안, 여러 고을과 마을을 지나며 가르치셨다"(13,22). "예수님께서 예루살렘으로 가시는 길에 사마리아와 갈릴래아 사이를 지나가시게 되었다"(17,11).

⑤ 예루살렘으로 가실 여정이 결정될 때, "하늘에 올라가실 때가 차자"(9,51)라는 표현으로 예수님의 마지막 장면인 24,50-51의 승천을 암시한다.

⑥ "그리고 예루살렘에서부터 시작하여, 죄의 용서를 위한 회개가 그의 이름으로 모든 민족들에게 선포되어야 한다"(24,47)는 말씀은 예수님이 받은 고소 내용인 23,5을 반영한다. "이자는 갈릴래아에서 시작하여 이곳에 이르기까지…." 또 이 말씀은 사도 1,8과 연결된다.

⑦ 루카의 두 책에서 예루살렘의 중심적 위치는 1,1의 "우리 가운데에서 이루어진 일들에 관한 이야기"와 관련되기에 중요하다.

⑧ 예루살렘을 하느님의 말씀이 온 민족에게 전파되는 중심축이 되는 중요한 도시로 보는 배경에는 구약성경이 있다. 곧 "나의 구원이 땅끝까지 다다르도록 나는 너를 민족들의 빛으로 세운다"(이사 49,6; 참조 루카 2,32; 사도 13,47)라는 구절이다.

2) 역사적 관점

루카는 예수 그리스도 사건과 그것을 선포하는 그리스도인 사이에 있는 연결을 드러내고 강조하며, 이 사건을 세계 역사와 연결하여 표현한다. "어느 한 구석에서 일어난 일이 아니므로, 임금님은 이것들 가운데에서 하나도 놓치지 않으셨다고 나는 믿습니다"(사도 26,26). 이것은 바오로가 아그리파스 임금과 페스투스 총독 앞에서 한 말이다. 또한 엠마오로 가던 제자 클레오파스가 말한 "예루살렘에 머물렀으면서 이 며칠 동안 그곳에서 일어난 일을 혼자만 모른다는 말입니까?"(루카 24,18). 역시 이러한 의도가 잘 드러나는 구절이다. 루카의 역사적 관점은 그리스도 사건에 대한 역사적인 묘사와 구원사에서 볼 수 있다.

(1) 그리스도 사건에 대한 역사적 묘사

① 이야기

루카는 자신의 기록을 '이야기'(디에게시스 διήγησις, 내러티브)라고 말한다. "우리 가운데에서 이루어진 일들에 관한 '이야기'를 엮는 작업에 많은 이가 손을 대었습니다"(루카 1,1)에서 목격자들이 전해준 '이루어진 일들'을 기록한 것을 '이야기를 엮는 작업'이라고 말한다. '이야기를 엮는다'에 쓰인 그리스어는 아나탁싹스타이 디에게신(ἀνατάξασθαι διήγησιν)이다. 디에게시스는 '이루어진 일이나 이루어졌을 일에 대한 묘사', 혹은 '일어난 일이나 일어났을 일에 대한 설명적 이야기'로 본다. 루카는 마르코처럼 복음(에왕겔리온 εὐαγγέλιον)이라는 단어를 사용하지 않고, 당대에 고전 그리스어와 코이네 그리스어를 사용하는 문학가들이나 역사가들이 즐겨 사용하는 단어인 디에게시스를 사용하여 기록에 대한 자신의 관점을 드러냈다. 루카의 디에게시스는 '그리스도 사건에 대한 이야기'이다. 사도행전에서는 이것을 "첫 번째 책"(프로토스 로고스 πρῶτος λόγος)이라고 하며 거기서 다룬 내용은 "예수님의 행적과 가르침"이라고 밝힌다(1,1).

② 역사적 묘사

"…저도 귀하께 순서대로 적어 드리는 것이 좋겠다고 생각하였습니다"(루카 1,3)에서 '순서대로 적어 드리는 것', 즉 '쓰는 것'(그랍사이 γράψαι)은 1절의 이야기를 엮는 작업과 동일하다. 귀하의 확신을 돕기 위해서 순서대로 쓰는 데 도입한 방식은 연대기적 시간 안에서 그리스도 사건을 세계 역사, 인물, 제도와 연결하는 것이다. 그렇게 루카복음서는 예수님의 탄생과 어린 시절부터 승천까지, 우리 가운데 이루어진 일을 순서대로 엮은 이야기인데, 예수님의 탄생, 활동, 죽음과 부활을 통해 인류 역사의 신기원이 열렸다는 명확한 인식 때문이다.

칠십인역 성경의 예언서들은 대부분 시작 절에서 비슷한 양식으로 어느 임금 시대에 어디를 향해 한 예언인지 그 시대 배경을 밝히는데, 루카 역시 그리스도 사건이 일어난 시대 배경을 밝힌다. 또한 그리스도 사건이 유다교에만 영향을 미친 것이 아니라 세계 모든 사람과 연관된 일이며, 세계사에 영향을 미쳤다는 사실을 알리기 위해 그 사건의 시대 배경이 되는 통치자들을 열거한다.

루카는 그리스도 사건을 순서대로 엮을 때 예수님의 어린 시절뿐 아니라, 훨씬 더 이전인 고대 성서시대, 즉 모세와 예언자들의 시대까지 소급한다. 이 이야기는 유다교 성경에 기록된 하느님 말씀이 실현되었다는 것을 서술하는데, '약속과 성취'라는 모티브에 따라 진행되는 사건들을 논리적인 순서대로 엮었다. 이렇게 해서 그리스도 사건이 보편적으로 세계와 연결되면서도, 아브라함으로부터 시작한 고대 역사에 깊이 뿌리내리며 연결되어 있음을 표현하였다.

루카는 이렇게 그리스도 사건을 당시 세계를 상징하는 지중해 연안의 패권을 쥐고 있는 로마 역사와 연결하고, 유다교의 본산인 팔레스티나 역사와 연결하며, 초기 그리스도교가 형성되기 시작하는 교회사와도 연결하여 세계 역사 안에 확실하게 자리 잡게 한다.

(ㄱ) 로마 역사와 연결

예수님의 탄생 시기는 아우구스투스 황제 치하이고 세례자 요한이 활동을 시작한 때는 티베리우스 황제 통치 15년, 본시오 빌라도가 로마의 속주 유다 지역의 총독으로 있던 시기(26-36년)의 일이다(루카 3,1). 말하자면 그들이 다스리던 모든 세상과 연결되는 일이라는 것이다.

요한의 활동이 시작된 시기에 대한 정보는 예수님의 활동 시기를 추정하는 데 도움이 된다. 사도행전에서는 성령을 통해 예언되는 로마 황제 클라우디우스 시기(41-54년)의 기근에 대한 언급(사도 11,28), 클라우디우스 황제가 모든 유다인은 로마를 떠나라는 칙령을 내렸기 때문에(49년의 일로 추정) 아퀼라와 그의 아내 프리스킬라가 얼마 전에 이탈리아에서 왔다는 언급(사도 18,2) 등이 역사적 사실과 연결된다. 그런가 하면 갈리오가 아카이아 지방 총독으로 있을 때 바오로가 재판정으로 끌려간 사실을 전하는데(사도 18,12), 그리스 델피에서 발견된 갈리오 비문에 의하면 그 시기는 52년 여름으로 추정된다. 루카는 이런 식으로 그리스도 사건과 이어지는 선포 이야기를 1세기의 로마 역사와 연결하여 소개한다.

(ㄴ) 팔레스티나 역사와 연결

루카는 세례자 요한의 출생(루카 1,5이하)을 유다 임금 헤로데 시대(기원전 37-4년 재위)와 연결한다. 이 연대기 정보는 6개월 후의 예수님 탄생 예고와 호적 등록 칙령을 내린 아우구스투스 시대와 연결해 생각하게 한다. 연대 문제를 어떻게 풀든, 루카의 의도는 세례자 요한의 출생과 예수님 탄생이 팔레스티나 역사의 어느 한 시점에 구체적으로 일어난 사건임을 이야기하려는 데 있다. 세례자 요한의 활동 시기도 본시오 빌라도가 유다 총독으로(26-36년), 헤로데가 갈릴래아의 영주로, 그의 동생 필리포스가 이투래아와 트라코니티스 지방의 영주로, 리사니아스가 아빌레네의 영주로 있을 때 일이라고 명기한다(루카 3,1). 수난 이야기에서도 예수님이 빌라도 앞에 서시고, 빌라도가 헤로데 안티파스(4-39년)에게 보낸 사실을 언급하여 팔레스티나 역사와 연결된 정보를 제공한다. 유다교의 대사제 한나스와 카야파 재직 시기를 언급하며 세례자 요한이 말씀을 받은 시기를 언급한다. 한나스는 6-15년의 대사제이고, 카야파는 18-36년의 대사제이다. 그런데 이러한 연대들은 유년 이야기와 수난 이야기 부분에 한정되어 있어서 이야기 자체는 연대기적 기록이 아니라는 것도 드러낸다. 예수님의 말씀과 행적이 이야기를 이끌어가는 양상이다.

(ㄷ) 교회사와 연결

루카는 속편인 사도행전에서 예수님 이야기가 그리스도교 초기 역사와 연결됨을 밝힌다. 그는 복음서에서 예수님 이야기가 탄생에서부터 고난까지 모두 성경 기록들의 성취라고 알리며 전승된 성경에 뿌리를 둔 유다교와 그리스도교가 연결된다는 사실을 밝힌다. 이는 유다교가 로마 제국에서 공인될 권리를 가진다면 그리스도교도 마찬가지라고 말하는 것이다. 작은 암시이기는 하나, 루카복음서의 수난 이야기에서 로마 행정관인 빌라도가 세 번이나 예수님의 무죄를 선언하는 장면이라든가(루카 23,14.20.22), 사도행전에서 바오로의 무죄가 유다인이나 로마 행정관을 통해 간접적으로라도 선언되는 장면이 이 사실을 뒷받침한다(사도 23,9.29; 25,25; 26,30-32; 28,21).

(2) 구원사

루카는 예수님께서 우리 가운데 나타나시어 하느님의 구원 활동이 인류 역사에 드러난 사실을 알려주고자 한다. 그분의 오심으로 구원이 역사에 들어오게 된 것은 하느님의 계획으로 이루어진 일이다. 이런 사실은 복음서 곳곳에서 여러 양상으로 확인된다.

① 하느님의 계획: 루카 복음사가는 예수님을 통하여 사람을 구원하시려는 '하느님의 계획'을 그가 사용한 '계획'(불레 βουλή)이란 단어를 통해 말한다. 불레는 '하느님의 뜻'이라고 할 때의 '뜻'(텔레마

θέλημα: 루카 22,42; 마태 26,42; 혹은 '원하다'라는 뜻의 텔로 θέλω 동사: 마르 14,36)과는 뉘앙스가 다른 용어인데, 루카복음서에 2회, 사도행전에는 8회나 사용되었다. 루카 7,30의 경우에도 '불레'가 사용되었는데 "그러나 요한에게서 세례를 받지 않은 바리사이들과 율법 교사들은 자기들을 위한 하느님의 뜻을 물리쳤다"에서 '하느님의 뜻'이라 번역된 텐 불렌 투 테우(τὴν βουλὴν τοῦ θεοῦ)는 '자기들을 위한 하느님의 계획'을 물리쳤다는 의미다. 사도 2,23의 경우 "하느님께서 미리 정하신 계획과 예지에 따라"에서 '정하신 계획'에 '불레'가 사용되었고, 사도 4,28 "그렇게 되도록 주님의 손과 주님의 뜻으로 예정하신 일들을 다 실행하였습니다"에서도 '정해진 주님의 뜻'을 가리킬 때 '불레'를 사용하여 계획의 의미를 드러낸다. 사도 13,36 "다윗은 일생 동안 하느님의 뜻을 받들어 섬기고 나서"와 20,27 "내가 하느님의 모든 뜻을 무엇 하나 빼놓지 않고 여러분에게 알려주었기 때문입니다"에도 불레가 사용되었다.

루카는 예수님의 활동에서 하느님의 구원 계획이 실현된다는 것을 자주 암시한다.

② '하느님께서 미리 정하신 일'이라는 표현을 통해서도 하느님의 계획을 드러낸다. "사람의 아들은 정해진 대로 간다"(루카 22,22), "그분께서는 하느님께서 당신을 산 이들과 죽은 이들의 심판관으로 임명하셨다는 것을…"(사도 10,42).

③ **필연성**: '필연적으로 일어나야 하는 일'이라고 말하는 부분에서 구원사의 요소를 본다. 필연성을 강조하는 것은 예수님의 말씀이나 행위가 성경의 성취라는 의미이고, 그것은 또 그리스도인의 활동과 연결된다. 그래서 '~ 해야 한다', '~는 필요한 일이다'라는 뜻의 데이(δεῖ) 동사가 자주 등장한다(루카 2,49; 4,43; 9,22; 13,33; 17,25; 19,5; 21,9; 22,37; 24,7.26.44). 마르코(8,31)나 마태오(16,21)에서 데이(δεῖ)는 수난 예고 때에만 사용된다.

④ **이루어지다**: 루카는 첫 부분부터 마지막까지 소개된 내용들을 이미 성경에 기록된 일들이 이루어진 것, 성취된 것으로 묘사하는데, 특히 24장에서는 더 명시적으로 표현한다. 물론 예수님 사건을 예언의 성취로 묘사하는 것은 마태오나 요한에서도 볼 수 있지만, 루카는 '이루어지다, 성취하다'라는 뜻의 플레로오(πληρόω) 동사를 사용하거나(1,20; 4,21; 9,31; 21,24; 24,44) 쉼플레로오(συμπληρόω) 동사를 사용하고(9,51), 가끔 '끝내다, 완성하다'라는 뜻의 텔레오(τελέω) 동사도 사용하는(18,31; 22,37) 등 더 분명하게 표현하고 있다. 전형적인 그리스어 문장인 서문(1,1-3)의 '이루어진 일'이란 표현에서도 플레로오(πληρόω)와 동의어인 플레로포레오(πληροφορέω)의 분사형 형용어를 사용하여 '완전히 이루어진'이라는 의미를 표현했으며, 여기에 '일'(프라그마 πρᾶγμα)을 조합하여 처음부터 이 '일'에서 성취 개념을 드러냈다. '이 일들'은 예수

님과 초대 교회의 사명에 관한 것으로 로마와 팔레스티나 역사에서 제시되며, 하느님의 구원사적 계획과 관련된다.

⑤ **구원자와 구원:** 루카복음서는 '구원자'라는 예수님의 호칭으로 그분의 주된 정체성을 드러낸다. '오늘 구원자(소테르 σωτήρ)가 태어나셨는데, 그분은 주 그리스도(크리스토스 퀴리오스 Χριστὸς κύριος)시다'(2,11). 예수님께서 하신 말씀과 행동은 모두 구원을 위한 것이고 그분이 오시는 것은 구원이 오는 것이다. "오늘 이 집에 구원이 내렸다"(루카 19,9). 구약에서 이사야가 예언한 구원(이사 25,9; 26,18; 45,17; 61,10)은 모두 예수님의 존재와 활동을 통해 성취된다는 것이 루카에서는 공생활 첫 순간에 이미 선포된다(루카 4,18-21). 속량(루트로시스 λύτρωσις)이라는 단어도 사용되지만(1,68) 구원을 가리키는 명사(소테리아 σωτηρία)와 동사(소조 σῴζω)가 훨씬 많이 사용된다.

⑥ **구원의 보편적 차원:** 루카는 구원의 메시지가 예수님에 의해 갈릴래아와 유다와 사마리아의 유다인들에게 두루 전파된 사실을 전하는데, 동시에 메시지를 받아들이지 않은 이들도 많았다고 전한다. 그리고 루카에는 다른 민족들에게 구원의 전파를 보여주는 전조가 다양하게 나타난다. 예컨대 유년 이야기에서 시므온이 "모든 민족들, 다른 민족들"을 언급하는 것이다. 예수님의 족보는

아담에게로 소급하여 온 인류를 포용한다. 혼인 잔치의 비유 이야기의 손님 초대 부분에서도 종을 두 번째 보낼 때 '큰길과 울타리 쪽'으로 나가 사람들을 불러오라는 것은, 경계를 넘어 다른 민족들을 부르라는 것이다.

⑦ **구원사 단계:** 루카는 시대를 구분하는 표현을 썼다. 한 예가 "율법과 예언자들의 시대는 요한까지다. 그 뒤로는 하느님 나라의 복음이 전해지고 있는데…"(루카 16,16)이다. 이에 따라 복음서와 사도행전에서 구원사를 세 단계로 구분할 수 있다.

- 율법과 예언자의 시대(1,5-3,1): 창조부터 세례자 요한의 출현까지, 이스라엘 시대
- 예수님 시대(3,2-24,51): 세례자 요한부터 예수님 승천까지, 예수님의 활동 시대
- 교회 시대(루카 24,52-53; 사도 1,3-28,31): 예수님 승천부터 재림 시기까지, 하느님 말씀이 전파되는 시대

루카복음의 첫 부분을 읽으면 예수님께서 세례를 받으시기 전까지의 이야기는 이스라엘 시대의 모습을 드러낸다. 예수님의 탄생과 유년기는 이스라엘의 전승, 곧 구약과 밀접하게 연결되어 율법을 충실히 지키며 성장하는 모습을 보여준다. 루카에게서 중요한 요소이다. 그리스도교의 기초가 구약에 놓여 있고 예언을 성취하며 연결하고 있기 때문이다.

7. 루카복음서의 신학

1) 그리스도론

예수님은 구원을 선포하신 분이며 또한 선포의 대상이다. 루카는 예수님을 먼저 다윗의 후손인 유다인으로 소개한다. 그리고 인간적 측면과 초월적 측면을 결합하여 예수님 사건을 바라보면서 고유한 그리스도론을 펼친다.

이 두 측면은 성령과 아주 밀접한 관계를 가지며 신비롭게 조화를 이룬다. 탄생부터 성령의 힘이 작용하여 동정녀가 그분을 잉태하고 낳는다. 성장해서 공생활을 시작하는 단계에서도 세례를 받은 뒤 성령으로 가득 찼다고 밝힌다. 예수님은 특별히 성령의 힘을 지니고 성령의 인도를 받으며 공생활을 시작한다(루카 3,22; 4,1.14.18; 10,21). 그리고 루카는 예수님이 아드님으로서 하느님과 특별한 관계를 맺고 있다는 것을 드러낸다(루카 2,49; 3,22; 9,35; 10,21-22; 23,46).

이러한 예수님이 죽은 자들 가운데서 부활하시어(루카 24,6; 사도 2,24.32; 3,15; 4,10; 5,30; 10,40; 13,30.33.37; 26,23) 그분의 영광으로 들어가신다(루카 24,26). 이 영광으로 들어가심이, 승천하시어(24,51; 사도

1,9) 하느님 오른편에 앉으시고(루카 20,42; 사도 2,34 참조) 성령을 부어 주시고(사도 2,33), 다시 오시어 심판하실 것(루카 17,30; 19,15.27; 21,27-28)으로 묘사되어 있다.

(1) 그리스도론적 호칭

루카복음서에서 예수님의 정체성을 드러내는 호칭은 다양하게 나타나는데, 중요한 호칭은 그리스도, 주님, 구원자, 하느님의 아들, 사람의 아들, 종, 예언자이다.

① 그리스도: '그리스도'는 루카복음서에서 24회 나오는데, 가장 많이 사용된 호칭은 아니지만 가장 중요한 호칭이다. 이 호칭은 팔레스티나 유다교에서 기원했고 구약성경의 '기름부음받은이'(메시아)를 가리키기 때문이다. 예수님 당시 '메시아'는 하느님께서 보낸 존재로서 이스라엘을 회복시키고 하느님의 통치와 힘을 드러낼 것이라는 기대를 받고 있었다. 예수님의 십자가 명패에 쓰인 '유다인들의 임금'은 이런 메시아 기대와 연결된다. 예수님이 돌아가시고 나서 루카가 성경을 기록할 때쯤 되어 그리스도는 나자렛 예수님에 대한 최고의 호칭이 되었다. 루카복음서에서 그리스도는 하느님의 기름부음을 받은 사자使者로서 인류에게 새로운 형태로 구원을 전하고 하느님 나라와의 관계를 새로운 형식으로

제시하는 분이시다(루카 2,26.29-32).

② **주님**(퀴리오스): '주님'은 루카복음서보다 사도행전에서 더 많이 사용된다. 예수님의 호칭으로 가장 많이 사용되는데 그 빈도가 '그리스도'의 두 배이다. 사도행전에서는 '주님'을 야훼 하느님과 예수님 양쪽에 다 사용하는데, 루카 이전 그리스도인들은 야훼를 주님이라고 불렀기에 유다교의 본산인 팔레스티나 지방이나 고대 칠십인역에서 예수님의 '주님' 호칭이 유래하지는 않는다. 그리스도교가 전파되는 과정에서 이방 지역에서 숭배하는 많은 '신神'과 '주主'를 만나면서, 그리스도인이 야훼 하느님과 예수 그리스도에게 이 호칭을 적용하게 된 것으로 본다. 초기 그리스도교 공동체에서 이미 '주님'이란 호칭을 사용하고, 루카복음서도 첫 부분에서부터 주님이란 호칭을 사용한다(루카 1,43; 2,11).

> "하늘에도 땅에도 이른바 신들이 있다 하지만 - 과연 신도 많고 주님도 많습니다만 - 우리에게는 하느님 아버지 한 분이 계실 뿐입니다. 모든 것이 그분에게서 나왔고 우리는 그분을 향하여 나아갑니다. 또 주님은 예수 그리스도 한 분이 계실 뿐입니다"(1코린 8,5-6).

③ **구원자**(소테르): 공관복음서 중 루카만 이 호칭을 사용한다. 루카

복음서에서 당대 로마 제국에서 널리 사용되던 '복음'이란 단어를 사용하지 않으려 하듯, 이 단어도 그리스-로마 사회에서 통용되었기에 기피한 것으로 보인다. 이 호칭은 예수님 탄생 때 천사들이 베들레헴의 목자들에게 선포한 중요한 메시지에 사용되었다. "구원자가 태어나셨으니, 주 그리스도이시다"(루카 2,11). 사실 구원자(소테르)라는 호칭도 당대에 통용되던 단어이기는 하지만, 구약성경에서 유래한다. 성경에서 '구원자' 호칭은 하느님이 당신의 백성을 구원하시기 위해 일으킨 사람들이나 직접 권능을 드러내는 하느님께 적용되었다. 그리고 이 호칭은 성경에 나오는 구원의 약속과 연결되는 것이니 이미 루카 이전부터 사용되었다(필리 3,20). 그래서 마리아는 자신의 마음이 구원자 하느님 안에서 기뻐 뛰논다고 노래할 수 있었고(루카 1,47), 하느님은 약속하신 대로 다윗의 후손으로부터 이스라엘의 구원자를 세우신 것이라 노래할 수 있었다(루카 1,69-75).

④ 하느님의 아들: 루카에서 '신의 아들'이란 표현은 다양하게 나타난다. '하느님의 아드님'(루카 1,35; 22,70), '지극히 높으신 분의 아드님'(1,32), '아들/내 아들'(3,22; 9,35). 예수님 자신이 당신을 '아들'(ὁ υἱὸς)이라고 지칭하기도 한다(루카 10,22). 그리스-로마 사회에서 이 호칭은 통치자들을 가리키며, 그들이 받는 신적 은총과 신의 양자養子가 되는 것, 즉위식 때 부여받는 신적 능력 등을 나타냈

다. 이와 더불어 예수님을 이 호칭으로 부르는 데에는 구약성경과 유다적 배경을 볼 수 있다. 구약성경에서 하느님의 아들이 메시아적 뉘앙스를 가지는 구절을 직접 발견할 수는 없다 할지라도, 이 호칭은 그 사회에 널리 알려져 있었다. 루카에서는 첫 부분인 유년기 이야기에서 그분은 다윗의 왕좌에 앉을 것이고, 하느님의 아드님이 되실 것이라고 나타난다(1,32.35). 공생활 중에도 적용되어 나타나는데, Q 자료나 마르코에서 온 부분(4,3.9; 8,28; 10,22)과 루카 고유의 부분에도 있다(4,41). 그리고 마지막 부분인 수난 이야기 중 최고 의회에서 받은 결정적인 신문에도 메시아 되심과 하느님의 아드님 되심이라는 내용이 나타난다(22,67.70).

⑤ 사람의 아들: 예수님이 자신을 가리킬 때 사용한 '사람의 아들'(바르 에나스 bar ènash)은 초기 교회의 전승과 관련된 호칭이다. 사람의 아들(바르 에나스)은 다니 7,13에 나타나는데, '나라를 이어받을 지극히 높으신 분의 거룩한 백성'(다니 7,18) 전체에 대한 상징으로 본다. 이 집합적 의미가 발전 과정을 거치면서 개인적으로 활용되어 에녹 1서에서 장차 계시될 숨어 있는 신비로운 인물에게 적용된다. 그는 '선택된 자', 혹은 '선택된 의인', '주님의 기름부음받은 자', '이방인의 빛'으로 불리는데, 이 호칭은 묵시적 인물을 가리키는 과도기적 용례로 볼 수 있다.

루카는 이 용어를 항상 관사와 함께 사용하면서 예수님의 공생활 시기에 인간적인 상황을 표현하였다(루카 5,24; 6,5.22; 7,34; 9,58; 11,30; 12,10; 19,10; 22,48). 이 단어는 특히 수난 예고와 관련해서 나타나는데(루카 9,22.44; 18,31; 22,22; 24,7), 예수님께서 영광에 싸여 오실 때나 심판하러 오실 미래를 말할 때도 사용된다(루카 9,26; 12,8.40; 17,22.24.26.30; 18,8; 21,27.36; 22,69).

⑥ 종: 루카의 문헌에서는 이사야서에 나오는 '주님의 종의 노래'를 여러 번 암시하고 인용하여, 예수님이 예언된 그 종임을 드러낸다. 또한 사도행전에 사용된 파이스(παῖς,: 사도 3,13.26; 4,27.30)가 '종'의 의미를 지닌다고 암시한다. 예를 들면 최후의 만찬에서 예수님이 이사 53,12을 인용하시며 그 말씀이 당신에게서 이루어졌음을 선언하신다(루카 22,37). 사도 8,32-33에서도 이사 53,7-8의 어린 양을 예수님께 적용하는 것을 볼 수 있다. 이렇게 루카는 예수님이 백성을 해방하고 구원하시며, 백성의 죄를 대속하는 주님의 종이라고 묘사한다.

⑦ 예언자: 예수님은 나자렛 회당에서 자신을 예언자에 비유해서 말씀하신다. "어떠한 예언자도 자기 고향에서는 환영을 받지 못한다"(4,24). 또 "예언자는 예루살렘이 아닌 다른 곳에서 죽을 수 없기 때문이다"(13,33)라는 루카 고유의 본문에서도 예수님은 당신 자신을 예언자로 지칭하신다. 루카는 예수님을 엘리야나 엘리사

와 비교하기도 하고, 돌아온 엘리야나 모세와 같은 예언자로 묘사하며 예수님이 하신 예언자적 역할을 제시하지만, 그중에는 백성이 그분에게서 보는 모습이 있기에 분명히 그들의 시각과는 다른 면을 소개한다. 곧 루카는 예수님을 인간에게 하느님의 말씀을 권위 있게 전하는 하느님의 대변인으로 제시하며 그분에게 예언자라는 호칭을 적용한 것이다(루카 4,32.43; 5,1; 사도 10,36). 예수님은 예언자로서 '하느님의 말씀'을 인간에게 가져오신 분이다. 가져온 이 말씀이 그분의 존재와 삶에서 이루어지고 실현되면서 전달된다. 하느님의 말씀은 그분에게서 이루어지고, 실현되며 드러난다.

(2) 구원론

루카는 구약에서부터 이어지는 하느님의 구원 계획을 말한다. 그 계획에 따라 예수님께서 세상에 오셨고, 그분의 말씀과 행적, 그리고 특별히 그분이 당하신 고난은 모두 인류 역사와 관계되고 구원론적 의미를 지닌다.

루카는 예수님을 고난받는 메시아, "고난을 겪고서 자기의 영광 속에 들어가야 하는"(24,26) 그리스도로 제시한다. 예수님은 당신이 예언자로서 예루살렘에서 돌아가셔야 한다고 말씀하시고(13,33), "먼저 많은 고난을 겪고 이 세대에게 배척을 받아야 한다"(17,25)고도 말씀하신다. 파스카 축제와 관련해서 "내가 고난을 겪기 전에 너희와 함께 이 파스카 음식을 먹기를 간절히 바랐다"(루카 22,15)라고 말씀하시며, 이 마지막 파스카를 강조하셨다. 그 만찬 중에 빵을 들고 감사를 드리신 다음, 그것을 떼어 사도들에게 주시며 "이는 너희를 위하여 내어주는 내 몸이다"(22,19)라고 말씀하셨다. 이 장면은 엠마오 제자들이 부활하신 예수님을 알아보게 되는 아주 의미 깊은 장면과 연결된다. 예수님의 죽음은 구원 계획에 포함된 필연성에 깊이 연결되어 있다. 예수님의 죽음은 "우리 가운데에서 이루어진 일들에 관한 이야기"(1,1) 중 하나로서 종말론적 의미를 지니는데, 이것의 구원론적 의미는 24,46-47에 표현되어 있다. "성경에 기록된 대로, 그리스도는 고난을 겪고 사흘 만에 죽은 이들 가운데에서 다시 살아나야 한다. 그리고 예루살렘에서부터 시작하여, 죄의 용서를 위한 회개가 그의 이름으로 모든 민족들에게 선포되어야 한다."

그래서 루카는 그리스도 사건, 곧 활동, 수난, 죽음, 묻히심, 부활, 승천을 통해서 이루어진 것을 자신의 시각으로 조명하는데, 그 모든 일의 효과에서 제일 중요한 것은 구원과 죄의 용서이고, 그 외에 평화 등이 있다.

① 구원: 루카복음에서 구원은 예수님이 당신의 사명으로 선언하신 "가난한 이들에게 기쁜 소식을 전하고 잡혀간 이들에게 해방을 선포하며 눈먼 이들을 다시 보게 하고 억압받는 이들을 해방시켜

내보내는"(4,18) 일에서 단적으로 드러난다. 구원은 물리, 도덕, 정치 모든 분야에서 고통받는 인간을 악에서 끌어내는 것이다. 거기서 건져내서 온전하고 완전하게 회복시키는 것이다. 인간이 회복된다는 것은 무엇보다도 죄(인간이 하느님을 떠난 상태)로부터 돌아와 하느님과 올바른 관계에 있게 되는 것이다.

루카는 예수님을 구원자(루카 2,11; 참조 사도 5,31; 13,23)로 묘사하며, 그분의 사명을 '구원'이라는 명사로 묘사하는 대목을 많이 제시한다(루카 1,69.71.77; 2,30; 3,6; 19,9; 참조 사도 2,47; 4,12; 7,25; 13,26.47; 16,17; 27,34; 28,28). 동사 '구원하다'도 17회나 사용하며 강조한다(6,9; 7,50; 8,12.36.48.50; 9,24[2회].56; 13,23; 17,19; 18,26.42; 19,10; 23,35.37.39). 예수님이 직접 하신 말씀, "사람의 아들은 잃은 이들을 찾아 구원하러 왔다"(19,10)에서 이것은 아주 명백하게 드러난다.

② 죄의 용서: 그리스도 사건의 효력은 또한 죄의 용서이다. "죄의 용서를 위한 회개가 그의 이름으로 모든 민족들에게 선포되어야 한다"(루카 24,47). 예수님께서 인간에게 하신 일의 효력으로 '죄의 용서'를 말할 때, 주로 구약의 언어로 '빚'을 '면제하거나' '빚'에서 '해방한다'는 말로 표현한다. 그래서 풀어주거나 면제한다는 뜻의 동사 아피에미(ἀφίημι)나 명사 아페시스(ἄφεσις)가 사용되고 죄(하마르티아 ἁμαρτία)라는 명사가 동반되었다.

③ 평화: 예수님의 오심은 하느님의 평화가 새로운 방식으로 세상에 내리는 것이다. "땅에서는 그분 마음에 드는 사람들에게 평화"(루카 2,14). 그런데 예루살렘은 이 평화를 이해하지 못했다. "오늘 너도 평화를 가져다주는 것이 무엇인지 알았더라면…!"(루카 19,42). 예수님께서 인간에게 가져오신 구원은 평화와 직결된다. "네 믿음이 너를 구원하였다. 평안히 가거라"(루카 7,50; 8,48). 예수님께서 "내가 세상에 평화를 주러 왔다고 생각하느냐? 아니다"(루카 12,51)라고 하신 말씀은 이 평화를 누리려면 인간이 예수님의 구원을 수용해야 한다는 사실을 가리킨다.

2) 성령론

루카복음서에서 이야기가 진행될 때 어떤 특정한 단계에서는 성령이 중요한 역할을 한다. 아드님을 세상에 보내시는 성부님, 그분의 구원 계획, 지극히 높으신 분의 아드님인 예수님(1,32.35; 3,22; 10,21-22; 22,69), 그리고 제자들(그리스도교 공동체) 이야기가 성령과의 관계 안에서 펼쳐진다. 루카의 문헌은 영이나 주님의 영, 거룩한 영, 예수님의 영이란 다양한 말로 성령의 작용을 이야기하는데, 성령을 지칭하는 단어의 빈도는 다음과 같다.

마태오복음서	마르코복음서	루카복음서	요한복음서	사도행전
12회	6회	17회	15회	57회
루카 1,15.35.41.67; 2,25.26.27; 3,16.22; 4,1(2회).14.18; 10,21; 11,13; 12,10.12				

루카복음에서는 유년기 이야기에 7회, 공생활이 시작되는 장면에 6회, 그리고 10-12장에 4회 성령이 언급되는 데서 볼 수 있듯이, 특정 시기의 시작에서 성령의 역할이 두드러진다. 마찬가지로 사도행전의 앞부분인 1-16장에서도 집중적으로 성령이 언급된다. 그러니까 예수님 시대와 교회 시대가 성령의 힘으로 시작되었다고 묘사한 것이다. 구약성경에서 영(주님의 영)은 활동적으로 창조하시는 힘 있는 바람이나 숨으로서 자연이나 인간에게 드러나는 하느님의 현존으로 묘사되었다. 하느님의 영은 지도자를 세우기도 하고, 누군가가 예언을 하게도 하고 심판하신다. 루카에서도 성령은 하느님의 능동적, 창조적, 예언적 현존을 그분의 세상이나 그분의 사람들에게 나타낸다.

이러한 성령이 루카 문헌에서는 하느님과 예수님의 관계 안에서 묘사되고 있다. 예수님은 성령을 "내 아버지께서 약속하신 분"(루카 24,49; 사도 1,4)이라고 말씀하신다. 바로 그분을 예수님께서 제자들에게 보내주실 것이라고 하신다. 성령은 아버지와 예수님과 밀접하게 연결되어 있다. 아울러 성령을 받는 것을 제자들이 '높은 데서 오는 힘을 입는 것'이라고 말씀하신다(루카 24,49). 이 사실은 사도행전에서 성령을 받은 베드로를 통하여 설명된다. 그는 제자들이 성령을 받은 것을 요엘 3,1-5의 말씀이 이루어진 것이라고 말한다(사도 2,14-21). 예수님의 아버지신 주님(야훼)과 예수님 자신과 성령이 연관되어 있음이 분명하게 표현되었다.

이렇게 성령은 이스라엘에서 새롭게 활동하신다. 그래서 예수님 시대가 도래하는 준비 시기에 예수님과 연관되어 등장한 인물들은 모두 성령의 특별한 인도를 받는다. 세례자 요한, 엘리사벳, 즈카르야, 시메온에게 성령이 작용하여 하느님의 예언적인 현존을 드러내셨고, 마리아에게서는 창조적인 현존을 드러내셨다. 이 동정녀 탄생에서 예수님과 성령의 관계는 이미 표현되었고, 세례 장면은 예수님의 공생활이 성령에 의해 시작되었음을 드러낸다. 예수님은 세례를 받고 성령으로 가득 차 요르단강에서 돌아오시고, 성령에 이끌려 광야에 가시어 유혹을 받으시고, 성령의 힘을 지니고 갈릴래아로 돌아가셔서 사명을 시작하신다. 그리고 나자렛 회당에서 당신께서 받으신 성령이 사명의 원천임을 밝히신다. 마지막으로 구원사와 지상의 예수님, 부활하신 예수님과 제자의 관계를 묘사하는 데에 성령이 특별하게 강조되어 있다.

제1부

예언

1. 예언과 성취 1,1-2,52

루카복음서에는 복음사가가 전하는 머리말(1,1-4)이 제일 먼저 소개된다. 그는 머리말에서 복음서를 저술하는 목적과 방법을 밝힌다. 이어서 세례자 요한의 출생 예고와 예수님의 탄생 예고가 나온다. 두 아기의 탄생 예고는 공통점과 차이점을 지닌다. 먼저 공통점은 이 두 탄생의 기원에 놀라운 하느님의 섭리가 있다는 것이고, 차이점은 잉태 상황인데, 하나는 전령의 탄생이고, 하나는 메시아의 탄생인 것이다. 이처럼 서로 다른 운명을 지닌 두 아기를 잉태한 두 여인의 만남이 이야기의 절정을 이룬다. 이 만남에서 두 여인은 자신들이 아기를 잉태한 어머니임을 확인하고, 각자 고유한 노래를 부르는데, 이 노래들은 찬양과 예언으로 가득 차 있다. 이렇게 루카복음의 첫 대목에는 예언과 영감이 가득하다. 예고는 곧 성취되며, 그것은 또한 구약의 오랜 예언이 성취되는 것임을 드러낸다.

단락의 구조와 주제

머리말을 제외하고 1,5-2,50 이야기는 예루살렘에서 시작하여 예루살렘에서 마무리된다. 이어서 짧게 첨가된 2,51-52은 예수님 성장 시절에 대한 요약으로 1,5-2,50에서 진행된 장소 중심의 주된 줄거리를 해치지 않으며 풍요롭게 마무리하도록 돕는다. 루카복음서에서는 장소가 특별한 의미를 지니는데, 이후에는 22,41에 가서야 비로소 예루살렘에서 예수님을 보게 될 것이다.

<table>
<tr><th>장절</th><th>내용</th><th>장소</th><th>주제</th></tr>
<tr><td>1,1-4</td><td>머리말</td><td></td><td>저술 목적</td></tr>
<tr><td>1,5-25</td><td>세례자 요한의 출생 예고</td><td>주님의 성전
예루살렘</td><td rowspan="9">세례자 요한과
예수님의
어린 시절</td></tr>
<tr><td>1,26-38</td><td>예수님의 탄생 예고</td><td>나자렛</td></tr>
<tr><td>1,39-45</td><td>마리아의 엘리사벳 방문</td><td rowspan="4">유다 산악 지방
즈카르야의 집</td></tr>
<tr><td>1,46-56</td><td>마리아의 노래</td></tr>
<tr><td>1,57-66</td><td>세례자 요한의 출생</td></tr>
<tr><td>1,67-80</td><td>즈카르야의 노래와 요한의 성장</td></tr>
<tr><td>2,1-20</td><td>예수님의 탄생과 목자들</td><td>베들레헴</td></tr>
<tr><td>2,21-40</td><td>예수님의 유년 시절</td><td rowspan="2">나자렛, 예루살렘</td></tr>
<tr><td>2,41-52</td><td>예수님의 소년 시절</td></tr>
</table>

1) 머리말(1,1-4)의 내용과 형식

복음서의 시작이 특별하다. 마르코복음서의 시작, 마태오복음서의 시작, 요한복음서의 시작까지 떠올려보면, 대부분 첫 단어가 어떤 양상이든 예수 그리스도를 소개, 규명, 서술하는 단어로 시작한다. 그런데 루카복음서는 이와 아주 다르게 이 글을 읽을 독자에게 건네는 말로 시작한다. 글쓴이의 입장을 밝히기 위해 '우리'라는 첫 단어로 시작한다. 이 '우리 가운데에서'는 루카복음서의 고유한 구조 안에서 특별한 의미를 갖는다. 이는 단순히 당시 목격자들, 유다인들만을 가리키는 것이 아니라 1,5; 2,1-2; 3,1-2에서 복음사가가 말하는 시대와 세계 한가운데를 가리키고 있음을 점차 알게 될 것이다.

마르 1,1	하느님의 아드님 예수 그리스도의 복음의 시작.
마태 1,1	다윗의 자손이시며 아브라함의 자손이신 예수 그리스도의 족보.
루카 1,1	우리 가운데에서 이루어진 일들에 관한 이야기를 엮는 작업에 많은 이가 손을 대었습니다.
요한 1,1	한처음에 말씀이 계셨다. 말씀은 하느님과 함께 계셨는데 말씀은 하느님이셨다.

루카는 이미 다른 복음서들이 있다는 것을 전제하면서 복음서를 집필하겠다고 말하는데, 이것을 고유하게 "이야기를 엮는 작업"이라는 말로 표현하며 그 작업을 하는 이유와 목적을 밝힌다. 그는 '이 모든

일을 처음부터 자세히 살펴보고 순서대로 적어서' 독자가 먼저 배운 것들이 확실한 사실임을 알게 하겠다고 한다. 물론 이 모든 일은 예수 그리스도와 관계된 일들을 엮는 그 작업을 말하는 것이고, 자신도 그 작업을 좀 더 보완한 방식으로 하겠다는 것이 요지다. 그가 쓴 글의 목표 지점은 마지막 장인 24장에서 확인할 수 있게 해놓았다. 전체적인 구성의 핵심은 그가 '엮은 이야기', 곧 '그리스도 사건'은 '성경 기록의 실현'이라는 것이다.

<table>
<tr><td colspan="2">1,1-4</td><td colspan="2">일들: '이루어진 일들', '전해준 것', '이 모든 일', '배우신 것들': 예수님의 행적과 가르침(사도 1,1)</td></tr>
<tr><td rowspan="4">24장</td><td>17-19</td><td>일</td><td>'무슨 일', '그곳에서 일어난 일', '나자렛 사람 예수님에 관한 일'</td></tr>
<tr><td>25-27</td><td>예언</td><td>예언자들이 말한 모든 것을 믿는 것, "모세와 모든 예언자로부터 시작하여 성경 전체에 걸쳐 당신에 관한 기록들을" 설명</td></tr>
<tr><td>44</td><td>성취</td><td>"나에 관하여 모세의 율법과 예언서와 시편에 기록된 모든 것이 다 이루어져야 한다."</td></tr>
<tr><td>45</td><td>깨달음</td><td>"마음을 여시어 성경을 깨닫게 해주셨다."</td></tr>
</table>

루카복음서 서문은 이러한 내용뿐만 아니라 문체도 독특하여 다른 복음서들과 구별된다. 그리스어 원문으로 보면 1-4절 전체가 형식적

으로 문학적인 완결성을 보여주는 한 문장으로 되어 있다. 1-2절은 조건절(1절-접속사 에페이데페르 ἐπειδήπερ = since; 2절-부사 카토스 καθώς = just as)이고 3-4절이 귀결절인데, 3절은 주절이고(나도 쓰기로 결정했다) 4절은 종속절이다(접속사 히나 ἵνα = in order that).

1절: 조건절 since	Ἐπειδήπερ πολλοὶ ἐπεχείρησαν ἀνατάξασθαι διήγησιν περὶ τῶν πεπληροφορημένων ἐν ἡμῖν πραγμάτων,
2절: 조건절 just as	καθὼς παρέδοσαν ἡμῖν οἱ ἀπ' ἀρχῆς αὐτόπται καὶ ὑπηρέται γενόμενοι τοῦ λόγου,
3절: 주절 I too decided to write	ἔδοξε κἀμοὶ παρηκολουθηκότι ἄνωθεν πᾶσιν ἀκριβῶς καθεξῆς σοι γράψαι, κράτιστε Θεόφιλε,
4절: 종속절 in order that	ἵνα ἐπιγνῷς περὶ ὧν κατηχήθης λόγων τὴν ἀσφάλειαν.

루카가 쓴 글에만 있는 고유한 문장이 루카 3,1-2과 사도 1,1-2에도 나타나는데 여기 1,1-4의 문장에 필적하지 못한다고 한다. 주석가들은 이 서문을 고전적으로 역사적 서문을 쓴 헤로도투스, 투키디데스 등의 것과 비교하며 그만큼 훌륭하다고 평가한다. 이렇게 정형화되고 문학적인 언어를 사용하며 장문長文으로 표현한 구조는 헬레니즘 시대의 서문들이 지닌 공통된 특징이다.

"순서대로 적어 드리는 것이 좋겠다" – 저술

서문 1절에 나온 "이야기를 엮는 작업"에서 '이야기를 엮는다'는 그리스어로 '아나탁싹스타이 디에게신'(ἀνατάξασθαι διήγησιν)이다. 디에게시스(διήγησις)는 어원적으로 볼 때, 단순하게 메모를 수집하거나 사건이나 일화를 편집하는 것 이상을 목표로 하여 어떤 진상들, 사건들, 행동들 또는 담화적인 단어들을 질서 있게 묘사하여 포괄적으로 이야기하기(narrative)를 뜻하는 단어다. '편집하다'라는 뜻의 아나타쏘마이(ἀνατάσσομαι) 동사와 함께 신약성경에서 단 한 번 사용되었다. 동사로 '이야기를 전한다'는 뜻의 디에게오마이(διηγέομαι)는 8회 사용되었다(마르 5,16; 9,9; 루카 8,39; 9,10; 사도 8,33; 9,27; 12,17; 히브 11,32).

디에게시스라는 용어를 주로 사용하는 이들은 고전 그리스어와 코이네 그리스어를 사용하는 저자들, 특히 역사나 역사를 기술하는 방식에 대해 저술하는 사람들이라고 한다. 이를 '이루어진 일이나 이루어졌던 일에 대한 묘사', 또는 '일어난 일이나 일어났던 일에 대한 설명적인 이야기'라고 정의할 수 있겠다. 루카의 디에게시스는 '그리스도 사건에 대한 이야기'이다.

3절, "…저도 귀하께 순서대로 적어 드리는 것이 좋겠다고 생각하였습니다"에서 순서대로 적어 드리는 것, 즉 '쓰는 것'(그랍사이 γράψαι)은 1절의 '이야기를 엮는 작업'과 동일하다. 이야기를 순서대로 쓰는 이유는 독자인 귀하의 확신을 돕기 위해서이다. 이 표현에서 루카 1-24장의 전체 기획을 알 수 있다. 루카복음서는 이미 알려진 일에 대해 확신을 주기 위하여 그 일, 곧 그리스도 사건을 순서대로 설명하는 식으로 이야기한 것이다.

루카는 쓰기 위해, 그리스도 사건이 세계 역사, 인물, 제도와 연결되는 지점에 착안하여, 이를 통해 예수님의 탄생으로 이미 인류 역사에 신기원이 일어났다고 알리려 한다. 그리고 이어지는 예수님의 활동, 죽음과 부활을 통해 인류 역사에 실현된 것이 무엇인지를 밝히고자 한 것이다. 게다가 그 일은 먼 곳이 아니라 바로 "우리 가운데에서 이루어진 일"로서 예수님의 탄생과 어린 시절 이야기로 시작하여 그분의 승천까지의 일이다. 그 일을 자세히 살펴보고 순서대로 엮을 때 시작은 단순히 알려지지 않았던 어린 시절뿐만 아니라, 그 이전 고대 성서시대에 있었던 기록인 모세와 예언자들 시대의 성경 말씀으로까지 거슬러 올라간다. 그래서 이 이야기는 약속과 성취라는 모티브가 연속으로 반복되어 나타나며 진행된다.

"배우신 것들이 진실임을 알게" 한다 - 저술 기획

루카는 자신이 복음서를 쓰는 목적을 밝힌다. "이는 귀하께서 배우신 것들이 진실임을 알게 해드리려는 것입니다." 이 말은, 이 기록을 통해 독자는 이미 알고 있던 일들을 더 확신하게 될 것이라는 뜻이다. '진실임을'이라고 번역된 명사는 확실성, 확신, 진실이라는 뜻의 아스팔레이아(ἀσφάλεια)이다. 본인이 쓰는 이야기를 통해 이미 들은 로고스들이 견고하게 확실하다는 것을 알게 하겠다고 한다. '배우신 것들'에는 명사 로고스(λόγος)와 동사 카테케인이 사용되었다. 여기서 로고스는 가르침(루카 4,32), 교훈(루카 10,39), 혹은 받아들여야 할 메시지(루카 1,20; 6,47)를 뜻한다. 카테케인 동사는 '보도하다, 말하다, 정보를 주다'라는 의미로, 사도 18,25처럼 '가르치다, 교훈을 주다'의 의미로도 사용된다. 여기서는 물론 수동태로 쓰였다. 독자의 대표 격으로 언급된 테오필로스는 이미 가르침을 받았는데, 그가 그것에 대해 확신을 가지게끔 하기 위한 것이 저술 목적이다. 이미 받은 가르침을 확신하게 되면 실제로는 그리스도 혹은 그리스도 사건 자체를 한층 포괄적으로 알게 되고 이해하게 된다. 다만 서술 방식은 독자의 이해를 돕기 위한 것을 우선으로 한다.

그래서 서문의 초점이 '예수 그리스도' 자체가 아니라, 그분을 아는, 그분의 사건을 체험한 이들에게 맞춰진다. 그런 까닭에 이들 중심의 구문이 반복하여 사용된 것이다. 말하자면 "우리 가운데에서 이루어진 일들"(1절), "전해준 것"(2절), "배우신 것들"(4절)인데, 이것이 사실 루카가 쓰고자 하는 내용을 가리키는 삼중의 서술이고, 이 동사들의 주어는 사람들, 그리스도인들이다. 루카는 이것을 "이 모든 일"(3절)이라고 다시 한번 언급하며, 바로 이 내용을 특별한 목적으로 가지고 다시 쓰겠다는 것이다. 물론 이 삼중의 구문이 가리키는 핵심 내용, 곧 주인공은 예수 그리스도시다.

'이야기를 엮는 작업을 한 이들이 많이 있다'는 것을 굳이 언급하면서 자신도 그 일을 쓰기로 했다고 말한 이유는, 자신이 이야기를 쓰는 방식을 전제함과 동시에 차별성을 두겠다는 의도를 알린 것이다. 그러니까 루카는 말씀과 성취를 해석하는 방식으로 그 의미를 설명해서 테오필로스와 같은 독자들에게 당시 교회의 가르침과 행위가 예수님 시대에 뿌리를 두고 있고, 더 나아가 성서시대에 뿌리를 두고 있음을 깨닫게 하여, 당대의 가르침과 행위에 대한 믿음을 강화하려는 것이다. 역사적 확신과 구원사에 대한 교리적 · 교훈적 확신을 통해 믿음이 견고해지기를 바라는 것이다.

"이 모든 일을 처음부터 자세히 살펴본" – 사전 준비의 특성

여기서 '모든 일'은 이루어진 일들과 그것을 이미 이야기로 엮은 많은 이의 설명을 가리키며, 정보와 방대한 자료 수집에 완벽을 기했다는 첫째 특성을 나타낸다. 자세히 살펴보았다는 말에서 '자세히'를 뜻하는 그리스어 아크리보스(ἀκριβῶς)는 관찰 조사한 수위를 표현하는데, 주의 깊고 꼼꼼하게 연구했다는 둘째 특성을 나타낸다. 셋째 특성은 '처음부터 살펴보았다'는 것이다. '처음부터'의 원어인 그리스어 아노텐(ἄνωθεν)은 우선 '위로부터'라는 뜻으로 철저함과 완전함을 의미하거나, 2절의 "처음부터"(아프 아르케스 ἀπ' ἀρχῆς: 사도 26,4 참조)처럼 시간적으로 '원천에서부터'의 뜻을 나타낸다.

시간적인 처음이라면 이 처음은 5절에서 시작되는 이야기대로 세례자 요한과 예수님의 탄생부터라는 말일 수도 있고, 혹자가 말하는 대로 집필 시기인 당대 곧 기원후 80년대가 아니라 예수님 시대부터라는 말일 수도 있다. 그런데 이야기의 끝인 24장에서 예수님 사건이 성경에 기록된 대로 이루어진 것이라고 명시적으로 표현하므로, '처음부터'는 이 일이 유래한 '위로부터', 곧 하느님의 계획에 따르는 일이 표현된 예언이 있던 성서시대부터라고 볼 수도 있겠다. 아무튼 여기에 루카가 '아프 아르케스'라고 쓰지 않고 '아노텐'을 썼으니 여러 의미로 생각해볼 여지가 있다고 본다.

"처음부터 목격자로서 말씀의 종이 된 이들이 우리에게 전해준 것을 그대로 엮은 것" – 정보 자료 출처

우리 가운데에서 이루어진 일이라 해도, 그것을 누군가가 전해주었기에 알게 된다. 전해준 이는 목격자들인데, 예수님을 처음부터 따라다니며 본 이들이다. 목격자인 그들은 말씀의 종이 되었다. '목격자'는 신약성경에서 단 한 번 쓰인 단어인데, 루카가 선택하여 면밀하게 조사한 자료는 '그리스도 사건을 직접 눈으로 본 이들이 전해준 것'이라고 한다. 루카는 자신과 이루어진 일 사이에 시간적 간격이 있음을 분명히 인식하고 있으며, 그의 저술은 전해 받은 것에 기반을 두었다는 사실을 분명히 한다.

그러면서 루카는 '그리스도께' 관심이 집중되어 있어서 역사적 신학적 관심사를 표현하는데, 그 한 예가 그 일이 일어났던 그때도 지금도 체험이 가능한 '하느님 말씀'을 가리키는 정관사가 붙은 "말씀"(호 로고스 ὁ λόγος)이다. '말씀을 전하는 일'은 사도행전에서도 여러 번 언급된다(8,4; 10,36; 11,19; 14,25). 그리고 '말씀 봉사'(헤 디아코니아 투 로구 ἡ διακονία τοῦ λόγου)라는 표현도 나타나는데(사도 6,4), 이는 그리스도교 메시지의 선포 곧 사도들이 증언하는 일을 말한다. 이렇게 해서 '전해 받은 정보와 자료들'이 있게 된 것이다.

루카 24,48에 "너희는 이 일의 증인이다"라는 표현이 있다. 제자들, 사도들을 증인(마르투스 μάρτυς)이라고 하는 것 역시 루카 문헌에만 나타나는 표현인데 목격자, 말씀의 종과 조화를 이룬다. '전해주다'에 사용된 동사는 파라디도미(παραδίδωμι)로 초대 교회에서 전승을 전해주는 일을 표현할 때 쓰이는 신약성경의 전문 용어다. 전해 받은 것은 구두 전승이었을 가능성이 크고, 그것을 받아 많은 이가 '이야기'로 엮었던 것이다. 그래서 테오필로스 같은 독자가 이미 배운 것들이 있을 수 있었던 것이다.

2) 세례자 요한과 예수님의 탄생 및 유년 시절 이야기

복음사가의 이야기가 시작된다. 루카는 유다 임금 헤로데 대왕을 언급하며 역사적 시점時點을 드러낸다. 기원후 80년대 이후인 루카의 독자들 시대에서 오래전으로 거슬러 올라가서 전前 세기말인 기원전 4년경 또는 당대의 세기 초인 기원후 1년 이야기를 들려준다.

이 이야기에 아기들, 엄마들, 천사와 목자들이 등장한다. 이 단락은 예언과 성취를 뚜렷하게 드러내는 대목이다. '이루어진다'라는 말은 마지막 장인 24장에 가장 많이 나오지만, 예언과 성취를 눈에 보이게 묘사한 것은 바로 이 단락이다. 전체 줄거리에서 이 단락을 살펴볼 필요가 있다.

제일 먼저 세례자 요한의 탄생에 얽힌 이야기가 나타난다. 우리 가운데 일어난 일들을 처음부터 알려준다더니, 루카가 말한 사건들의 간략한 줄거리는 이러하다. 세례자 요한이 나타나 세례를 베풀기 시작하고 예수님이 나타나 하느님 나라를 선포하고 회개를 촉구하며 시작한 일이 있었다. 하느님 나라와 회개에 관련된 많은 놀라운 행적과 가르침이 있었고 백성은 그분을 따랐다. 그런데 그러던 분이 유다 지도자들 손에 잡혀서 수난을 당하고 십자가형에 처해 죽는 일이 일어났다. 예수님의 갑작스럽고 어처구니없는 죽음으로 예루살렘이 소란스러워져 제자들은 정신이 하나도 없고 정말 막막해졌는데, 더 놀라운 일이 일어났다. 그분이 죽은 이들 가운데서 되살아나셨다는 것이다. 하느님께서 그분을 일으키셨다는 것이다. 목격 증인들이 나타났다. 놀랍지만 믿긴 믿겠는데, 도대체 어떻게 그런 일이 일어날 수 있으며, 거기에는 무슨 의미가 있는지, 그 안에서 하느님의 손길을 어떻게 알 수 있는지…. 드디어 처음부터 조사해서 알려주겠다고 했던 첫 이야기가 등장한다. 이런 흐름을 볼 때, 루카복음서의 유년 이야기는 루카 이전의 복음 전승뿐 아니라 루카복음 자체에 대한 숙고를 거쳐 구성되었다고 말할 수 있다.

루카는 그렇게 일어난 일들에는 전조前兆가 있었다고 말한다. 그것이 어느 날 그 시대 상황의 산물로, 뛰어난 인물이기에 민족을 돕기 위해 혹은 인류애로 그렇게 일어나 일생을 바친 일이 아니다. 우리 가운데에서 일어난 그 일에는 기나긴 역사가 들어 있었다. 하느님의 계획이 애초에 있었고 성경에 기록된 일들이 그분의 나타나심과 일치한다. 나자렛 예수님보다 조금 앞서서 나타난 세례자 요한의 외침과 그가 한 행위는 이미 예언된 일이었고, 그는 주님의 선구자로 점지되어 탄생한 아이였다. 이미 있었던 하느님의 뜻이, 예언되었던 바가 실현 또는 성취된 것이었다. 더구나 그 두 어머니의 만남이 있었고, 그 아기는 태중에서부터 예수님을 알아보았다. 예수님은 잉태된 순간부터, 어머니 태중에서부터 이미 그 존재를 드러내어 다른 존재를 기쁨에 뛰게 하였다. 그분은 무엇보다 하느님의 뜻을 수용하고 응답한 처녀 마리아에게 잉태된 아기였다.

(1) 세례자 요한의 탄생 예고 1,5-25

이야기는 사제 집안을 언급하고 곧바로 예루살렘으로 시선을 돌려 성전에서 시작한다. 더 깊숙이 사제 한 명만 들어갈 수 있는 성소로, 하느님의 영역으로 독자들을 초대하고 그곳에서 있었던 일을 들려주며 몰입하게 한다. 사제 즈카르야가 성소에서 예고 받은 세례자 요한 탄생과 소명 이야기는 그 자체의 형식과 문체를 지니고, 일관성 있게 단계적으로 나아간다. 이야기의 두 부분(1,5-25; 1,57-80)은 하나를 이루며 잉태와 탄생의 상황을 통해 한 인물의 중요성을 명시적으로 드러낸다.

5-7절

5절은 유다 임금 헤로데를 말하는데, 이 헤로데는 카이사르와 옥타비아누스(아우구스투스)에게 협력하여 로마의 신임을 받고 기원전 40년에서부터 기원전 4년까지 유다를 다스렸던 헤로데 대왕을 가리킨다. 그의 통치 시대라고 하니, 복음서가 쓰이던 기원후 80년대 전후 시기와 비교해볼 때 꽤 오래전 이야기이다. 그래서 그 당시 사회와 예루살렘의 사정은 지금과는 많이 달랐다는 것을 독자들에게 알린다.

사제 가문의 부부가 첫 인물로 등장한다. 즈카르야와 엘리사벳은 사제 가문인 아론 지파였고, 즈카르야는 사제로 봉직하고 있었다. 6-7절은 이 부부에 대해 두 방향으로 소개한다. 먼저 영적으로 이 부부는 유다인 세계에서 보증할 수 있는 모든 덕목을 지닌 인물이다. '하느님 앞에서 의롭다', 그리고 '주님의 모든 계명과 규정에 따라 흠없이 살아간다.' 그런데 세상적인 영역에서 볼 때 그들은 아이가 없었으니 결핍된 것이 많은, 아니 고대 세계의 관점에서는 결정적인 것이 결핍된 부부였다. 엘리사벳이 불임이었다고 한다. 아이가 생길 희망조차 가질 수 없는 처지였음을 그들이 나이가 많다는 표현으로 대신하였다.

8-10절

즈카르야가 예루살렘 성전에 등장한다. 마침 그가 속한 아비야조가 사제 직무를 수행하는 시기였다. 게다가 제비뽑기로 주님의 성소에 들어가 분향을 드릴 사제를 정하는데 즈카르야가 선택되었다. 사제단이 24개 조로 조직되어 등록된 전통은 오래되었다(1역대 24,1-19). 성서시대의 전통에서 제비를 뽑는 것은 주님의 뜻을 알아보는 일이었다(1사무 10,19-22 참조). 루카는 이 표현을 통하여 즈카르야가 그때 주님의 성소에 들어가 분향을 드리게 된 것이 분명한 주님의 섭리였음을 밝히고 있다.

주님의 성소(나오스 ναός)는 분향 제단과 제사상과 등잔대(메노라)가 있는 거룩한 장소이다. 히브리서에 의하면 성소에는 일곱 가지로 된 순금 등잔대와 제사 빵이 차려진 제사상이 있었고, 지성소에는 분향 제단과 계약 궤와 속죄 판이 있었다(히브 9,2-5). 이 지성소에는 일년에 단 한 번 대사제만 들어간다고 기록되어 있다(히브 9,6-7). 그런데 분향은 일 년에 한 번만 드리는 것이 아니므로 분향 제단은 사제들이 들어가 분향을 드릴 수 있는 성소에 있었을 것이다. 루카의 기록에 타당성이 있다. 구약 왕정 시대에는 성소의 앞쪽으로 '오른쪽과 왼쪽에 다섯 개씩 순금 등잔대들'을 두었다고 나오나(1열왕 7,49; 2역대 4,7), 오경에 나타난 묘사를 보면 등잔대 1개에 붙은 등잔 가지 일곱이 강조되어 있다(탈출 25,31-36; 레위 24,4; 민수 8,2). 로마의 포로 로마노(Foro Romano) 입구에 있는 티투스 개선문의 부조를 보면, 기원후 70년에 로마가 예루살렘 성전을 파괴하고 약탈했을 때를 묘사한 부조 장면 중에 거대한 등잔대를 운반하는 모습이 있다. 아마도 성소에는 큰 등잔대 한 개가 있었을 것으로 본다.

예수님 시대에 예루살렘에 사제들이 칠팔천 명 있었다고 하니, 제비에 뽑혀서 성소에 들어가 분향을 드리는 일은 영예로운 직무였을 것이다. 그가 분향을 드리는 장면은 장엄하게 묘사되어 있다. 사제가 성소에서 분향을 드리는 동안 성소 밖에는 온 백성이 기도하고 있다. 주님의 성소와 성전 앞뜰 두 장소를 동시에 소개한다. 아마도 온 백성은 성소에 들어간 사제 외의 다른 사제들이 있는 사제들의 뜰, 이스라엘 남자들의 뜰, 그리고 여인들의 뜰에서 분향을 드리며 올리는 기도에 함께 참여하고 있었을 것이다.

11-17절

예루살렘 성전 전체가 기도를 올리고 있을 때, 그 중심이 되는 장소인 성소에, 분향이 올라가고 있는 그 제단에, 그것도 오른쪽에, 주님의 천사가 나타났다. 그리스어 문법으로 따져보면, 11절은 천사가 나타난 상황을 완료형 분사로 전하면서(헤스토스 ἑστὼς), 바로 그(즈카르야)에게 '보였다'(오프테 ὤφθη)고 원과거 수동형으로 전한다. '보다' 동사의 수동형이 쓰였는데, 이로써 이 문장의 중심은 즈카르야가 그것을 보게 되었다는 데 있으며, 수동형 동사를 써서 그것이 하느님에 의해 일어난 일임을 알려준다. 즈카르야는 그것을 보고 놀라서 두려움에 사로잡혔다.

주님의 천사가 한 말, "두려워하지 마라"는 일반적으로 하느님의 사자가 나타난 후에 따라나오는 관용어구로, 그 순간 사람에게 두려움이 엄습하는 동시에 참으로 신 현현이 일어났음을 확인해주는 어구다. 여기서 "즈카르야야" 하고 이름을 부름으로써 분명히 그에게 천사가 발현했음을 확실히 하고, 이어지는 말이 그와 직접 관련된 일임을 드러낸다. "너의 청원이 받아들여졌다. 네 아내 엘리사벳이 너에게 아들을 낳아줄 터이니, 그 이름을 요한이라 하여라"(13절). 그의 청원이 무엇인지 밝히지 않으나, 그의 아내가 그에게 아들을 낳아줄 것이라는 말은 7절과 더불어, 그의 소원, 그의 기도가 무엇인지를 짐작하게 한다. 태어날 존재의 이름까지 알려주어 확실한 사실임을 나타낸다. 말씀은 더없이 거룩한 장소에서 더없이 엄숙한 시간에 전해진다.

"너도 기뻐하고 즐거워할 터이지만 많은 이가 그의 출생을 기뻐할 것이다"(14절): 즈카르야 개인의 소원이 이뤄짐을 알려주는 동시에 그 아기의 존재는 개인뿐만 아니라 많은 이의 기쁨이 될 것이라고 전한다. 이것은 그 아기가 지닌 사명이, 이스라엘 백성과 관계되어 있음을 암시한다. 사제직을 수행하고 있는 즈카르야에게 말씀이 전해졌다. 주님께서는 하느님 앞에서 의롭게 살고, 주님의 모든 계명과 규정에 따라 흠 없이 살아가는 즈카르야와 엘리사벳에게 오랜 소원인 아들을 주시어 기쁨을 주신다. 동시에 많은 이가 그의 출생을 기뻐할 것이라고 한다. 부모에게는 그의 존재가 기쁨이 될 것이나 많은 이에게는 그의 사명이 기쁨을 줄 것이다. 많은 이가 기뻐하는 이유는 그가 주님 앞에서 큰 인물이 될 것이기 때문이다. 즈카르야가 주님의 성소에서 전례 중에 사제로서 받은 말씀은 공적인 측면을 강조한다. 성소 밖의 기도하는 회중도 이 아기의 출생이 공적으로 의미를 지닌다는 것을 드러내는 역할을 한다.

"그가 … 큰 인물이 될 것이기 때문이다"(15ㄱ절): 세례자 요한은 주님의 선구자로 등장할 것이다. 그를 소개하는 방식은 예수님의 잉태 예고와 탄생에 대한 것과 병행을 이루며 다음 구절의 전조가 된다. "소문을 들은 이들은 모두 그것을 마음에 새기며, '이 아기가 대체 무엇이 될 것인가?' 하고 말하였다. 정녕 주님의 손길이 그를 보살피고 계셨던 것이다"(1,66). 그는 주님께 직접 이름을 받았고, 그를 묘사하는 내용은 큰 인물이 될 것이라는 총평(15ㄱ절)에 이어 두 가지로 볼 수 있다. 특성(15ㄴ절)과 사명(16-17절)을 자세히 들려준다.

<table>
<tr><td>15ㄱ</td><td>총평</td><td colspan="3">주님 앞에서 큰 인물</td></tr>
<tr><td rowspan="3">15ㄴ</td><td>삶의 특성</td><td>예언</td><td colspan="2">이미 어머니 태중에서부터 두 측면으로 특징지어진다.
육으로는 나지르인처럼 포도주도 독주도 마시지 않는다.
내적으로는 성령으로 가득 찰 것이다.</td></tr>
<tr><td rowspan="2">외적 내적</td><td rowspan="2">결과</td><td colspan="2">1,41 마리아의 인사말 소리를 듣고 마리아의 태중의 아기를 인식하고, 태안에서 즐거워 뛰논다.</td></tr>
<tr><td colspan="2">7,33 사실 세례자 요한이 와서 빵을 먹지도 않고 포도주를 마시지도 않자</td></tr>
<tr><td>16</td><td>소명</td><td colspan="3">이스라엘 자손들 가운데에서 많은 사람을 그들의 하느님이신 주님께 돌아오게 할 것이다.</td></tr>
<tr><td rowspan="4">17</td><td rowspan="4">실행 방법</td><td colspan="3">엘리야의 영과 힘을 지니고</td></tr>
<tr><td colspan="2" rowspan="2">그분보다 먼저 와서</td><td>부모의 마음을 자녀에게 돌리고</td></tr>
<tr><td>순종하지 않는 자들은 의인들의 생각을 받아들이게 하여</td></tr>
<tr><td colspan="3">백성이 주님을 맞이할 준비를 갖추게 할 것이다.</td></tr>
</table>

“포도주도 독주도 마시지 않고 어머니 태중에서부터 성령으로 가득 찰 것”(15ㄴ절): 요한의 특징이 내외적으로 나타나 있다. 먼저 그는 포도주도 독주도 마시지 않을 것이다. 이는 “자신을 주님에게 봉헌하기로 하고, 특별한 서원 곧 나지르인 서원을 할 경우”(민수 6,2)에 따르는 음주 금지 규정(민수 6,3)을 떠올려준다. 동시에 삼손의 잉태 예고를 듣는 마노아의 아내가 들은 “앞으로 조심하여 포도주도 독주도 마시지 말고, 부정한 것은 아무것도 먹지 마라”(판관 13,4)라는 말도 떠올려준다. 삼손 이야기의 경우에는 그 어머니가 포도주와 독주를 삼

가라는 말이었다. “네가 임신하여 아들을 낳을 것이기 때문이다”라고 덧붙이는 말에서, 음주가 삼손의 어머니의 일상이었음을 짐작할 수 있다. 그래서 음주를 삼가도록 시킨 듯하다. 그러나 요한의 경우에는 모친에게 주어지는 주의 사항은 없고, 태어날 아기가 장차 “포도주도 독주도 마시지 않으리라”고 예고한다. 이것은 명령이 아니라, 그가 그렇게 하리라는 예고이니, 요한이 선택하게 될 삶의 양상이다. 나지르인의 의미가 여기 살아 있다. 그리고 내적으로는 “성령으로 가득 찰 것이라”고 하니, 이 예고는 요한이 내외적으로 통합되어 주님을 향해 있는 사람임을 드러낸다. 그리고 이 상태는 이미 어머니 태중에서부터 시작된다.

“많은 사람을 그들의 하느님이신 주님께 돌아오게 할 것”(16절): 그의 사명에 관해서 다른 공관복음서에는 예수님께서 세례자 요한의 등장과 활동을 말라 3,23-24의 실현으로 증언해주시는 내용으로 나타난다(마르 9,13; 마태 11,14; 17,11-12). 루카에서는 이미 탄생 전부터 천사의 예고를 통해 주님의 계획에 따른 실현으로 증언되고 있다. 세례자 요한은 엘리야가 육으로 돌아온 것은 아니지만, 그와 같은 영과 힘을 지니고 예언자로서 주님 앞에 오는 선구자인데, 이스라엘의 ‘모든 사람’이 아니라 ‘많은 사람’을 그들의 하느님이신 주님께 돌아오게 하고(16절), 주님을 맞이할 준비를 갖추게 한다. “부모의 마음을 자녀에게 돌리고”라는 구절이 말라 3,24을 떠올리게 하지만, 병행으로 나온 “자녀의 마음을 부모에게 돌리리라”는 구절이 생략되어 있으므로 가정의 화목에 대한 메시지라기보다는 창세 18,19의 의미와 연관된 듯하다 "내가 그를 선택한 것은, 그가 자기 자식들과 뒤에 올 자기 집안에 명령을 내려 그들이 정의와 공정을 실천하여 주님의 길을 지키게 하고, 그렇게 하여 이 주님이 아브라함에게 한 약속을 그대로 이루려고 한 것이다." 이것이 뒤이어 나오는 "순종하지 않는 자들은 의인들의 생각을 받아들이게 하여"와 조화를 이루어, 주님을 맞이할 준비를 하는 내용에 부합된다. 요한이 활동을 시작하면서 죄의 용서를 위한 회개의 세례를 선포하며 외친 것과도 맥락이 같다(루카 3,3-6 참조). 아기가 태어난 후에 즈카르야는 노래할 것이다. "아기야, 너는 지극히 높으신 분의 예언자라 불리고 주님을 앞서가 그분의 길을 준비하리니 죄를 용서받아 구원됨을 주님의 백성에게 깨우쳐주려는 것이다"(1,76-77).

18-20절

"제가 그것을 어떻게 알 수 있겠습니까? 저는 늙은이고 제 아내도 나이가 많습니다"(18절). 즈카르야는 의혹을 표현하며 표징을 청한다. "카타 티 그노소마이 투토"(κατὰ τί γνώσομαι τοῦτο)에서 '카타 티 그노소마이'는 창세 15,8에서 아브라함이 주님께 드리는 질문("무엇으로 알 수 있겠습니까?")과 같은데, 주님은 그에게 표징을 보여주셨다(창세 15, 9 이하). 게다가 본문들이 즈카르야가 한 말을 뒷받침한다. 7절에 "둘 다 나이가 많았다", 36절에 "그 늙은 나이에도", 그리고 18절에 "저는 늙은이고 제 아내도 나이가 많습니다"라고 나온다. 그런데 즈카르야의 이 말을 들은 천사는 "때가 되면 이루어질 내 말을 믿지 않았으니" 라고 하며 즈카르야의 태도를 불신이라고 지적한다. 즈카르야가 말한 내용에서 불신의 요인은 무엇일까?

주님의 천사는 그들의 나이를 모르고 찾아오지 않았다. 세 구절에서나 나이가 많다는 사실을 언급한 것은, 하느님의 힘으로 잉태되는 아이임을 강조하기 위한 것이다. 이런 상황이니 천사가 나타나 '그의 청원이 받아들여져서' 잉태를 할 것이라는 예고까지 해준 것이다. '너의 청원을 들으셨다(받아들이셨다)'(에이세쿠스테 헤 데에시스 수 εἰσηκούσθη ἡ δέησίς σου)는 말은 즈카르야가 하느님의 자비를 입었다는 뜻이다. 그가 먼저 드린 청원에 하느님이 응답하신 것이다. 게다가 주님의 천사는 태어날 아이와 관련해서 일어날 일을 무척 상세하게 전해주었다. 그 아이의 이름은 요한이며, 그 아이 때문에, 그들 가정도 다른 많은 이도 기뻐하리라는 것, 아이는 태중에서부터 특별하리라는 것과 태어날 아이가 걸어갈 길과 사명까지 길고 자세하게 들려주었다. 그리고 그 임신은 곧 일어날 일이었다.

그런데 그 긴 이야기를 듣고 나서 즈카르야가 보인 응답이 의혹이다. 그가 임신의 가능성에 의문을 표현하였으니 들려준 말씀을 믿지 않는 것이다. 사실 임신이 되는지 안 되는지는 본인들이 곧 확인할 수 있는 일이었다. 그래서 주님의 천사는 '때가 되면 이루어질 말을 믿지 않은 것'이라고 말한 것이다. 더구나 그때 그는 사제 중에 뽑혀서 그 날의 제사장으로 분향 제단에서 분향을 드리는 중이었고 밖에서는 온 백성이 기도를 드리고 있었다. 성소 분향 제단, 곧 하느님 앞에서 천사를 통해 청원이 받아들여졌다는 말씀을 들었는데, 즈카르야는 그 말씀을 믿지 못했다. 그의 질문은 그때 그 장소에서 받은 자비에 합당하지 못했다.

그가 믿지 않아도 그 일은 이루어질 것이다. 결국 즈카르야가 그것을 아는 표징으로 받은 것은 "이 일이 일어나는 날까지 벙어리가 되어 말을 못하게 될 것"이다.

21-23절

즈카르야는 자기 몸으로 감당해야 하는 표징을 받았다. 그가 밖으로 나와서 말을 못 하니, 사람들은 그가 성소 안에서 뭔가 특별한 체험을 했다는 것을 알게 된다. 당시 전례의 제사장으로서 성소에 들어가 분향을 드린 사제는 나와서 모인 회중에게 축복을 해주는 관례가 있었는데, 즈카르야가 그 일을 할 수 없었기 때문이다. 더욱이 그가 성소 안에서 너무 지체하고 나왔으니 분명히 성소에서 무슨 일인가 그에게 일어났다는 것을 모두가 짐작하게 되었다. 즈카르야가 성소 안에서 환시를 보았음을 회중이 알게 되었다고 전하면서 그 경로는 생략한다. 아무튼 즈카르야는 봉직 기간 동안 성전에서 지내며 자신에게도, 백성에게도 표징을 보인 셈이다.

24-25절

봉직 기간을 마치고 즈카르야가 집으로 돌아간 뒤에 엘리사벳이 잉태를 하였다. 엘리사벳은 다섯 달 동안 숨어 지냈다고 말한다. 노산이고 그간 아이를 출산한 적이 없으니 안정적으로 아이가 자리 잡을 때까지 조심했으리라는 이유도 있겠으나 이 대목에서 아버지의 침묵, 어머니의 숨은 생활은 주님의 신비로운 섭리를 부각하는 효과를 낸다. 요한을 잉태한 것은 우선 엘리사벳에게 개인적인 치유와 명예 회복의 은혜였다. "내가 사람들 사이에서 겪어야 했던 치욕을 없애주시려고 주님께서 굽어보시어 나에게 이 일을 해주셨구나." 그녀는 불임으로, 더구나 결혼한 여인에게 출산이 가장 중요한 일로 여겨졌던 고대 사회에서 이웃과 멀리 사는 친척들에게까지도 다 알려진 불임 때문에 고통을 받았을 것이다. 불임으로 눈물의 기도를 올리던 한나의 처지에서(1사무 1,6-16) 엘리사벳의 아픔을 짐작할 수 있고 주님께서 치욕을 없애주셨다고 고백하는 엘리사벳의 마음도 느낄 수 있다. 아이를 얻은 기쁨을 노래하던 한나의 기도(1사무 2,1.5)는 엘리사벳의 경우와도 병행을 이루는 모티브다.

(2) 예수님의 탄생 예고 1,26-38

예수님의 탄생 예고 장면은 요한의 출생을 알리는 장면과 형식은 유사한데 내용은 아주 다르다. 천사의 방문, 선포, 인간적 한계 제시,

예언에 대한 표징이라는 순서와 틀은 공통적이다. 그런데 태어날 두 인물의 신원과 사명은 근본적으로 큰 차이를 보이고, 예언을 듣고 받아들이는 두 인물의 태도에도 차이가 아주 크다.

절	요한	절	예수님
15	주님 앞에서 큰 인물이 될 것	32	큰 인물이 되시고 지극히 높으신 분의 아드님이라 불리실 것
17	먼저 와서 준비하는, 일시적 역할	33	야곱 집안을 영원히 다스리시리니 그분의 나라는 끝이 없을 것
17	엘리야의 영과 힘을 지니고 그분보다 먼저 와서	32	다윗의 왕좌를 받은 임금님
17	백성이 주님을 맞이할 준비를 갖추게 할 것	35	거룩하신 분, 하느님의 아드님이라 불릴 것

26-27절

하느님께서는 가브리엘 천사를 다윗 집안의 요셉이라는 사람과 약혼한 처녀를 찾아가게 하셨다. 그 처녀의 이름은 마리아였다. 마리아에 대한 소개는 단순하다. 나자렛 처녀이고 다윗 자손인 요셉의 약혼녀이다. 즈카르야를 소개한 것(사제, 아론의 자손, 하느님 앞에서 의로운 이, 주님의 모든 계명과 규정에 따라 흠 없이 살아가는 사람)과 비교하면 이렇다 할 수식어가 없다. 마리아에 대해서는 공적 신분에 대한 언급이 없고, 종교적 관점에서나 이스라엘 사람으로서나 관련되어 나타나는 정보가 없다.

즈카르야의 체험은 공적 장소, 가장 중요한 장소인 예루살렘 성전 내 성소에서, 분향 연기와 많은 이의 기도 속에서 이루어진다. 마리아는 홀로 있다. 소개를 안 하는 것을 보면 그녀를 뒷받침하는 두드러지는 가문 배경은 없는 듯하고, 평범한 사회 구성원 중 한 사람이다. 그리고 성별을 구분하고 연장자를 중시하는 사회에서 나이 어린 여성이다. 그녀를 규정짓는 것은 다윗 가문 사람과 약혼한 처녀라는 사실뿐이다. 부친의 이름조차 소개하지 않는다. 예수님을 낳게 될 여인 마리아에 관한 사회적 조건이 아무것도 소개되지 않는 것이 오히려 그 의미를 생각하게 하며 더 깊은 의미로 우리를 인도한다.

28-29절

마리아에 대한 정보가 이제 천사의 말을 통하여 드러난다. 그녀가 세상과 관련해서는 소개된 것이 없으나, 하늘, 그러니까 하느님과 관련해서는 아주 엄청나게 소개된다. 천사가 말한다. "은총이 가득한 이여, 기뻐하여라. 주님께서 너와 함께 계시다"(카이레, 케카리토메네, 호 퀴리오스 메타 수 χαῖρε, κεχαριτωμένη, ὁ κύριος μετὰ σοῦ). '카이레'는 흔한 그리스식 인사말이다. 그러나 많은 학자가 그것을 단순한 인사말 정도가 아니라 문자 그대로 '기뻐하라'라는 의미로 이해해야 한다고 말한다. '카이레' 하면서 천사가 한 말은 인사말인 동시에 마리아에게, 그리고 독자에게도 마리아의 정체성을 밝혀주는 말이다.

세상에서 그녀는 나자렛에 사는 평범한 처녀이지만 하느님의 계획 안에서 그녀는 아주 고유하고 특별한 위치에 있다. '은총이 가득한 이'다. 케카리토메네(κεχαριτωμένη)는 '큰 은혜를 베풀다'라는 뜻인 카리토오(χαριτόω) 완료 수동형 분사의 호격이다. 마리아라는 이름의 이 처녀는 '케카리토메네, 은총을 가득히 입은 이'고 '호 퀴리우스 메타 수, 주님께서 함께 계시는 이'다. 의롭거나 흠 없는 등의 인간이 지닌 가치를 넘어서서, 신적인 요소가 깃들어 있다. 주님의 은총이 가득하고 주님께서 함께 계신다. 인간 마리아에게 하늘이, 주님의 은총이 깃들어 있다는 것은 인간이 들을 수 있는 최고의 가치를 지닌 정체성이다.

창세기는 사람이 본디 하느님의 모습에 따라 창조되었고, 하느님과 통교하던 존재라고 일러준다. 그러나 죄를 지어 하느님과의 통교를 잃고, 하느님 앞에서 숨고 달아나는 존재로 전락했다. 성경은 사람이 하느님과 통교하고, 그분과 함께 있는 본래의 지위를 회복하도록 계속 사람을 인도하고 있다. '의롭고 흠 없음'은 하느님 앞에서 살아가는 삶을 가리킨다. 하느님께서 함께 계심은 앞에 서 있음을 넘어서는 표현이다. 그래서 성경(구약)에서 하느님께서 사명을 주어 당신의 이름으로 사람을 파견하실 때면, 당신 존재의 현존을 약속해주셨다. 모세를 파견하시며 표징으로 주신 것이 "내가 너와 함께 있겠다"(탈출 3,12)였다. 그의 후계자가 될 여호수아에게 주신 말씀도 "내가 너와 함께 있겠다"(신명 31,23)였고, 파딴 아람에서 야곱에게 고향으로 돌아가라고 하시며 주신 말씀도 "내가 너와 함께 있겠다"(창세 31,3)였다. 기드온에게 사명을 주실 때도 "내가 정녕 너와 함께 있겠다"(판관 6,16)라고 하셨다. 구약 전반에 걸쳐서 나타난 내용들에 의하면 하느님께서 함께 계신다는 것은 완전한 신원 보증이 되며 대부분 특별한 사명을 줄 때 수반되는 약속이다(창세 26,3.24; 28,15; 31,3; 탈출 34,10; 신명 31,23; 1열왕 11,38; 이사 43,5; 예레 1,8; 15,20; 46,28).

"이 말에 마리아는 몹시 놀랐다. 그리고 이 인사말이 무슨 뜻인가 하고 곰곰이 생각하였다"(29절). 마리아는 성경 이야기들을 통해 전해 들어온 이 말이 무슨 말인지는 알고 있었을 것이다. 그런데 바로 자신이 이 말을 들었다는 사실에 무척 놀랐을 것이다. 그래서 마리아는 이 말이 자신과 관련하여 무슨 뜻인지 숙고한다. 여기에 '숙고하다, 곰곰이 생각하다'는 뜻의 디아로기조마이(διαλογίζομαι) 동사가 사용되었다. 마리아가 놀라면서도 기본적인 이해를 바탕으로 숙고하는 태도가 그녀의 인품을 드러내고 주님 앞에서의 자세를 보여준다.

30-33절

들은 말에 놀랐으나, 섣불리 말하지 않고 들은 말의 뜻을 곰곰이 생각하는 마리아에게 천사가 답을 들려준다. "두려워하지 마라, 마리아야. 너는 하느님의 총애를 받았다." 마리아의 놀람을 가라앉혀주며 마리아가 곰곰이 생각해야 했던 의미를 알려준다. 은총이 가득한 이라고 말할 수 있는 근거는 하느님의 총애를 받았기 때문이라는 것이다. 그리스어로 '에우레스 가르 카린 파라 토 테우'(εὗρες γὰρ χάριν παρὰ τῷ θεῷ)이다. 글자 그대로 '네가 하느님에게서 은총을 받았다'이다. 은총이라고 번역된 '카리스'는 루카가 즐겨 사용하는 단어인데, 히브리어로는 '헨'(חֵן)이고 구약에서 하느님의 은혜, 자애를 입을 때 전형적으로 사용되는 단어이다. 일례로 아브라함이 주님께 '제가 당신 눈에 든다면'(18,3)이라고 말할 때 이 헨을 사용한다. 그렇게 천사는 "은총이 가득한 이여, 주님께서 너와 함께 계시다"라는 말을 "너는 하느님의 총애를 받았다"라는 말로 반복한 후에 그 은총의 결과로 일어나는 일을 소개하는데, 그것은 곧 마리아가 부르심을 받고 있다는 것이다. "보라, 이제 네가 잉태하여 아들을 낳을 터이니 그 이름을 예수라 하여라." 잉태하여 아들을 낳을 것이라고 예고하고, 그 아들의 이름까지 주신다. 이어서 그 아들이 어떤 사명을 갖고 태어나고, 어떤 분인지를 32-33절에 걸쳐서 밝힌다. 태어날 아기 예수님에 대한 예고이다. 하지만 지금은 마리아가 응답해야 하는 때이다. 마리아가 부르심을 받았고, 마리아에게 사명이 주어졌다.

34-38절

마리아가 천사에게 자신의 한계를 솔직하게 밝힌다. "저는 남자를 알지 못하는데, 어떻게 그런 일이 있을 수 있겠습니까?"(34절). 처녀인 마리아가 아기를 낳는다는 말에 의문을 제기하는 것은 너무도 자연스런 일이다. 아기를 기다리던 상황은 물론 아니고, 아예 처녀라는 마리아의 신원 자체가 그 영역에 속하지 않기 때문이다. '그 일이 어떻게 일어날까요?'(포스 에스타이 투토 Πῶς ἔσται τοῦτο)이다. 이것은 알기 위해, 믿기 위해 표징을 청하는 질문과는 달리, 자신의 처지와는 너무도 다른 뜻밖의 말에 무슨 영문인지 몰라서 묻는 질문이다.

마리아가 양립할 수 없는 일이라고 생각하여 한 질문에 천사가 아주 간단하게 대답한다. "성령께서 너에게 내려오시고 지극히 높으신 분의 힘이 너를 덮을 것이다. 그러므로 태어날 아기는 거룩하신 분, 하느님의 아드님이라고 불릴 것이다"(35절). 마리아가 생각한 것은 맞지만, 이 일은 인간 세상에서의 일로 이루어지지 않고 하느님이 하실 것이라고 알려준다. '성령께서 마리아에게 내려오시고 지극히 높으신 분의 힘이 마리아를 덮어서' 가능하게 된다고 말해준다. 그 증거로 엘리사벳의 예를 든다. 친척 엘리사벳이 늙은 나이에도 아들을 잉태하였고, 아이를 못 낳는 여자라고 불리던 그가 임신한 지 여섯 달이 되었다고 알려준다(36절). 그리고 하느님께는 불가능한 일이 없다고 말한다(37절).

천사의 이 설명을 들은 마리아는 바로 대답한다. 처음 인사를 받았을 때는 곰곰이 생각하였으나, 하느님이 하실 일과 이미 하신 일을 들려주니 마리아는 즉시 응답한다. 마리아의 통찰과 믿음이 돋보이는 장면이다. "보십시오, 저는 주님의 종입니다. 말씀하신 대로 저에게 이루어지기를 바랍니다"(38절). '말씀하신 대로 저에게 이루어지기를 바랍니다'라는 말에서 우리는 마리아가 매우 주의 깊게 듣고, 믿으며 들은 말씀에 응답하고 있음을 알 수 있다. 하느님 말씀을 전적으로 수용하는 자세다. "말씀하신 대로" 말씀이 자신에게 이루어지기를 바란다는 표현은 믿었다는 말마디보다 훨씬 더 명료하게 마리아의 믿음과 신뢰를 드러내준다. 매우 아름다운 구절이니, 그리스어나 라틴어로 읊조려보며 익숙한 우리말에 새로운 깊이를 더해도 좋을 듯하다. 이 대답을 하기 위해 마리아가 자신의 말로 드러낸 자신의 정체성은 '주님의 종'이다.

우리말	보십시오, 저는 주님의 종입니다.
그리스어	헤 둘레 퀴리우 ἡ δούλη κυρίου
라틴어	엑체 안칠라 도미니 Ecce ancilla Domini
우리말	말씀하신 대로 저에게 이루어지기를 바랍니다.
그리스어	게노이토 모이 카타 토 레마 수 γένοιτό μοι κατὰ τὸ ῥῆμά σου
라틴어	휘앗 미히 세쿤둠 베르붐 투움 fiat mihi secundum verbum tuum

복음사가는 마리아에 대한 아무런 서술어도 붙여주지 않았다. 천사는 하느님과 관계해서 은총이 가득한 마리아에게 대단히 호의적인 하느님의 은혜를 언급했다. 은총과 총애와 사명을 받은 마리아가 자신은 주님의 종이라고 말한다. 그러니 주님 말씀에 순종하는 것이 마땅하다는 논리다. '당신의 말씀대로'(카타 투 레마 수) '저에게'(모이) '이루어지기를 바란다'(게노이토)고 말한다. 곧 자신은 하느님 말씀에 종

속된다고, 하느님 말씀의 종이라고 하는 것이다. '당신의 말대로'란 '당신의 뜻대로'와 통하는 말이다. 훗날 주님은 기도를 가르쳐주실 때 말씀하실 것이다. "아버지의 뜻이 하늘에서와 같이 땅에서도 이루어지게 하소서"(마태 6,10). 하늘에서와 같이, 땅에서도 이루어지기를 기도한다. 마리아가 하느님의 뜻이 자신에게 이루어지기를 기도한다. 그러자 사명을 마친 천사는 마리아에게서 떠나갔다.

알.가.유.소. 1 〉〉 팔레스티나 지역들

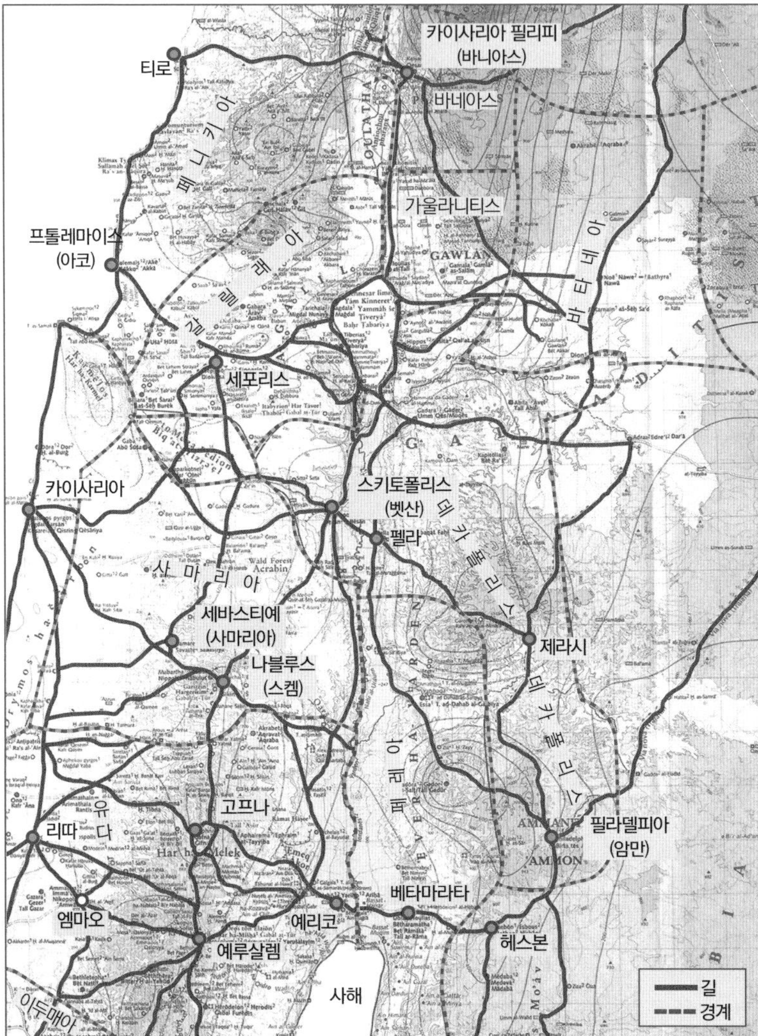

지도1 | 그리스-로마 시대의 팔레스티나 지역들(기원전 300-기원후 300년경)

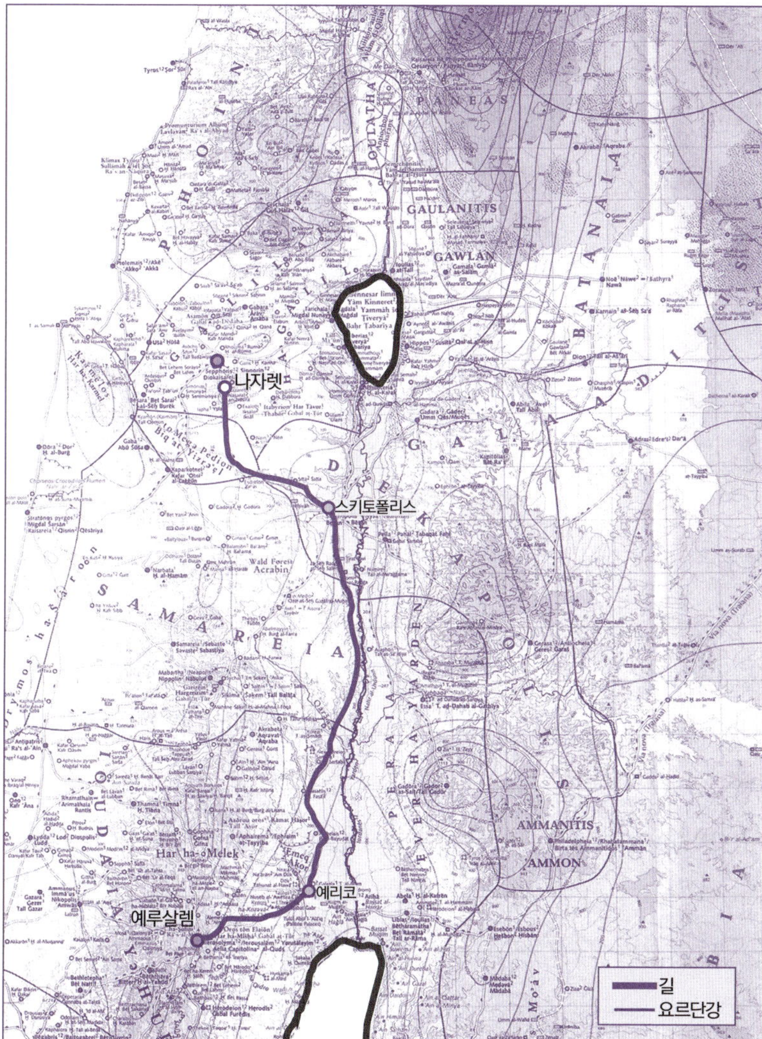

지도2 | 나자렛에서 예루살렘 엔 케렘까지

(3) 엘리사벳의 외침 1,39-45

이제 예고를 받은 주인공인 두 여인이 만난다. 이 만남을 통해 마리아의 위상과 예수님에 대해 좀 더 알 수 있을 것이다.

39-40절

"마리아는 길을 떠나, 서둘러 유다 산악 지방에 있는 한 고을로 갔다"(39절). 이 장면에서 마리아가 분연奮然히 일어나 행동하는 모습이 돋보인다. 첫 단어가 아나스타사(Ἀναστᾶσα), '일어나다'라는 뜻의 동사 아니스테미(ἀνίστημι)의 원과거 분사형이다. '일어나서' 마리아는 유다 산악 지방을 향해 갔다는 것이다. '일어나(와야콤) - 길을 갔다'는 표현은 전형적인 구약성경의 표현이다. 일어나 서둘러 가는 마리아의 모습에서 갈릴래아 지방 나자렛에서 유다 산악 지방 엔케렘까지의 먼 길, 위험, 고생을 염두에 두지 않는 마리아의 마음과 의지가 드러난다. 구글 어스에 의하면 나자렛에서 엔케렘까지 직선거리가 남쪽으로 130km이다. 현대 교통 도로로 145km, 도보로 제시한 거리가 153km이다. 가는 데 얼마나 걸렸으며, 무슨 생각을 하며 갔을까? 이러한 세부 사항은 중요하지 않다. 실로 주님을 뵙고, 뜻을 알아듣고, 그 뜻이 이루어지도록 순명하고(fiat) 그다음에 그 뜻을 채워가는 여정에 소요되는 시간이 매우 길다는 것을 아는 게 중요하다. 하느님의 말씀이 한 사람에게서 실현되는 데에는 그의 일생이 필요하다. 여기서는 그 시작을 보여준다. 루카는 마리아의 여정에 대해서는 생략하고, 목적지에 도착한 마리아를 보여준다. 마리아는 천사가 알려준 대로 하느님이 하시는 같은 일을 체험했다는 엘리사벳을 빨리 만나 보고 싶어 한 것이다. 그래서 서둘러 가서 즈카르야의 집으로 들어가 엘리사벳에게 인사하였다.

41-45절

마리아가 엘리사벳에게 인사하니 그 말을 태 안의 아기가 듣고 반응한다. "태 안에서 아기가 뛰놀았다"(41절). 41절에는 '뛰놀았다' 하고, 44절에는 엘리사벳이 확인하며 "당신의 인사말 소리가 제 귀에 들리자 저의 태 안에서 아기가 즐거워 뛰놀았습니다"라고 한다. 즐거워서(엔 아갈리아세이 ἐν ἀγαλλιάσει) 태 안의 아기가 좋아서 뛴다. 47절에는 마리아의 영혼이 에갈리아센(ἠγαλλίασεν) 한다. 원형인 '환호하다, 기뻐 뛰다'라는 뜻의 아갈리아오(ἀγαλλιάω)는 44절의 '즐거워'에 사용된 명사 아갈리아시스(ἀγαλλίασις)와 어간이 같다. 아기는 예수님의 존재를 느끼고 즐거워 뛰놀고, 마리아는 자신에게 큰일을 하신 구원자 하느님 안에서 기뻐 뛴다.

엘리사벳은 성령으로 가득 차 큰소리로 외친다. "당신은 여인들 가운데에서 가장 복되시며 당신 태중의 아기도 복되십니다. 내 주님의 어머니께서 저에게 오시다니 어찌 된 일입니까?"(42-43절). 성령이 엘리사벳에게도 임한다. 엘리사벳은 성령으로 가득 차서 마리아가 임신했음을 즉시 알아채고, 그 아기가 주님임을 알아본다. 마리아가 천사의 예고를 들은 지 1개월이 안 되었을 터이니 성령이 아니고서는 도무지 알 수 없는 신비로운 두 가지 사실, 수태受胎한 사실과 그 아기가 주님이라는 사실을 엘리사벳이 마리아의 인사말을 듣자마자 알아챘다. 나자렛에서 유다 산악 지방까지 길게 잡아 1주일 걸려서 갔다고 쳐도, 엘리사벳의 소식을 들었을 때가 임신한 지 여섯 달이 되었다 했고(36절), 마리아가 석 달가량 엘리사벳과 지내고 자기 집으로 돌아간 뒤에(56절), 엘리사벳이 해산달이 차서 아들을 낳으니(57절), 지금 마리아는 임신한 지 1개월이 채 안 되었기에, 기원후 1세기라는 시대 배경을 생각하면 성령이 아니고서는 마리아조차도 알 수가 없는 일이었다. 엘리사벳은 성령의 힘으로 잉태 사실을 밝히는 동시에 그 아기가 주님의 말씀에 따라, 주님의 뜻에 따라 잉태된 아기라고 말한다.

이렇게 엘리사벳은 마리아가 한 체험의 실재와 의미를 드러내며 예언적 통찰력을 보여준다. '성령께서 내려오시고 지극히 높으신 분의 힘이 덮을 것'라는 사실이 확인되었고, "태어날 아기는 거룩하신 분, 하느님의 아드님이라고 불릴 것이다"라는 말씀대로 아기는 벌써 '주님'이라 불리고 있다. 루카복음에서 주님은 하느님에 대한 호칭이다(1,6.9.11.15.16.17). 엘리사벳은 "내 주님의 어머니께서 저에게 오시다니 어찌 된 일입니까?"(43절)라고 말하여 마리아가 태어날 아기에 대해 들은 모든 것을 확인해주는 역할을 한다. 루카에서는 성령의 활동이 매우 두드러진다. 엘리사벳 태중의 아기도 "어머니 태중에서부터 성령으로 가득 찰 것이다"(15절)라는 말씀대로 마리아의 목소리를 듣자, 성령의 힘으로 목소리 주인공의 태중에 있는 아기의 존재를 알고 즐거워 뛰놀았다.

"당신은 여인들 가운데에서 가장 복되시며 당신 태중의 아기도 복되십니다." 여기서 에우로게오(εὐλογέω) 동사의 수동태 완료형 분사가 마리아와 태중의 아기에게 적용되었는데, '에우로게오'는 특정한 사람을 찬양하거나 그/그녀에게 내려진 하느님의 은혜와 복의 상태를 인지하고 표현하는 동사이다. 마리아는 여인 중에서 가장 복되다는 최상급의 찬양을 받는다. 구약에서 여인의 위대함은 그녀가 낳은 아이에 의해 측정되니, 주님의 어머니는 자연적으로 다른 모든 사람을 능가하는 최상의 상태이다.

그런데 마리아의 위상은 마리아의 행위에 대한 엘리사벳의 찬사에서도 나타나고 "행복하십니다, 주님께서 하신 말씀이 이루어지리라고 믿으신 분!"(45절)이라는 말에서도 나타난다. 마리아는 주님의 말씀이 이루어지리라고 믿었다는 사실에서도 가장 복되신 분이다. 루카 복음사가가 마리아의 이야기를 말씀이 이루어진다는 구조 안에서 엮어가는 것을 감안하면, 마리아는 루카가 제시하는 믿음의 최고 모범이다. 또 45절은 루카복음서에 나온 첫 번째 행복 선언이기도 하다. 그런데 '행복하십니다'(μακαρία) 다음에 나오는 '헤 피스테우사사 호티'(ἡ πιστεύσασα ὅτι)에서 접속사 호티(ὅτι)가 이유를 밝히는 것인지 목적절을 이끄는 것인지에 대하여 논란이 있다. 즉, 호티가 행복하다고 한 이유를 말할 수도 있고, 마리아가 믿은 대상을 말할 수도 있기 때문이다. 아래에서 보듯이 두 경우 다 가능하다. 호티가 이끄는 절을 명사절과 원인절 둘 중 어느 것으로 보아도 무리가 없는 경우로는 루카 7,39도 있다.

목적	주님께서 말씀하신 것이 이루어질 것을 믿으신 분 행복하십니다.
이유	주님께서 말씀하신 것이 이루어질 것이기에 행복하십니다. 믿으신 분.

그런데 즈카르야의 불신에 대한 천사의 책망이 소개된 것(1,20)을 감안하면, 루카가 반복해서 마리아의 믿음을 강조하는 맥락에서 보는 것이 나을 듯하다. 엘리사벳의 찬사에서 마리아가 천사의 예고를 듣고 응답한 것이 믿음이라는 것이 명시되며, 그래서 행복하다고 선언된 것이다. 마리아가 "보십시오, 저는 주님의 종입니다. 말씀하신 대로 저에게 이루어지기를 바랍니다"(38절)라고 응답한 바탕은 '주님께서 하신 말씀이 이루어지리라는 믿음'이었다.

루카는 또한 여기서 동사 '에우로게메네' 대신 형용사 마카리아(μακαρία)를 사용하는데, 에우로게오는 다른 사람이 좋게 말해주고, 감사나 찬사를 해주고, 수동적으로 받은 하느님의 은혜를 가리킨다. 마카리오스 역시 하느님께 복을 받았기에 행복한 것이나, 사용된 범례를 보면 일반적으로 누군가가 한 행동이나 선택에 대해 하느님께서 응답으로 주시는 축복이다. 마리아의 믿음에 마카리아가 적용된 것은 하느님 앞에 의로운 실존의 상태를 표시하기 위하여 이 말을 사용하는 성서 전통을 따른 것으로 본다(시편 1,1; 2,12; 83,4; 93,12). 예수님은 진복 선언에서도 이 단어를 사용하신다. 마리아는 하느님이 하실 일과 하신 일에 믿고 응답하여 협력자의 위치를 갖는다. 그래서 그녀도, 복 중에 있는 그 태중의 아기도, 엘리사벳도, 그녀의 아기도 즐겁게 뛰논다. 루카에게 '이루어질 것이다'라는 약속-성취 주제가 아주 중요한데, 여기서 완성 또는 성취(텔레이오시스 τελείωσις)라는 명사가 유일하게 한 번 사용되었다.

행복하십니다, 주님께서 하신 말씀이 이루어지리라고 믿으신 분!
카이 마카리아 헤 피스테우사사 호티 에스타이 텔레이오시스 토이스 렐랄레메노이스 아우테 파라 퀴리우
καὶ μακαρία ἡ πιστεύσασα ὅτι ἔσται τελείωσις τοῖς λελαλημένοις αὐτῇ παρὰ κυρίου
Blessed is she who has believed that Lord would fulfill his promise to her! (NIV)
And blessed is she who believed that there would be a fulfillment of what was spoken to her by the Lord. (NRSV)
E beata colei che ha creduto nell'adempimento di ciò che il Signore le ha detto. (CEI)

(4) 마리아의 노래 1,46-56

엘리사벳이 이렇게 말하자 마리아가 말하였다. "내 영혼이 주님을 찬송하고"(46절)에서 첫 단어가 그리스어로 메갈뤼네이(Μεγαλύνει), 라틴어로 막니피캇(Magnificat)이다. 메갈뤼노(μεγαλύνω)는 '크게 혹은 길게 하다' 또는 '높이다, 찬미하다'라는 뜻이다. 루카는 셈어식 표현을 자주 활용하는데, '내 영혼'에 히브리어 나프쉬에 해당하는 그리스어를 사용하여, 영적이고 이성적 존재인 사람 '나'가 주님을 찬송하고 있다는 것을 강조하였다.

우리말	내 영혼이 주님을 찬송하고
그리스어	메갈뤼네이 헤 프쉬케 무 톤 퀴리온 εγαλύνει ἡ ψυχή μου τὸν κύριον
라틴어	막니피캇 아니마 메아 도미눔 Magnificat anima mea Dominum

46-50절

마리아의 노래는 크게 세 단락으로 나뉜다. 첫째는 46-50절인데 먼저 46-49ㄱ절 부분은 마리아(내 영혼, 내 마음)가 찬송하고 기뻐 뛴다는 사실이다. 그 까닭은 두 가지인데, 하나는 주님께서 그녀의 비천함을 굽어보셨다는 사실 때문이다. 학자들은 여기서 한나의 노래와 마리아의 노래가 병행된다고 말한다. 비천함이라고 번역된 타페이노시스(ταπείνωσις)는 1사무 1,11의 칠십인역과 동일한 명사와 동사를 사용하는데, "이 여종의 가련한 모습을 눈여겨보시고"라고 번역되었고, 루카 1,48에는 "당신 종의 비천함을 굽어보셨기"라고 번역되었으나 같은 문장이니, 둘을 함께 보면 좋다.

루카 1,48	ὅτι ἐπέβλεψεν ἐπὶ τὴν ταπείνωσιν τῆς δούλης αὐτοῦ
1사무 1,11	ἐὰν ἐπιβλέπων ἐπιβλέψῃς ἐπὶ τὴν ταπείνωσιν τῆς δούλης σου

기본적으로 이 비천한 처지는 불임을 말하기에 이 부분은 원래 엘리사벳에게 해당하는 구절이라고 말하는 이도 있으나, "우리의 비천한 몸을 당신의 영광스러운 몸과 같은 모습으로 변화시켜 주실 것입니다"(필리 3,21)라는 구절에서도 '비천한'이라는 의미로 같은 타페이노시스(ταπείνωσις)가 사용된 사례에 비추어 다른 측면으로 볼 수 있다. 여기서 마리아가 말하는 비천함은 한계를 지니고 사는 인간 실존에 대한 표현이고, 또한 필리 3,21에서 말하듯 그리스도의 영광스러운 몸에 비추어볼 때 드러나는 양상과 같은 것이다. 그런 비천한 인간에게 하느님께서 뜻을 가지고 말씀을 내리시니 자신의 비천함을 굽어보셨다고 고백하는 것이다. 하느님의 은총으로 하느님의 말씀을 따르게 되었고, 하느님의 뜻에 따라 인생길을 가게 된 일이 주님의 굽어보심이라고 마리아는 노래한다.

다른 하나는 '전능하신 분이 자신에게 큰일을 하셨다'는 사실 때문이다. 이것은 35-37절을 즉시 떠올려준다. 자신이 보기에도 그러한데 다른 사람들도 자신을 보고 행복하다고 말할 것이라고 한다. '큰 일'이란 마리아가, 큰 인물이 되고 지극히 높으신 분의 아드님이라 불리고 다윗의 왕좌를 받을 분(메시아)을 잉태하게 된 일을 말하는 것이다. 물론 오랜만에 찾아와 만난 엘리사벳이 자신에게 일어난 일을 알며 여인들 가운데 가장 복되다고 말하기는 하지만, 그 일은 미래에 일어나서 확인될 것이고 신적인 해석을 해야 뚜렷이 드러나게 될 것이다. 그런데 지금 이 젊은 여인 마리아는 자신이 들은 하느님 말씀을 믿고 확신한다. 그리고 너무나 황송하게 큰 은총을 받았다고 고백하며 행복해하고 기뻐하며 찬가를 부른다.

그는 구원자 하느님 안에서 기쁨을 누린다. 마리아의 노래 안에서 '구원자 하느님'(θεός σωτήρ)이라는 호칭이 처음 나타나며(47절) '구원'이라는 주제가 도입된다. 창조 이후 창세 3장부터 펼쳐지는 야훼 하느님의 활동은 구원으로 요약된다. 지금 여기서 말하는 구원자는 야훼 하느님이신데, 곧 태어나실 하느님의 아드님이 백성을 위하여 구원자 칭호를 이어받게 된다(루카 2,11). 구원자 하느님은 전능하신 분이다.

마리아의 노래 첫 부분인 46-49ㄱ절은 주님 잉태 예고 이야기(28-38절)와 엘리사벳 방문 이야기(39-45절)를 완벽하게 요약하고 풀이하며 마리아의 영혼과 마음의 상태까지 온전히 드러낸다.

<table>
<tr><td rowspan="4">1</td><td rowspan="4">46ㄱ
49ㄱ</td><td>46-47 Μεγαλύνει …
καὶ ἠγαλλίασεν</td><td>주절</td><td>찬송하고, 기뻐 뛰니</td></tr>
<tr><td>48ㄱ ὅτι ἐπέβλεψεν</td><td>종속절</td><td>비천함을 굽어보셨기 때문</td></tr>
<tr><td>48ㄴ μακαριοῦσίν
με</td><td>주절</td><td>나를 행복하다 하리니</td></tr>
<tr><td>49ㄱ ὅτι ἐποίησέν</td><td>종속절</td><td>나에게 큰일을 하셨기 때문</td></tr>
<tr><td></td><td rowspan="2">49ㄴ
50</td><td>49ㄴ καὶ ἅγιον τὸ
ὄνομα αὐτοῦ</td><td rowspan="2">대등절</td><td>그분의 이름은 거룩하고</td></tr>
<tr><td></td><td>50 καὶ τὸ ἔλεος
αὐτοῦ</td><td>그분의 자비는 대대로 미친다.</td></tr>
<tr><td rowspan="3">2</td><td rowspan="3">51
53</td><td>51 Ἐποίησεν
κράτος …
διεσκόρπισεν</td><td>주문</td><td>권능을 떨치시어 … 흩으셨다.</td></tr>
<tr><td>52 καθεῖλεν … καὶ
ὕψωσεν…</td><td rowspan="2">설명문</td><td>끌어내리시고 … 들어 높이셨으며</td></tr>
<tr><td>53 ἐνέπλησεν …
ἐξαπέστειλεν</td><td>배불리시고 … 빈손으로 내치셨다.</td></tr>
<tr><td rowspan="2">3</td><td rowspan="2">54
55</td><td>54 ἀντελάβετο
Ἰσραὴλ …
μνησθῆναι</td><td>주+종</td><td>거두어주셨다. … 기억하시어</td></tr>
<tr><td>55 καθὼς
ἐλάλησεν … εἰς
τὸν αἰῶνα.</td><td>주+종</td><td>말씀하신 대로 … 에게 영원히</td></tr>
</table>

51-53절

두 번째 부분은 마리아에게 그러한 일을 하신 분의 이름은 거룩하고, 그 일은 그분의 자비로 말미암은 것인데, 그 이름과 그 자비는 대대로 당신을 경외하는 이들에게 미치리라고 한다. 자신에게 하신 큰일들을 통해 마리아는 하느님의 속성을 인지한다. 곧 그분 이름의 거룩함과 그분 자비의 영원함을 인식한다. 또한 하느님의 이름과 자비는 그분의 백성과의 관계에서 드러나게 된다. 하느님은 당신 백성을 구원하는 데서 당신의 거룩한 이름, 곧 신실함을 드러내신다. 시편 111,9과 통하는 내용이다. "당신 백성에게 구원을 보내시고 당신 계약을 영원히 세우셨으니 그 이름 거룩하고 경외로우시다."

마리아의 노래는 이렇게 개인 차원에서 공동체의 찬미로 확대된다. 마리아로 대변되는 '주님을 경외하는 이'가 복수형 "당신을 경외하는 이들에게"로 범위를 넓힌다. 마리아 개인의 체험 영역에서 3인칭 복수로 확장되는데, 구원은 유다 백성에게 그리고 모든 민족에게로 확장될 것이다(사도 10,34-35: "하느님께서는 … 어떤 민족에서건 당신을 경외하며 의로운 일을 하는 사람은 다 받아주십니다"). 하느님이 마리아에게 하셨던 일에 대한 찬미가 확대되어 하느님이 모든 시대에 하느님을 경외하는 모든 이를 위해 하시는 일을 다 포함하기에 이른다.

"마음속 생각이 교만한 자들을 흩으셨습니다"(51절): 49-50절에서 드러난 주님이 하신 일들이 51절에서 구체적 행위로 표현된다. "그분께서는 당신 팔로 권능을 떨치시어 마음속 생각이 교만한 자들을 흩으셨습니다." 그리스어로 주동사를 추려보면, 에포이에센 크라토스 … 디에스코르피센(Εποίησεν κράτος … διεσκόρπισεν), 직역하면 '힘을 사용하여, 흩으셨습니다'이다. 권능으로 행하는 구체적 행위가 마음속 생각이 교만한 자들을 흩으시는 것이다. 이 표현은 구약성경에서 '위업을 이루셨다', '큰일을 이루리라'(시편 60,14; 108,14; 118,15.16)라는 표현에 공통으로 나타나는 히브리어 관용구 아사 하일(עָשָׂה חָיִל)의 그리스식 표현이다. 대상은 "마음속 생각이 교만한 자들"인데 마음의 생각(이해)이라는 표현으로 교만이 인간의 내면 깊숙한 곳에 뿌리박고 있음을 보여준다. 이들은 '비천한 자들'의 반대이며 하느님의 방문이나 하느님의 뜻을 깨닫지 못한다(루카 5,21-22.30; 6,8; 7,39; 13,14; 14,1; 16,15; 18,9). 자연스럽게 주님을 두려워하지 않는 이들이어서(50절 참조) 그분의 자비를 입지도 못한다. 그 구체적 내용이 이어지는 두 절에서 다루어진다. 대칭을 이루어 대구 구조를 보이는 52-53절을 나누어 써보면 다음과 같다. ㄱ과 ㄱ'는 벌을 받아 흩어지고, ㄴ과 ㄴ'는 자비를 입는다.

ㄱ	통치자들을 왕좌에서 끌어내리시고
ㄴ	비천한 이들을 들어 높이셨으며
ㄴ'	굶주린 이들을 좋은 것으로 배불리시고
ㄱ'	부유한 자들을 빈손으로 내치셨습니다.

주님의 위업으로 반전이 일어나는데, 그 이유는 51절 내용에 종속된 부분으로 볼지라도 구약의 배경에서 보아야 한다. 구약성경은 하느님의 다스림은 부자보다 가난한 이들을 더 굽어보신다고 말한다(1사무 2,5; 이사 2,11-17; 시편 146,7-8; 욥 5,11; 12,19; 집회 10,14). 상징적 표현에서 '들어 높이다'와 '좋은 것'은 사회적 위치나 재화의 의미를 넘어서는 그 이상의 것이다. 이런 종류의 반전은 종말론적이다. 마리아의 노래는 전통적인 용어로 구원론을 표현하였기에 그 맥락에서 부와 가난을 고찰해야 한다. 그리고 전례적 관점에서 타페이노이(ταπεινοι = 비천한 이들, 겸손한 이들)는 하느님을 경외하는 이들(50절)과 마찬가지로 하느님 말씀에 굶주린 믿는 이들이다. 53ㄱ절의 "굶주린 이들을 좋은 것으로 배불리시고"에서 "그분께서는 목마른 이에게 물을 먹이시고 배고픈 이를 좋은 것으로 채우셨다"(시편 107,9)는 구절을 연상할 수 있다. 마리아의 노래는 유다 전승에도 그리스도교적 해석에도 잘 부합한다. 이사 57,15에서 같은 시각을 볼 수 있다. "드높고 뛰어나신 분, 영원히 좌정하여 계신 분 그 이름 '거룩하신 분'께서 정녕 이렇게 말씀하신다. '나는 드높고 거룩한 곳에 좌정하여 있지만, 겸손한 이들의 넋을 되살리고 뉘우치는 이들의 마음을 되살리려고 뉘우치는 이들과 겸손한 이들과 함께 있다.'"

54-55절

세 번째 부분은 이스라엘을 다룬다. 자기 자신, 그리고 3인칭의 그들, 그리고 마지막으로 전체 백성인 이스라엘을 언급한다. 이스라엘을 가리키는 용어는 "당신 종 이스라엘"(이스라엘 파이도스 아우투 Ἰσραὴλ παιδὸς αὐτοῦ)이다. 파이도스는 자녀와 종 모두 의미하는데, 이사 41,8-9을 감안하여 종으로 본다. 루카의 문맥에서 이 어구는 하느님의 백성 이스라엘을 위한 예수님의 잉태에 하느님께서 개입하신 것과 관련지어 이해해야 한다. 다윗의 후손이 태어나는 것은 주님께서 그의 백성을 도우시는 일의 하나이다. "거두어주셨으니"에 '돕다'라는 뜻의 동사 안티람바노(ἀντιλαμβάνω)가 사용되었다. 하느님이 과거에 오른손으로 권능을 드러내어 힘찬 업적을 보이셨던 것처럼, 지금 그분은 당신 손으로 이스라엘을 '도우신다.'

"자비를 기억하시어"는 므네스테나이 엘레오스(μνησθῆναι ἐλέους)다. 재귀동사인 '생각해내다', '기억하다', '신중히 심의하다'라는 뜻의 밈네스코마이(μιμνῄσκομαι)는 주님이 자비를, 곧 당신의 활동을 생각해내시는 것을 가리킨다. 하느님은 당신 백성을 도우러 오신다. 시편에서는 이 동사가 구원론적 의미를 뚜렷하게 드러낸다(시편 118,13 "주님께서는 나를 도우셨네": καὶ ὁ κύριος ἀντελάβετό μου-칠십인역 시편 117,13). 그런데 54절에서 기억하다 동사의 시제가 특이하게 부정형(μνησθῆναι)으로 나와 하느님은 당신의 '자비'(ἐλέους)에 충실하게 남아 계시다는 것을 표현한다. 그래서 이 용어는 자비가 대대로 미친다는 50절과 그 자비가 영원히 미칠 것이라는 55절에 적용된다.

"그 자비가 아브라함과 그 후손에게 영원히 미칠 것입니다"(55절).

하느님이 아브라함에게 하신 약속과 그의 자손은 루카복음서와 사도행전에서 중요하게 다뤄진다(루카 1,73; 3,8; 19,9; 사도 3,25; 7,2-17). 마리아는 자신이 입은 자비가 이스라엘에게는 어떻게 나타나는지를 아브라함에게 하신 하느님 약속의 성취와 연관하여 노래한다. 마리아에게 보이신 자비는 백성에게 보이시는 자비를 반영하며 예증한다.

56절

그리스어 원문은 "마리아는 그녀와 함께 세 달가량 머물다가 집으로 돌아갔다"이다. 엘리사벳이라는 이름이 나타나지 않고 '그녀와 함께'(순 아우테 σὺν αὐτῇ)라고 나오는 것을 보고 원래 56절이 45절에 이어지는 구절이었다고 말하기도 한다. 40절에서 마리아는 즈카르야의 집에 들어가 엘리사벳에게 인사한다고 나오는데, 마리아의 경우는 28절에서 천사가 마리아의 집으로 들어갔다고 하고, 56절에서는 마리아가 자기 집으로 돌아갔다라고 나온다. 당시 풍습으로 볼 때 엘리사벳의 경우처럼 부친이나 남편의 이름이 언급되어야 할 터인데, 여기서는 분명히 '마리아의 집'이라고 표현한다. 복음서 전체에서 마리아가 연관된 것으로 나타나는 사람은 오직 아들 예수님뿐이다. 그녀에게 신분을 부여하고 규정하는 분도 오직 주님으로만 나타난다. "저는 주님의 종입니다." 이런 관점에서 마리아의 집에 대한 표현을 이해할 수 있겠다. 마리아는 이제, 자신의 잉태 사실이 뭇사람들에게도 드러나게 되는 시점에 집으로 돌아간다.

(5) 세례자 요한 1,57-80

세례자 요한의 출생 이야기가 이어진다. 요한의 출생은 엘리사벳에게 주님께서 불임의 낙인을 떼어주시며 베푸신 큰 자비가 드러나는 사건이고, 그분의 백성에게는 주님께서 자비를 명백히 보여주시는 사건이다. 이것은 아기 이름 요한으로도 확인된다. 요한은 히브리어로 요하난이며 '주님께서 자비를 보이셨다'는 뜻이다. 아기의 출생을 통해 주님께서 천사를 통해 성소에서 즈카르야에게 하신 약속이 이루어졌다.

① 요한의 출생(1,57-66)

57-58절

"엘리사벳은 해산달이 차서 아들을 낳았다"(57절). 그리스어로 '시간이 차서'(에플레스테 호 크로노스 ἐπλήσθη ὁ χρόνος)이다. 여기서 '가득 차다' 동사의 원과거 수동형과 함께 사용된 크로노스(시간)는, 루카가 중요하게 다루는 성취 개념에 잘 부합하는 표현이다. 시간이 차서, 약속이 성취되어 아들을 낳았다. 57-58절은 '엘리사벳이 아들을 낳았다'를 '주님께서 엘리사벳에게 큰 자비를 베푸셨다'와 동일한 의미로 전한다. 그리고 이웃과 친척들은 그 소식을 듣고 그와 함께 기뻐했다. '주님께서 그녀에게 큰 자비를 베푸셨다'는 직역하면 '그녀에게 그분의 자비를 크게 하셨다'(에메갈뤼넨 퀴리오스 토 엘레오스 아우투 메타우테스 ἐμεγάλυνεν κύριος τὸ ἔλεος αὐτοῦ μετ' αὐτῆς)인데, '크게 하다'(메갈뤼노 μεγαλύνω)는 49절에서 마리아에게 '큰일'(메갈레 μεγάλη)을 하셨다는 것과 통하는 말이다. 엘리사벳이 입은 자비와 기쁨은 마리아의 것과 밀접히 연결되어 있다. 마리아가 이미 엘리사벳이 입은 자비를 듣고 보았는데, 이제 다른 사람들, 곧 이웃과 친척들이 듣고 함께 기뻐한다. "많은 이가 그의 출생을 기뻐할 것이다"(14절)라는 말씀이 성취되기 시작한 것이다.

59-66절

이어지는 이야기는 아기의 할례와 작명, 그리고 친척들에게 나타남과 아버지 즈카르야의 입이 풀린 일이다. 여드레째 되는 날에 요한의 부모는 토라를 준수하여 아기에게 할례식을 한다. 오래 기다리던 아기의 할례식에는 친척들이 많이 와서 아기를 본다. 58절에서는 사람들이 소식을 '들었고', 이제는 '보게 되는데', 단순히 아기 하나를 보는 것이 아니라 아기 이름을 짓는 일을 통해 더욱 큰일, 즈카르야에게 하신 하느님의 일까지 보게 된다. 그래서 이 아기를 통해 하느님께서 하실 일을 이야기하게 된다. 이 아기의 출생이 단지 한 가정에서 일어난 기쁨만은 아니라는 것을 드러내는, 놀라운 일을 보고, 그들은 두려움에 휩싸인다. 아기 이름을 천사가 알려준 대로 요한이라고 하자는 엘리사벳을 반대하며 친척들이 즈카르야의 동의를 구하는

데, 즈카르야 역시 놀랍게도 글 쓰는 판을 달라고 하여 '그의 이름은 요한'이라고 썼다. "그때에 즈카르야는 즉시 입이 열리고 혀가 풀려 말을 하기 시작하면서 하느님을 찬미하였다"(64절). 친척들은 여기까지 보게 된다. 그들은 하느님이 하신 일을 본 것이다.

"그리하여 이웃이 모두 두려움에 휩싸였다. 그리고 이 모든 일이 유다의 온 산악 지방에서 화제가 되었다"(65절). 소문을 들은 이들이 모두 그것을 마음에 새기며 묻는다. "이 아기가 대체 무엇이 될 것인가?"(66절). 사람들은 아기에 대한 하느님의 계획을 궁금해하고 알고 싶어 한다. 사람들의 관심이 쏠려 있고, 주님의 손길이 그를 보살피고 있음을 알리며 요한의 어린 시절 이야기는 마무리된다. "정녕 주님의 손길이 그를 보살피고 계셨던 것이다"라는 구절은 구약의 전통에 따른 표현으로 아기가 복된 상태에 있음을 알린다. 이는 1사무 2,26을 상기시킨다. "한편 어린 사무엘은 주님과 사람들에게 총애를 받으며 무럭무럭 자라났다."

② 즈카르야의 노래(1,67-79)

즈카르야의 노래는 한편으로 하느님을 어떻게 찬양하였는지를 드러내고, 다른 한편으로 "이 아기가 대체 무엇이 될 것인가?"에 대한 응답을 제시한다. 노래는 세 부분으로 나뉘는데, 68-75절은 주 이스라엘의 하느님이 이루시는 구원에 대한 기억과 찬미를, 76-77절은 요한의 사명을, 78-79절은 구원의 실현이 의미하는 바를 밝힌다.

67절

“아기의 아버지 즈카르야는 성령으로 가득 차 이렇게 예언하였다.” 즈카르야 역시 엘리사벳처럼 성령으로 가득 차게 되고, 아기에 대해 예언한다. 루카는 계속해서 성령의 충만함을 이야기하고 있다. 즈카르야가 예언하는(프로페테우오 προφητεύω) 것은 성령으로 가득 찼기 때문인데, 동시에 그의 사제 직분에 부합하는 것이기도 하다.

68-75절

즈카르야가 이스라엘의 하느님 주님을 부르며 찬미받으시라고 찬가를 시작한다. 68ㄱ절(주절)은 “이스라엘의 하느님께서는 찬미받으소서”(Εὐλογητὸς κύριος ὁ θεὸς τοῦ Ἰσραήλ)라고 하고, 68ㄴ절(종속절)과 69절은 “그분께서는 당신 백성을 찾아와 속량하시고 당신 종 다윗 집안에서 우리를 위하여 힘센 구원자를 일으키셨다”며 찬미의 이유를 말한다. 그리스어로 보면 68-75절은 주절과 종속절, 여러 개의 부정사로 연결된 한 문장이다. 종속절에서 하느님께서 하신 일을 드러내는데 사용된 동사는 5개다. 찾아와(68ㄴ절) 속량하시고(68ㄷ절), 일으키시고(69ㄴ절), 자비를 베푸시고(72ㄱ절), 기억하셨다(72ㄴ절). 그리고 구원을 설명하는 부분(70-71절)과 계약을 설명하는 부분(73절)이 삽입되어 있고 목적을 나타내는 부분(74-75절)이 첨가되었다.

* 그리스어 문장의 문법 구성에 따라 절을 배치한 다음 표는 '즈카르야의 노래'의 요점을 파악하는 데 도움을 준다.

68ㄱ	주 이스라엘의 하느님께서는 찬미받으소서.
68ㄴ①	그분께서는 당신 백성을 찾아와 (원과거)
68ㄷ②	속량하시고 (원과거)
69ㄱ	당신 종 다윗 집안에서
69ㄴ③	우리를 위하여 힘센 구원자(구원의 뿔)를 일으키셨습니다. (원과거)
70	당신의 거룩한 예언자들의 입을 통하여 예로부터 말씀하신 대로
71	우리 원수들에게서, 우리를 미워하는 모든 자의 손에서 우리를 구원하시려는 것입니다. (직역: …우리를 미워하는 모든 자의 손에서 구원하시는 구원)
72ㄱ④	그분께서는 우리 조상들에게 자비를 베푸시고 (부정사)
72ㄴ⑤	당신의 거룩한 계약을 기억하셨습니다. (부정사)
73	이 계약은 우리 조상 아브라함에게 하신 맹세로 (직역: 곧 우리 조상 아브라함에게 하신 맹세)
74	원수들 손에서 구원된 우리가 두려움 없이 (직역: 원수들 손에서 구원된 우리)
75	한평생 당신 앞에서 거룩하고 의롭게 당신을 섬기도록 해주시려는 것입니다. (직역: 한평생 당신 앞에서 거룩하고 의롭게 섬기도록)

그리스어로 보면 71절과 73절은 목적격 명사로 문장을 시작하고, 72절에는 부정사가 두 개 나온다. 여기서 명사와 부정사는 모두 행동을 나타낸다. 74절에도 '우리'를 주어로 하는 부정사가 나타나고, 75절은 부사절이다. 이 문법 형식을 통해, 71-73절은 68-69절에 첨가되어 하느님께서 하신 일을 설명하고 74-75절은 그 일을 하신 목적을 표현한다는 것을 알 수 있다.

정리해보면, 하느님께서 찾아오셔서 속량하시고 힘센 구원자를 일으키신 일(68-69절)이 곧 구원이고(71절), 자비를 베푸신 것이고, 당신의 계약 곧 당신의 맹세를 기억하신 것이다(72-73절). 하느님께서 찾아오셔서 속량하시고 힘센 구원자를 일으키셔서(68-69절) 이루어지는 일은 구원된 백성이 한평생 두려움 없이 거룩하고 의롭게 주님을 섬기며 사는 것이다(74-75절). 이스라엘의 구원은 사회 정치적으로 실현되는데, 종교 생활에서는 "거룩하고", 사회생활에서는 "의롭게" 하느님 앞에서도 실현된다. 그리고 여기서 간과하지 말아야 할 것은 모세의 계약이 아니라 아브라함의 계약을 언급하고 있다는 점이다(창세 17장; 18,19 참조). 만일 모세의 계약(시나이 계약)이 이스라엘 민족과 맺은 계약이라고 한다면, 아브라함의 계약은 더 많은 민족을 포함한다. 아브라함의 후손은 이사악과 야곱, 곧 이스라엘뿐만 아니라, 이스마엘과 에사우, 그리고 그 밖의 민족도 있는데, 그는 "많은 민족들의 아버지"(창세 17,5)이기 때문이다. 이는 좀 더 보편적인 구원을 더 잘 드러낸다. 74-75절은 하느님께서 하신 일을 사람이 살아갈 전인적인 삶의 토대로 세우고 있다.

76-77절

이 부분은 68-75절에서 사용된 단어들을 바탕으로 예언하는 말이다. 더 구체적으로 사람들의 질문에 답하는 것이기도 하지만 이 말의 수취인은 요한이다. 즈카르야가 아기 요한의 정체성과 사명을 예언하고 있다.

"아기야, 너는 지극히 높으신 분의 예언자라 불리고 주님을 앞서가 그분의 길을 준비하리니"(76절). 요한은 지극히 높으신 분의 예언자라 불리고(32절 참조), 주님이신 예수님을 앞서가 그분의 길을 준비해야 하는 사명을 받았다.

77절은 그분의 길을 준비하는 것이 무엇인지를 알려준다. "죄를 용서받아 구원됨을 주님의 백성에게 깨우쳐주려는 것이다." 원문의 직역은 '구원의 지식을 주려는 것'이다. 투 두나이 그노신 소테리아스(τοῦ δοῦναι γνῶσιν σωτηρίας)에서 그노시스 소테리아스(구원의 지식)라는 말은 구약성경이나 쿰란 문헌에서 발견되지 않는다. 복음서의 다른 부분에서도 그렇게 불릴 수 있는 기록이 나타나지 않는다. 아마도 3,7-18에서 요한이 선포하는 내용을 요약해서 말하는 것일 수 있고, 찬가의 맥락에서 78-79절 쪽으로 열린 것일 수 있다. 곧 이 찬가에서 노래하는 구원의 의미를 가리키는 표현일 수 있다. 구원의 지식은 히브리어 관용구에서 구원의 체험을 가리키는데, 죄를 용서받는 것에서 구원을 체험하게 한다는 것이다. 사실 세례자 요한은 "죄의 용서를 위한 회개의 세례를 선포하였다"(루카 3,3).

78-79절

이어지는 절들이 구원의 실체를 말해주는데, 그것은 하느님이 우리를 방문하시고, 비추시고, 인도하시는 것이다. 곧 "우리 하느님의 크신 자비로 높은 곳에서 별이 우리를 찾아오시어 어둠과 죽음의 그늘에 앉아 있는 이들을 비추시고 우리 발을 평화의 길로 이끌어주실 것이다." 이것은 모두 하느님의 크신 자비로 이루어지는 일이다. "우리 하느님의 크신 자비"가 선구자에 대한 묘사(76-77절)를 메시아의 선포(78-79절)에 연결하고 있는데, 그 자비는 선구자와 메시아 둘 다에 관련되어 있기 때문이다.

세례자 요한의 일과 아나톨레(ἀνατολή = 떠오르는 별)의 오심은 하느님 자비의 명백한 결실이다. '높은 데에서 떠오르는 별이 우리를 방문할 것이다'에서 '방문하다'라는 뜻인 에피스켑토마이(ἐπισκέπτομαι)의 미래형이 태어나실 메시아를 명백히 가리킨다. 아나톨레(떠오르는 별)는 메시아 은유의 하나이다. 메시아는 빛을 비추러(에피파나이ἐπιφᾶναι = 비추다, 나타나다) 올 것이다. "어둠과 죽음의 그늘에 앉아 있는 이들을 비추시고"를 통해 에피파나이는 먼저 생명을 가져오는 빛이라는 것을 드러낸다. 그리고 어둠과 죽음의 그늘에 앉아 있는 이들은 멀리 있는 이방인이 아니라 그 누구보다 먼저 '우리'

를 가리킨다. 칠십인역에서 아나톨레는 다윗의 싹에서 '싹'(체마흐 צֶמַח = 싹, 줄기)의 번역으로 세 번 등장하는데(예레 23,5; 즈카 3,8; 6,12), 체마흐는 다윗의 후손이다. 즈카르야는 예수님을 메시아, 높은 데서부터 떠오르는 별, 하느님이 보내신 다윗의 후손으로 노래한다. 루카는 이 찬미가를 통하여 복음서 초반부터 구원의 의미를 분명히 제시한다.

③ 요한의 성장(1,80)

이 한 절에서 세례자 요한의 성장 과정이 요약되는데, 사람에 대한 이해는 성서 전승을 바탕으로 한다. 몸과 영혼을 구분하는 그리스적 사고의 흔적도 보인다. 하지만 전 존재로서 물리적으로 신체가 자라고, 그의 정신의 발달을 말하는 용어들은 성서적이다. "자라면서 정신도 굳세어졌다"(에크라타이우토 프네우마티 ἐκραταιοῦτο πνεύματι). 프네우마티는 프네우마(πνεῦμα)의 3격으로 '영, 성령 안에서'를 가리키는데 그 안에서 굳세어졌다고 한다. 이미 "태중에서부터 성령으로 가득" 차 있고(15절), 마리아의 인사말을 듣고 성령으로 예수님을 알아채며 '태 안에서 뛰놀고', 어머니가 "성령으로 가득 차" 있고(41절), 아버지가 "성령으로 가득 차" 예언의 노래(67절)를 하는 정황에서 성장한 요한이 자라면서 성령 안에서 굳세어졌다는 말에 충분한 근거가 있음을 알 수 있다. 게다가 "정녕 주님의 손길이 그를 보살피고 계셨던 것"(66절)이니 더욱 그러하다.

이 부분은 루카복음서의 유년기 이야기 중에서 끝부분에 나타나는 일명 세 개의 성장 진술문(1,80; 2,40.52) 중 하나이다.

"그리고 그는 이스라엘 백성 앞에 나타날 때까지 광야에서 살았다"는 말은 루카 3,2-6을 전제로 하는 이야기다. 요한은 광야에서 살았다. 여기서 말하는 광야는 에레모스(ἔρημος)인데, 빈 들이나 한적한 곳을 가리키기도 하나, 히브리어 미드바르에 해당하는 광야를 가리키기도 한다. 일반적으로 유다 지역에서 예루살렘을 중심으로 한 산악 지대 동쪽과 사해 사이의 유다 광야를 가리킨다. "하느님의 말씀이 광야에 있는 즈카르야의 아들 요한에게 내렸다"(루카 3,2)라고 할 때 같은 '에레모스' 단어가 사용된다. 그리고 사실 두 내용은 연결되며 통일성을 보인다.

그런데 "백성 앞에 나타날 때까지"는 광야에서 살고 그 이후로는 거기에서 살지 않았다는 뜻이 아니다. 그는 요르단 부근의 모든 지방을 다니며 죄의 용서를 위한 회개의 세례를 선포한다. 그러면서 계속 광야에 체류한 듯하다. 그렇다면 그는 왜 광야에서 살았을까? 그 이유를 아는 것이 중요하다. 광야는 구약 전승에서 이집트를 탈출한 이스라엘 백성이 오직 하느님의 인도하심에 순종하여 따르며 걸은 곳이고, 하느님 권능을 체험한 곳이고, 하느님 말씀을 들으며 하느님의 백성이 되어간 곳이다. 하느님 말씀을 들은 곳, 하느님을 만난 곳이라는 구약의 배경에서 세례자 요한이 광야에서 살았다는 사실을 이해해야 한다. 단순히 금욕을 목적으로 광야를 주거지로 택한 것은 아니다. 그렇게 하느님의 사람이 되어가는 최적지에 살다 보니, 당연히 의식주는 척박했을 것이다. 게다가 주님의 뜻에 따라 기본적인 포도주도 금지되었으니 그의 기본 식단은 처음부터 인간적인 풍요로움과는 거리가 멀었다. 요한이 이스라엘 백성 앞에 나타날 때까지 광야에서 살았다는 것은, 사람들 앞에 나타날 때까지 광야에서 하느님 체험의 영역에 계속 머물러 있었다는 의미일 것이다.

알.가.유.소. 2 》 유다 광야와 요르단강 주변

지도3 | 유다 광야와 요르단강 주변

(6) 예수님 2,1-52

장절	내용	장소	주제
1,1-4	머리말		저술 목적
1,5-25	세례자 요한의 출생 예고	주님의 성소	세례자 요한과 예수님의 어린 시절
1,26-38	예수님의 탄생 예고	나자렛	
1,39-45	마리아의 엘리사벳 방문	유다 산악 지방 즈카르야의 집	
1,46-56	마리아의 노래		
1,57-66	세례자 요한의 출생		
1,67-80	즈카르야의 노래와 요한의 성장		
2,1-20	예수님의 탄생	베들레헴	
2,21-40	예수님의 유년 시절	나자렛, 예루살렘	
2,41-52	예수님의 소년 시절		

① 예수님의 탄생(2,1-20)

루카는 여기에서 예수님의 탄생 시기와 연관된 로마 제국의 황제 아우구스투스와 시리아의 총독 퀴리니우스를 언급하여, 예수님의 탄생이 하느님의 구원 활동으로 인류 역사에 들어온 사실에 초점을 맞춘다. 그리하여 온 세상에 미치는 구원의 보편적 의미를 밝힌다. '아우구스투스의 평화'라고 불리는 로마 제국의 시기에 태어난 아기는, 의미 깊게 "주님의 이름으로 오시는 분 임금님"으로 환호받을 것이고

(루카 19,38ㄱ), 그 결과는 "하늘에 평화 지극히 높은 곳에 영광!"(19,38ㄴ)이 될 것인데, 그 전조가 이 부분에서 이야기되고 있다. 베들레헴 들판에서 하늘의 군대가 하느님을 찬미하며 선포한다. "지극히 높은 곳에서는 하느님께 영광, 땅에서는 그분 마음에 드는 사람들에게 평화!"(2,14)

1-5절

'그 무렵(날들에) 일어난 일이다'(에게네토 데 엔 타이스 헤메라이스 에케이나이스 Ἐγένετο δὲ ἐν ταῖς ἡμέραις ἐκείναις)라는 말로 예수님 탄생과 관련한 두 번째 에피소드가 시작된다. 여기 나오는 표현은 구약의 표현들과 비슷하며 성취 모티브를 드러낸다. 첫 이야기가 태어날 아기가 온전히 성령으로 잉태되었다는 사실과 구원을 위한 하느님 계획을 드러내는 데에 집중되어 있었다면, 이번 이야기는 아기가 온전히 다윗 왕가의 혈통이라는 데 초점을 맞추면서 예수님의 구원자 역할에 집중한다. 이 맥락에서 베들레헴은 중요한 역할을 한다. 베들레헴은 다윗의 고향이며(1사무 16,18; 17,12), 메시아가 나오리라는 예언이 있는 곳이다(미카 5,1). 본문은 베들레헴을 아예 '다윗 고을'이라고 지칭한다. 1-5절은 그에 맞추어 마리아와 요셉이 베들레헴으로 가야 했던 이유를 제시하면서 4절 뒷부분에서 요셉을 두고 "그가 다윗 집안의 자손이었기 때문이다"라고 말한다.

사실 4-5절이 그리스어로는 한 문장이다. 4절 시작에 바로 주절의 동사와 주어가 나와 '요셉은 올라갔다'(아네베 데 카이 요셉 Ἀνέβη δὲ καὶ Ἰωσὴφ)고 밝히고, 이어지는 문장을 축약해서 보면 어디서(나자렛에서) 어디로(베들레헴)의 전치사구 두 개가 이어지고, 5절에 목적을 나타내는 부정사가 나온다. '호적 등록을 위하여'(아포그랍사스타이 ἀπογράψασθαι) '그와 약혼했는데 임신 중인 마리아와 함께'가 이어진다. 요셉이 주인공으로서 마리아를 동반하고 있음이 드러난다. '약혼한 마리아', '임신 중'이라는 단어가 나란히 나온 것은 자연스럽지 않은 면이 있다. 이 구절에서는 이미 성령으로 잉태된 아기의 존재를 알리면서, 동시에 요셉이 잉태한 마리아를 받아들여 벌써 한 가족임을 드러내려는 의도를 읽을 수 있다. 마리아의 임신 사실은 베들레헴에서 이루어질 출산에 중요한 요소이고 호적 등록을 하러 베들레헴으로 간다는 모티브가 도입된 주된 요인이다. 유다가 시리아 속주에 병합된 기원후 6년 이후에는 12세 이상의 여자도 인구세를 내야 했기에 여자들도 등록을 해야 했다. 이 법이 시행된 시기가 예수님의 탄생 연도와 맞는지에 대해 이견이 많으나, 이 기사에서 중요 요건은 아니다.

6절

마리아는 베들레헴에 머무는 동안 아이를 낳았다. 1절이 '그 무렵'으로 시작되었듯이, 6절도 '그들이 거기 있었던 그때에'(에게네토 데 엔 토 에이나이 아우투스 에케이 Ἐγένετο δὲ ἐν τῷ εἶναι αὐτοὺς ἐκεῖ)로 시작한다.

'해산 날들이 찼다'에서 '찼다'에 사용된 에플레스테산(ἐπλήσθησαν)은 1,57에 이미 나타났던 '가득 찼다'라는 뜻의 핌플레미(πίμπλημι) 동사를 상기시키며 성취를 나타낸다. 마리아가 첫아들을 낳았다고 말하는 것은 22-23절을 준비하는 것이라고 본다. 구약성경에서 맏아들은 창세기 성조들의 이야기 및 탈출기에서 맏이들을 벌한 이야기와 맏이에 관한 법령들과 관련해서 많이 나타나는데, '첫아들'이란 용어는 성조들의 출생이나 하느님의 맏아들인 이스라엘 존재의 출생을 상기시킨다.

7절

"그들은 아기를 포대기에 싸서 구유에 뉘었다. 여관에는 그들이 들어갈 자리가 없었던 것이다." 아기가 포대기에 싸여 구유에 눕혀 있었다는 것은 이제 하나의 표지가 된다. 12절에 천사가 말한다. "너희는 포대기에 싸여 구유에 누워 있는 아기를 보게 될 터인데, 그것이 너희를 위한 표징이다." 가난하다고 해도 태어난 아기를 포대기에 싸서 구유에 누이는 것이 평범한 일은 아니다. 요셉의 출생지이기는 하나 본집이 없는 베들레헴에서 여관에 들어갈 자리가 없어서 벌어진 일이 하나의 표징이 되는 것이다. 구유는 말 등의 가축에게 먹이를 담아주는 그릇이다. 일단 약간의 높이가 있고 비어 있으니, 부모가 들어가 자리를 잡은 곳이 마구간이든, 헛간이든 그래도 아기를 따로 안전하게 건사할 수 있기에 거기다 눕혔을 것이다. 지형의 특성상 나무보다는 돌이 흔한 지역이기에, 돌로 된 구유였을 가능성이 크다. 아기가 떨어지지 않게 사면을 벽으로 둘러싼 아기 침대처럼 말이다. 갓 태어난 아기에게 필요한 보드랍고 따사로운 풍경과는 거리가 멀지만, 빈한한 대로 부모의 최선이 느껴지는 대목이다.

8-20절: 천사들의 메시지와 사람들의 반응: 목자들과 예수님

8절과 10-12절

이제 장면은 바뀌어 양을 치는 들판으로 간다. "그 고장에는 들에 살면서 밤에도 양 떼를 지키는 목자들이 있었다." 그 들이 어디인지는 알 수 없다. 아마도 통상적으로 불리는 지명이 있었을 것이다. 그곳이 어디이든 특히 베들레헴 주변에서 '들에 살면서 밤에도 양 떼를 지키는 목자들'이기에, 이 말은 그곳에서 양을 치는 이였던 다윗을 떠올려준다(1사무 16,11; 17,15; 시편 78,70). 또한 들에서 밤을 지내는 상황은 파딴 아람에서 라반의 양 떼를 치던 야곱이 토로한 "낮에는 더위가, 밤에는 추위가 저를 괴롭혀, 눈도 제대로 붙이지 못했습니다"(창세 31,40)라는 말을 기억나게 한다. 밤에도 양을 지키기 위해 깨어 있는 이들에 대한 언급은 그때가 밤이었음을 알려준다. 다윗이 양을 치던 베들레헴의 들판, 양 치는 목자들, 밤인데 양을 지키기 위해 깨어 있는 이들이 다윗 후손인 구세주 탄생의 중요한 배경으로 제시되고 있다. 또한 구약 전승은 주님을 목자에 비유하지만(시편 23,1;

28,9; 80,2; 집회 18,13; 이사 40,11), 이스라엘의 임금도 목자로 비유한다(2사무 5,2; 1열왕 22,17; 1역대 11,2; 2역대 18,16). 이러한 맥락에서 밤에도 깨어 양 떼를 지키는 목자들이 있는 들판은 '온 백성에게 큰 기쁨이 될 소식'이 전해질 곳으로 더없이 적절해 보인다. 주님의 천사는 "오늘 너희를 위하여 다윗 고을에서 구원자가 태어나셨으니, 주 그리스도이시다"(11절)라고 전한다.

소식	보라, 나는 온 백성에게 큰 기쁨이 될 소식을 너희에게 전한다.
내용	오늘 너희를 위하여 다윗 고을에서 구원자가 태어나셨으니, 주 그리스도이시다.
표징	너희는 포대기에 싸여 구유에 누워 있는 아기를 보게 될 터인데, 그것이 너희를 위한 표징이다.

루카는 잘 준비된 자리, 곧 영적으로 완전한 자리, 거룩하고 근면하고 고독해서 아름다운 목자들이 밤을 지새는 들판에 예수님의 탄생 소식이 울려 퍼진다고 전해준다. 여기에는 정치적 혹은 사회적 영역의 권세와 힘의 자리는 없다. 종교 영역에서의 권세와 힘의 자리도 물론 없다. 밤에 깨어 양을 지키며 성실하게 책임을 다하는 이들이 있을 뿐이다.

11절에 다양한 호칭이 들어 있다. 다윗 고을이 가리키는 임금, 구원자, 주님, 그리스도. 예수님의 탄생 이야기는 그분의 정체성을 간략하지만 분명하게 밝힌다. 주님께서 몸소 모든 일을 하고 계시다.

오늘 너희를 위하여 다윗 고을에서 구원자가 태어나셨으니, 주 그리스도이시다.
호티 에텍스테 휘민 세메론 소테르 호스 에스틴 크리스토스 퀴리오스 엔 폴레이 다비드
ὅτι ἐτέχθη ὑμῖν σήμερον σωτὴρ ὅς ἐστιν χριστὸς κύριος ἐν πόλει Δαυίδ.

9절

주님의 천사가 그 오랜 다윗 고을의 들판에서 일하는 목자들에게 다가오고 주님의 영광이 그들의 둘레를 비추었다. 여기서 주님의 영광은 주님의 가시적인 현존과 결부된 광채를 뜻한다. 그 들판의 목자들이 주님 현존에 참여하는 자비를 입는다. 그들이 두려워하는 것은 하느님 현현에 따르는 당연한 결과이다. 바로 이 목자들이, 구원자의 탄생 이야기를 천사에게서 전해 듣는 첫 사람들이다. "온 백성에게 큰 기쁨이 될 소식을 너희에게 전한다." 온 백성을 위한 소식이고, 큰 기쁨이 될 소식인데, 다른 이들이 아니라 바로 목자들에게 전해진다. 목자들이 주님의 영광을 보고 자비를 입는다.

루카복음의 제일 앞부분에는 하느님이 찾아오시고 베푸시는 자비 이야기로 가득하다. 목자들도 '그분께서 당신 종의 비천함을 굽어보셨다'는 마리아처럼, '주님께서 큰 자비를 베푸셨다'는 엘리사벳처럼, '우리 하느님의 크신 자비로 높은 곳에서 별이 우리를 찾아오셨다'고 노래하는 즈카르야처럼 노래하고 찬송할 수 있다.

13-14절

목자들에게 주님의 천사가 소식을 전하고 나니, "그때에 갑자기 그 천사 곁에 수많은 하늘의 군대가 나타나 하느님을 이렇게 찬미하였다." "지극히 높은 곳에서는 하느님께 영광, 땅에서는 그분 마음에 드는 사람들에게 평화!" 참으로 신기한 일은 수많은 하늘의 군대가 나타나 찬미가를 부르는 자리가 예수님이 태어나신 구유 위가 아니라, 목자들 위라는 것이다. 엄밀하게 말하면 주님의 천사가 밤을 새고 있는 목자들에게 나타나서 그들 주변을 환하게 비추며, 오늘 너희를 위하여 다윗 고을에 구세주 그리스도가 태어나셨다고, 온 백성에게 큰 기쁨이 될 소식이라고 전하는 그 시간, 그 장소에 갑자기 하늘의 군대가 나타나 찬미가를 부른 것이다.

여기서 루카가 전하고 싶은 내용은 무엇일까? 이 아기의 탄생이 지니는 의미와 아기의 정체성과 사명을 전하고, 이 아기로 말미암아 하늘과 땅에 일어나는 일들을 전하는 것이다. 탄생의 순간이나 그 아기 자체를 경축하는 것이 아니라, 그렇게 해서 태어난 사람이 사람들과 더불어 갖는 의미를 밝히는 것, 수취인들이 그 메시지를 온전히 믿고 받아들이는 데 초점이 맞추어져 있다. 사실 주님은 이미 천상에서 영광을 받고 계셨고, 그분이 높은 데서 우리를 찾아오시는 때 하늘의 군대가 찬미가를 부르는 일이 그분에게는 영예롭지도 않고 반드시 필요하지도 않을 것이다. 하느님의 계획은, 이 소식이 들판에서 밤을 새우며 양 떼를 지키는 목자들에게 들리고 그들을 비추며 그들이 이 의미를 잘 새기도록 돕는 것이다. 구원자 주 예수 그리스도의 소식은 온 세상에 큰 기쁨이 될 소식이기에, 구세주가 온 백성을 위하여 태어나셨다는 소식이기에 그 소식이 전해지고 퍼져나가는 자리는 하늘의 군대가 나타나 찬가를 부를 만한 자리이다.

"지극히 높은 곳에서는 하느님께 영광, 땅에서는 그분 마음에 드는 사람들에게 평화!" 하늘과 땅, 그리고 영광과 평화가 평행을 이루며 나타났다. 높은 곳과 땅이 한 조를 이루고(ㄴ-ㄴ′), 영광과 평화가 한 조를 이루며(ㄱ-ㄱ′), 하느님과 인간이 서로 통교하며 소통하고 있음을 드러낸다(ㄷ-ㄷ′). 구원자인 주 그리스도의 탄생 소식을 사람들이 듣게 되는 사건은 하늘에 영광이 나타나는 것이고, 땅에 평화가 나타나는 것이다.

독사 엔 휩시스토이스 테오 카이 에피 게스 에이레네 엔 안트로포이스 에우도키아

δόξα ἐν ὑψίστοις θεῷ καὶ ἐπὶ γῆς εἰρήνη ἐν ἀνθρώποις εὐδοκία

영광	높은 곳	하느님	땅	평화	사람
ㄱ	ㄴ	ㄷ	ㄴ′	ㄱ′	ㄷ′

여기서 사람을 수식한 '하느님의 기쁨이 되는'(에우도키아 εὐδοκία)이라는 말의 의미를 잘 파악해야 한다. 에우도키아는 하느님이 선호하는 자격을 갖춘 일부 사람들이 평화를 누리게 될 것이라는 뜻이 아니다. 에우도키아는 근본적으로 하느님의 신적 행위를 드러낸다. 사람을 구원하시려는 하느님은 근본적으로 은총과 호의로 사람을 대하신다. 그러니 "그분 마음에 드는 사람들에게 평화"에서, 주도권은 하느님께 있다. 무엇보다 태어나신 구원자는 사람, 모두를 위해 세상에 오신 것이다.

15-16절

천사들이 하늘로 떠나가자 목자들은 말한다. "베들레헴으로 가서 주님께서 우리에게 알려주신 그 일, 그곳에서 일어난 일을 봅시다." 천사의 예고와 천사들의 찬가를 들은 목자들이 들은 대로 움직이고자 한다. '베들레헴으로 가자' 하는 것은, "그 고장에는 들에 살면서"라는 표현에서 유추할 수 있듯이, 베들레헴 외곽 지역에서 고을로 들어가는 것이다. "서둘러" 가는 목자들에게서 서둘러 유다 산악 지방으로 가던 마리아가 떠오른다. 그리고 본문은 "마리아와 요셉과 구유에 누운 아기를 찾아냈다"고 전한다. 천사가 알려준 표징을 근거로 갓 태어난 아기 예수님이 있는 곳을 찾아냈다. '보았다'가 아니라 '찾아냈다'는 말에서 목자들의 수고와 기대와 안도감을 읽을 수 있다. 그들은 '주님께서 알려주신 일, 그곳에서 일어난 일을 보았다.' 그곳에서 일어난 일, 주님께서 알려주신 일은 "마리아와 요셉과 구유에 누운 아기"였다. 이렇게 목자들에 의해 처음으로 성가정이 공개되었다.

17-20절

목자들은 "아기를 보고 나서, 그 아기에 관하여 들은 말을 알려주었다." 이 대목은 그리스도교 설교를 위해서 중요한 신학적 의미를 지닌다. 여기 사용된 '말'(레마 ῥῆμα)은 사건과 그 해석을 함께 표현하는 단어이고, "들은 말"에서 '들은'은 원문 그대로는 '말해진', 그러니까 동사 랄레오(λαλέω)의 원과거 수동형 분사인데, 동사 랄레오(말하다)는 그냥 무엇인가를 표현하기 위해 말하는 것이 아니라, 소리 내어 말하면서 연루시키고 설득하는 설교 담화를 가리키기도 한다. 목자들은 구원 사건과 그 신적 해석을 함께 표현한 말을 들었고, 그 내용을 마리아와 요셉에게 알려준 것이다. '알리다'에는 '드러낸다'는 뜻도 함께 지닌 동사 그노리조(γνωρίζω)가 쓰였다.

목자들에게 천사가 나타나 예수님 일을 알려주었는데, 그 일은 이제 역으로 마리아와 요셉에게 표징이 된다. 그 말을 들은 이들은 모두 놀란다. 마리아는 '이 모든 일'을 마음속에 '간직하고' 곰곰이 '되새긴다'(19절). '이 모든 일' 곧 그 말들(타 레마타 τὰ ῥήματα: '레마'의 목적격 복수)은, 지금 자신이 아기를 낳아 구유에 누인 일이 온 백성에게 큰 기쁨이 될 소식의 표징이고, 구유에 누워 있는 이 아기 예수님이 누구인지를 가리키는 호칭들이며 그분의 운명을 가리키는 말들이다.

그리고 천사들이 부른 찬미가이다. 이제 그가 마음에 간직하고 되새기는 말들은 예수님이 하시는 모든 일에서 하느님의 일을 보게 할 것이다.

마리아가 이 모든 일을 "마음속에 간직하고 곰곰이 되새겼다"(쉬네테레이 타 레마타 타우타 쉼발루사 아우테스 συνετήρει τὰ ῥήματα ταῦτα συμβάλλουσα ἐν τῇ καρδίᾳ αὐτῆς)는데, 어떻게 한 것인지 자세히 살펴보자. '간직하다'라는 뜻의 쉰테레오(συντηρέω)는 다시 말하면 주의 깊게 보려고 마음에 새기며 넣어두는 것이고, '곰곰이 되새긴다'는 뜻의 쉼발로(συμβάλλω)는 함께 놓고 '가늠하다' 혹은 '가치를 평가하다', '신중하게 생각한다'는 것이다. 그런가 하면 1,29에서는 '곰곰이 생각하다'를 뜻하는 디아로기조마이(διαλογίζομαι) 동사를 사용하였는데, 약간 다른 분위기의 행동이다. 목자들이 그들에게 전해진 말들을 '알려주었다.' 그들이 단순히 정보를 전달한 것이 아니라 알게 하는 행위를 한 것처럼, 들은 사람 마리아가 마음에 간직하며 곰곰이 되새긴다는 것은 일어난 일을 단순히 논리적 이성적으로 숙지하는 것만을 의미하지 않는다. 마리아는 자신의 지성과 이성에 더하여, 마음 안에서 자신의 의지와 애정으로 해석한다. 말씀을 믿는 이들의 모델인 마리아는, 일어난 사건과 그에 대한 해석인 '이 모든 일'을 잘 헤아려서 이해하고 알아들으려 한다. 두 동사가 다 기본적으로 무엇인가를 수반하거나 연관한다는 뜻의 쉰(σύν)을 접두어 형태로 지닌 것이 의미가 깊다. 마리아가 '이 모든 일을 마음에 간직하고 곰곰이 되새겼다'

는 것은, 자신이 아기를 잉태하고 낳으며 체험한 모든 일과 목자들이 체험하고 전해준 모든 일을 함께 마음에 놓고 함께 헤아려보며, 무슨 일이 일어난 것인지 전체적으로 명확하고 바르게 통찰하려 반추反芻하고 관조觀照했다는 것이다.

루카는 독자들 역시 그 말들을 들으며 취해야 하는 태도를 드러내고 있다. 마리아의 태도를 전하는 2,19은 아주 긍정적인 태도와 행동을 묘사한다. 과거에 대한 감성적인 기억이 아니라, 믿음 안에 살아있는 영의 존재에 대해 말한다. 처음 듣는 이들은 목자들이 전한 말에 놀라워하겠으나, 이를 마음에 간직하고 되새기는 이들은 일어난 일의 내막을 알게 될 뿐만 아니라 앞으로 일어나는 일들을 이해하고 깨닫는 데에 빛이 될 요소도 알게 될 것이다.

이 대목에서 목자들이 분명한 역할을 가지고 등장했음을 보여주는 부분이 마지막 절이다. 루카는 목자들이 “천사가 자기들에게 말한 대로 듣고 본 모든 것에 대하여 하느님을 찬양하고 찬미하며(독사존테스 카이 아이운테스 톤 테온 δοξάζοντες καὶ αἰνοῦντες τὸν θεὸν) 돌아갔다”(2,20)라고 전한다. 독사조(δοξάζω)는 아이네오(αἰνέω)와 마찬가지로 ‘찬양, 찬미하다’라는 동사인데, 구별하자면 찬미하는 것은 칭송하며 높이 평가하는 것이고, 찬양한다는 것은 하느님께 영광을 드린다는 것이다. 목자들은 구유에 누운 아기를 찾아냈고, 아기를 보고 나서 아기에 관하여 들은 말을 전하였고, 자기들이 듣고 본 모든 것에 대하여 하느님을 찬양하고 찬미하며 돌아갔다.

예수님의 탄생 이야기는 루카 복음사가의 신학적 기획과 잘 부합한다. 즉 하느님의 결정적인 구원 행위는 예수님 안에서 완성되기에 유년기 이야기는 이미 이 구원 사건의 한 부분이다. 기쁜 소식은 이미 예수님의 탄생 이야기부터, 그 전에 세례자 요한의 탄생 이야기에서부터 시작한다. 하느님과 사람이 성탄에 만나 '큰 기쁨이 될 소식이' 이루어졌다. 루카는 이 굳건한 만남을 그려냈다. 하느님의 오심은 역사에 일어난 일이다. 그리고 마리아와 목자들은 신神의 명령이기에 어쩔 수 없이 맹목적으로 복종하거나 순종하지 않고, 하느님 하시는 일에 상응하는 태도인 적극적인 믿음으로 응답한다. 마리아는 단순히 매개자나, 겸손한 여인의 범례로 구원에 참여한 것이 아니라, 믿는 이의 전형인 아브라함처럼 자신의 생을 걸고 적극적인 응답을 하며 참여한 것이다.

② 예수님이 공적으로 드러나심(2,21-39)

이 대목은 메시아가 이스라엘 백성으로서, 하느님을 기다리는 백성으로서 의롭게 살아가는 모습, 그러니까 유다인의 가정과 세계에서 전통적인 삶을 시작하는 모습을 보여준다. 이제 예루살렘으로 옮겨가 그 전통 속에서 일생을 살아온 독실한 두 노인이 예수님을 세상에 드러나게 하는 데 매개 역할을 하는 모습을 본다. 목자들은 천사가 알려준 표징을 통해 예수님을 알아보았는데, 여기 두 노인은 성령으로 말미암은 영적인 눈으로 주님을 알아본다. 예루살렘 성전에서 아기 예수님의 봉헌 이야기와 시메온과 한나 이야기는 루카 고유의 예언 성취의 형식 안에서 진행된다.

21절

"여드레가 차서 아기에게 할례를 베풀게 되자 그 이름을 예수라고 하였다." 태어난 지 여드레 만에 할례를 베푸는 것은 레위 12,3에 따른 것이다. 레위 12,1-8은 산모의 정결례를 규정하는 대목이며 그 안에 아기의 할례를 언급하고 있다. 루카는 할례와 정결례를 이야기하며 성가정이 율법이 요구하는 모든 것을 채우고 있음을 드러낸다. 1,59에서 요한의 할례 이야기를 간단히 '여드레째 되는 날'(ἐγένετο ἐν τῇ ἡμέρᾳ τῇ ὀγδόῃ)이라고 묘사한 것과 달리 여기서는 2,6처럼 루카가 즐겨 사용하는 동사 '가득 차다'(핌플레미 πίμπλημι)를 선택하여, '여드레가 차서'(ἐπλήσθησαν ἡμέραι ὀκτὼ)라고 표현하여 시간이 채워지고 때가 다가왔다는 것을 돋보이게 한다. 때가 되어 아기에게 할례를 베풀고 이름을 '예수'라고 하였다.

22-24절

4개의 절로 구성되어 있으나 원문은 여러 종속절로 이어진 한 문장이다. "모세의 율법에 따라 정결례를 거행할 날이 되자"에서도 역시 '가득 차다' 핌플레미 동사를 사용하여 표현하였다. 정결례를 행하려면 마리아는 아들을 낳았기에 사십 일(레위 12,3-4) 만에 행하게 된다.

이 구절이 율법 준수에 강세를 둔다면 "모세의 율법에 따라"가 이 단락의 방향을 알린다. 22절에 주동사인 '데리고 가다'(아나고 ἀνάγω)가 직설법 원과거로, '봉헌하다'(파리스테미 παρίστημι)가 목적을 나타내는 원과거 부정사로 나타나 있다. '그들은 그를 주님께 바치기 위해 예루살렘으로 데리고 갔다'(아네가곤 아우톤 에이스 예로솔루마 파라스테사이 토 퀴리오 ἀνήγαγον αὐτὸν εἰς Ἱεροσόλυμα παραστῆσαι τῷ κυρίῳ)이다. 시간이 가득 차 다다른 그때에 그들이 하고자 한 것은 맏아들인 예수님의 봉헌이다(22절). 23절은 종속절로 그 봉헌은 율법에 기록된 대로 한 것이라고 강조하여 설명한다. 22절이 7절에서 첫아들이라고 표현한 이유를 밝혀준다. 맏아들 봉헌은 탈출 전승에서 나온 규정(탈출 13,2.11-16)으로 맏아들은 성별되어 주님께 속한 존재라는 규정에 강조점이 있다. 24절은 '주다, 바치다'(디도미 δίδωμι)가 목적을 나타내는 원과거 부정사로 나타나 예루살렘에 간 두 번째 이유를 말한다. '주님의 율법에서 말한 대로 제물을 바치기 위해서이다.' "산비둘기 한 쌍이나 어린 집비둘기 두 마리를 바치라"는 율법을 명기한 것을 보면 이것은 정결례 예물이다(레위 12,8). 특수 상황에서 명시된 맏아들의 대속값은 다섯 세켈(민수 3,45-47)이다.

이런 요소를 종합해보면 22-24절은 아기 예수님의 성전 봉헌과 마리아의 정결례를 혼합한 이야기이다. 그리고 22절의 주절이 "그들은 아기를 예루살렘으로 데리고 올라가"인 점에서 이야기는 무엇보다도 시메온과 한나의 만남을 준비하고 있음을 알 수 있다.

25-28절

예루살렘에 있던 사람 시메온이 소개되고, 그가 성령에 이끌려 성전으로 들어갔다고 묘사된다. 시메온을 묘사한 서술어는 '의롭고, 독실하며, 이스라엘이 위로받을 때를 기다리는 이, 성령께서 그 위에 머물러 계신 이', 이렇게 네 개다. '의롭고 독실한'(디카이오스 카이 에울라베스 δίκαιος καὶ εὐλαβὴς)은 히브리어로 차딕 워하시드이다. '차딕과 하시드'라면 유다인의 세계에서는 거의 완벽한 사람이다. 그런 사람이 이스라엘이 위로받을 때를 기다리고 있었다. 메시아를 기다리는 사람을 '주님의 위로를 고대하는 사람'이라 표현하였는데, 이것은 하느님께서 종말에 당신 백성을 회복하실 것이라는 위로와 연관된 이사야서의 언어 표현이다(이사 40,1; 49,13; 51,3; 52,9; 57,18; 66,10-11). 이 말은 38절에 나오는 "예루살렘의 속량을 기다리는 모든 이"와도 연결되며 시메온을 보증한다.

넷째 서술어는 '성령께서 그 위에 머물러 계셨다'는 것이다. 이 말은 구약성경에 뿌리를 두면서도 새로운 분위기로 성령을 언급하여 루카가 고유하게 즐겨 표현하는 성령의 활동을 나타낸다. 시메온이 지닌 품성과 태도에 더하여 그러한 그를 넘어서는 위로부터의 도우심, 성령의 작용이 그를 이끌고 있다는 것이다.

루카는 성령과 함께하는 사람들을 아주 다양하게 소개하고 있다. 세례자 요한은 '태중에서부터 성령으로 가득 찰 것이고'(1,15), 마리아는 '성령께서 그녀에게 내려오시어 잉태를 하게 될 것이고'(1,35), 엘리사벳은 '성령으로 가득 차' 마리아의 잉태와 태중의 아기를 감지하고, 마리아를 칭송하고(1,41), 즈카르야도 천사가 예고한 대로(1,13) 아기의 이름을 요한이라고 한 후에, '성령으로 가득 차' 아기를 두고 예언의 노래를 부르고(1,67) 있음을 말하더니 여기 시메온에게는 '성령께서 그 위에 머물러 계신다'(2,25)고 한다. 모든 경우에 성령의 현존이 확인되면 이어서 그 결과가 나타났다. 그렇다면 시메온 역시 무엇인가 활동을 하리라는 것이 예견되고 있는 것이다.

또한 25절의 마지막 요소인 성령의 현존은 이스라엘이 위로받을 때를 기다리며 살던 시메온이 기도와 기다림에 응답을 받는 통로이기도 하다. 성령께서 그 위에 머물러 계시기에 그는 이미 '주님의 그리스도를 뵙기 전에는 죽지 않으리라는 것'을 알고 있었다(26절).

생전에 주님의 기름부음받은이를 보게 되리라는 것을 성령을 통해 이미 알고 있던 시메온이 그날 성령에 이끌려 성전으로 갔다(27ㄱ절). 그리고 '율법의 관례를 준수하려고 부모가 아기 예수님을 데리고 들어왔다'고 한다(27ㄴ절). 거기는 부모가 아기를 데리고 '들어왔으니'(에이사가게인 εἰσαγαγεῖν), 이방인도 들어가는 성전(성전 구역 전체를 가리키는 히에론)의 바깥뜰은 아닐 것이고, 율법을 준수하려고 들어갔고 마리아도 들어갈 수 있는 곳이니 여인의 뜰일 것이다. 시메온은 "아기를 두 팔에 받아 안고 이렇게 하느님을 찬미하였다." 성령에 이끌리고 있는 그였기에 아기 예수님과 부모를 알아본 것이다. 그는 주님의 그리스도를 볼 뿐만 아니라 두 팔에 받아 안는 영예도 누린다.

시메온의 찬가와 예언(28-35절)

이 부분은 말없이 한 행동 하나로 시작된다. "그는 아기를 두 팔에 받아 안고 이렇게 하느님을 찬미하였다." 이어 나오는 감사의 말에는 세 가지 내용이 들어 있다.

결과: 자신에게	주님, 이제야 말씀하신 대로 당신 종을 평화로이 떠나게 해주셨습니다.
현재 사실	제 눈이 당신의 구원을 본 것입니다.
결과: 모든 민족에게	이는 당신께서 모든 민족들 앞에서 마련하신 것으로 다른 민족들에게는 계시의 빛이며 당신 백성 이스라엘에게는 영광입니다.

이 부분이 유명한 시메온의 찬가(라틴어: 눈크 디미티스 Nunc dimittis, 이제 떠나가게 하시나이다)이다. 현재 일어난 사실은 그가 아기 예수님을 보았다는 것이다. 그는 예수님을 본 것이 곧 주님의 구원을 본 것이라고 선언하는데(30절), 예수님이 곧 구원이라는 주제가 다시 강조된다. 시메온은 주님의 구원을 보았기에 이제 평화로이 죽을 수 있다고 말하기 때문이다.

그는 자신을 주님의 종이라고 표현하여 그가 지금 하는 행동과 말들이 소명을 수행하고 있음을 간접적으로 드러낸다. 그는 예수님의 탄생, 그분의 나타나심, 곧 주님의 구원은 모든 민족을 위한 것이라고 말한다(31절). 또한 구원을 그들 앞에 마련하셨다는 말은 구원의 은혜를 그들이 입는다는 의미다.

32절은 31절을 다시 설명한다. 그래서 구원은 다른 민족들에게는 계시의 빛이고 이스라엘 백성에게는 영광이다. 다른 민족들에게 그 구원은 어두움 속에서 빛으로 나오도록 밝혀주는 빛이고, 이미 자신들이 하느님의 백성임을 알고 있는 이스라엘은 이 구원으로 하느님 현존을 새롭게 체험하게 된다. 다른 민족과 이스라엘을 나란히 언급함으로써 루카는 그들 모두가 곧 온 세상이 예수님의 이름으로 구원을 받으리라는 것을 밝힌다(사도 9,15; 11,15 등등 참조). 예수님은 모든 민족을 위한 구원의 빛이시다. "나의 구원이 땅끝까지 다다르도록 나는 너를 민족들의 빛으로 세운다"(이사 49,6). 이렇게 시메온의 찬가는 구원의 보편성을 노래한다. 이것은 이미 이사야서에서 예언된 만민에게 열린 구원의 보편주의(이사 42,6; 49,6; 52,10; 60,1-2)를 반영하며 이 보편적 구원 속에서 주님의 종이 하는 역할을 드러낸다.

"아기의 아버지와 어머니는 아기를 두고 하는 이 말에 놀라워하였다"(33절). 시메온이 성령께 이끌려 한 행동은 부모의 반응으로 마무리되는데, 이것이 이 만남의 마지막 주제다. 부모의 놀람은 그 자체로 하나의 의문을 포함한다. 이미 천사나 목자들을 통해 들어서 알고 있는 상황에서 놀라워하였다는 표현이 이상할 수 있지만, 이는 하느님의 작용이 여기에 있었음을 드러내는 관용적 표현이다(루카 4,22; 9,43; 20,26; 사도 3,12 참조).

이야기는 다음으로 이어지고 시메온의 시선은 아기의 어머니 마리아에게로 향한다. "시메온은 그들을 축복하고 나서(에우로게센 εὐλόγησεν)…." '축복하다, 찬미하다'라는 뜻의 에우로게오(εὐλογέω)의 원과거로 두 번 사용된 에우로게센은 각기 다른 실제를 가리킨다. 28절에서는 예수님과 관련되어 하느님께 드리는 감사의 기도로 이어져 '찬미하였다'이고, 두 번째는 부모에게 주어진다. 34ㄱ절은 말없이 하는 행동 '축복하였다'로 표현되는데, 28절에서 말없이 아기를 두 팔에 안았던 행동과 병행하며 이를 부각한다. 그리고 마리아에게 한 말은 찬가와 병행을 이룬다.

ㄱ	28　그는 아기를 두 팔에 받아 안고 이렇게 하느님을 찬미하였다.
ㄴ	29-32　주님, … 이스라엘에게는 영광입니다.
ㄷ	33　아기의 아버지와 어머니는 아기를 두고 하는 이 말에 놀라워하였다.
ㄱ′	34ㄱ　시메온은 그들을 축복하고 나서 아기 어머니 마리아에게 말하였다.
ㄴ′	34ㄴ-35　보십시오, … 반대를 받는 표징이 되도록 정해졌습니다.

죽을 운명인 인간이 하느님의 아드님에 대해 느끼는 경외심 때문인지 시메온은 아기를 축복하는 말은 하지 않는다. 부모를 축복하고는 아기에 관한 예언을 한다. 29-32절에서 사람들, 민족들이 누릴 평화와 빛이 언급되고, 34-35절에는 아기의 소명과 마리아가 받을 고통이 언급된다.

“보십시오, 이 아기는 이스라엘에서 많은 사람을 쓰러지게도 하고 일어나게도 하며, 또 반대를 받는 표징이 되도록 정해졌습니다”에서 ‘많은 사람을 쓰러지게도 하고 일어나게도 하며’는 이사 8,14-15에 묘사된 걸림돌의 모습과 같고 루카 20,17-18과 같은 맥락을 표현한다. 예수님은 백성 사이에서 걸림돌이고, 반대를 받는 표징 곧 ‘반대받고 비방받는 이’다. 이사 8,14.18에서 이 뜻을 한층 깊이 이해할 수 있다: “그분께서는 이스라엘의 두 집안에게 성소가 되시고 차여 넘어지게 하는 돌과 걸려 비틀거리게 하는 바위가 되시며 예루살렘 주민들에게는 덫과 올가미가 되시리라”(8,14); “주님께서 나에게 주신 자녀들과 나야말로 시온산에 계시는 만군의 주님께서 이스라엘에 세우신 표징과 예표이다”(8,18).

이어지는 35절은 문장의 구조를 보아야 의미가 뚜렷해진다. 35ㄱ절은 “그리하여 당신의 영혼이 칼에 꿰찔리는 가운데”이다. 여기서 카이 수 [데] 아우테스(καὶ σοῦ [δὲ] αὐτῆς)는 2인칭 대명사 속격과 인칭대명사 여성 속격 단수가 사용되었기에 ‘당신의 영혼’이란 마리아의 영혼을 가리킨다. 그런데 35ㄴ절 “많은 사람의 마음속 생각이 드러날 것입니다”는 예수님의 활동을 통해 이뤄질 결과로 34절에 이어지는 말이다. 그래서 일반적으로 학자들이 말하듯이 35ㄱ절은 괄호 안의 내용처럼 읽는 것이 합당하다. 35ㄴ절의 종속접속사 호포스(ὅπως so that, 그래서)는 34ㄴ절에 연결되는 것으로 본다. 그리스어 성서(The Greek New Testament 5°개정판, 2014)에도 이 부분이 지금은 각주 없이 이음표인 줄표(-καὶ σοῦ [δὲ] αὐτῆς τὴν ψυχὴν διελεύσεται ῥομφαία,-)로 연결되어 있다.

> "보십시오, 이 아기는 이스라엘에서 많은 사람을 쓰러지게도 하고 일어나게도 하며, 또 반대를 받는 표징이 되도록 정해졌습니다. - 그리하여 당신의 영혼이 칼에 꿰찔리는 가운데, - 많은 사람의 마음속 생각이 드러날 것입니다"(루카 2,34-35).

공적 활동으로 인해 예수님이 겪게 될 개인적인 결과가 마리아에게 신중하면서도 구체적으로 예언되었다. 지금 시메온 눈앞에 있는 메시아(26.30절)는 고통받는 메시아가 될 것이고(9,22), 그의 어머니는 그의 고통에 참여할 것이다.

한나(36-38절)

한나라는 예언자는 시메온의 경우와 달리 외적인 조건들이 소개된다. 소속된 지파와 집안이 소개되고, 기혼자로서의 기간, 과부로서 현재 84세가 될 때까지의 일상 등 사회적, 종교적 정체성과 특징이 열거되었다. 어쩌면 당시 유다 사회에서 남녀의 사회적 지위나 위상의 차이 때문에 한나에게는 이런 묘사가 필요했는지도 모른다. 한나의 약력은 유다 사회 과부의 이상적인 삶을 반영한다(1티모 5,3-16; 유딧 8,4-6 참조). 시메온은 성령에 이끌려 성전에 들어왔는데, 한나는 이미 거기에 있었다.

그가 성전에 있는 이유는 한나의 신심 생활(37ㄴ절)이 독실하기 때문이다. 이렇게 한나의 위치를 확고히 한 연후에 38절을 말한다. 한나도 같은 때에 나아와 하느님께 감사드린다. 어디로 나아왔을까? 에피스테미(ἐφίστημι) 동사는 '가까이 오다, 나타나다'의 뜻으로 아기 예수님과 마리아와 요셉에게로 가까이 다가왔다는 의미다. 에피스테미는 2,9에서 천사가 다가왔다고 할 때도 쓰였던 루카가 자주 사용하는 말이다(2,9.38; 4,39; 10,40; 20,1; 21,34; 24,4). 한나가 하느님께 감사를 드린다. 여기에 쓰인 동사는 '감사하다, 찬미하다'는 뜻의 안토몰로게오마이(ἀνθομολογέομαι)이다. 한나는 하느님께 감사드릴 뿐 아니라 사람들, 특히 예루살렘의 속량을 기다리는 모든 이에게 그 아기에 대하여 말하였다. 한나의 말을 듣는 대상이 "예루살렘의 속량을 기다리는 모든 이"인데, 이는 25절의 "이스라엘이 위로받을 때를 기다리는 이"와 연결되며 두 에피소드를 결부시켜 하느님의 메시아적 개입을 기다리는 이들이 예루살렘에 제법 있음을 시사한다. 바로 이들에게 한나가 그 아기에 관한 말을 한다. 예수님의 탄생과 나타나심은 기다리고 고대하던 바로 그분의 나타나심이다. 루카가 24장에서 종합하게 될 내용들이 이렇게 처음부터 제시되고 있다. 루카에게 한나는 시메온처럼 예언자이다. 38ㄴ절 "예루살렘의 속량을 기다리는 모든 이에게"에서 속량(뤼트로시스 λύτρωσις)은 루카 고유의 단어로 '몸값을 지불하고 풀려나오게 하는 것'이다. 관사 없이 쓰였지만 '속량'은 구원 역사적 관점에서 종말론적 해방을 가리킨다.

“주님의 법에 따라 모든 일을 마치고 나서, 그들은 갈릴래아에 있는 고향 나자렛으로 돌아갔다”(39절). 21-39절은 아기 예수님이 모든 유다 가정의 신생아가 지켜야 하는 유다법을 충실하게 다 따라서 행했다는 것을 확실하게 강조하며 이야기한 부분이다. 이런 식의 편집은 예수님의 존재와 가르침이 유다교에 확고하게 연결되어 있음을 드러내려는 루카의 의도를 분명히 드러낸다.

③ 예수님의 유년 시절(2,40)

40절 한 절만으로도 예수님의 유년 시절 12년을 묘사하기에는 충분하다.

1,80	세례자 요한: 아기는 자라면서 정신도 굳세어졌다.
2,40	예수님: 아기는 자라면서 튼튼해지고 지혜가 충만해졌으며, 하느님의 총애를 받았다.

40절은 요한의 이야기와 언어도 비슷하게 대칭을 이룬다. 예수님의 경우 “지혜가 충만해졌으며, 하느님의 총애를 받았다”가 더 있다. ‘지혜가 충만하며’는 다음 에피소드(42-47절)를 준비한다. 시메온 위에 성령께서 머물러 계셨다는 것이나, 예수님이 성전에 부모와 나타나자 시메온이 성령에 이끌려 성전으로 들어갔다는 말은 아기 예수님

주변에 머무르는 하느님의 도움을 강조한다. 하느님께서는 예수님에 대한 계획이 있기 때문에 그 주변까지 두루 힘써 돌보신다. 이런 식으로 지지를 받으시며 예수님은 자라고 튼튼해진다. 40ㄴ절 "하느님의 총애를 받았다"는 말을 글자 그대로 적으면 '하느님의 은총이 그 위에 있었다'로 1,30에서 마리아에게 천사가 한 말과 같은 맥락이다. 여기서 우리는 하느님의 충실함을 본다. 같은 하느님이 마리아에게 시메온에게, 물론 예수님에게 관심을 기울이고, 은총을 내리고 지키고 이끌고 계시다. 이야기체로 서술되는 에피소드들 안에서 하느님의 구원 계획이 지속되고 연결되어 있음을 나타내고, 구원 계획의 경과가 인간적 만남들에서 드러나고 있다.

④ 예수님의 소년 시절(2,41-52)

이 대목은 예수님의 유년 시절에서 예수님의 공생활 활동으로 넘어가는 전이轉移 부분이다. 마지막 두 절(51-52절)을 통해 앞의 유년 이야기들과 연결되며 맥을 같이한다.

이야기 구조를 살펴보자. 첫 시작 41-42절은 배경이 되는 상황으로 지극히 반복적인 가족 행사를 말하는데, '해마다', '관습에 따라'라는 말로, 부모는 법에 충실한 선한 유다인들이 그러하듯 풍습에 따라 행동한다고 또 묘사한다. 43절ㄴ절에서 이 흐름을 깨는 일이 발생한다. 어린 예수님이 예루살렘에 그대로 남았다. 12세는 혼자 독립적으로 장거리 여행을 하거나 외지에 머무를 수 있는 연령이 아니다. 부모는 일상적인 흐름에 따라 하던 대로 하며 예수님도 그 안에 머물러 있겠거니 하고 길을 계속 가다가(43ㄴ-44절) 예수님이 없음을 알아챈다(45절ㄱ).

예수님의 부모는 예루살렘으로 돌아가 어린 예수님을 애타게 찾아 헤매다가 성전에 가서 일반적이지 않은 장면을 목격한다. 율법 교사들 사이에 앉아 있는 예수님이다(46-47절). 아주 인상적인 순간이다. 46-47절은 예수님과 주변 사람들 사이에서 일어나고 있는 교감을 보여준다. "그는 율법 교사들 가운데에 앉아 그들의 말을 듣기도 하고 그들에게 묻기도 하고 있었다." 게다가 "그의 말을 듣는 이들은 모두 그의 슬기로운 답변에 경탄하였다." 그 광경을 본 부모는 무척 놀란다(48ㄱ절).

그러나 이야기는 즉시 다시 일상적인 흐름에 맞춰 부모가 아이를 질책하는 모습을 보여준다(48ㄴ절). 보고 놀란 광경은 잠시 뒤로 하고, 일상 범주에서 벗어난 아들을 찾아다니게 한 것에 대해 말한다. "얘야, 우리에게 왜 이렇게 하였느냐? 네 아버지와 내가 너를 애타게 찾았단다." 그리고 예수님의 답변이 주어진다(49절). 일어난 사건과 그들이 본 광경에 대하여 예수님이 주는 해설이다. 그러나 부모는 예수님이 한 말을 알아듣지 못한다(50절). 일상의 범주를 벗어나 일어난 사건을 마무리하는 부모의 반응이다. 이에 대한 예수님의 응답은 다시 일상 범주로 돌아가는 것이다(51절).

ㄱ	41-42절	일상적: 가족 생활의 관습	축제 때 예루살렘 상경
ㄴ	43절	특별한 해, 특별한 일	예수님이 예루살렘에 혼자 남음
ㄱ′	44-45절	일상적	부모가 찾아 돌아다님
ㄴ′	46-47절	특이한 일	율법 교사들 가운데 있는 예수님, 질의응답, 예수님의 슬기로운 답변
ㄱ″	48절	일상적	부모의 질책
ㄴ″	49절	특별한 답변	예수님은 아버지의 집에 있다.
ㄱ‴	50-51절	일상적	나자렛 귀향, 부모에게 순종
ㄴ‴	52절	특별한 총애	하느님과 사람들의 총애

여기서 두 가지 주제가 두드러진다. 하나는 예수님이 율법 교사들 가운데에 있으면서 그들과 슬기로운 담화를 하는 것이고, 다른 하나는 예수님이 성전을 자기 아버지의 집이라며 자신이 있어야 할 곳으로 규명하는 것이다.

49절, "왜 저를 찾으셨습니까? 저는 제 아버지의 집에 있어야 하는 줄을 모르셨습니까?"에서 '아버지의 집에'라고 번역된 부분은 '엔 토이스 투 파트로스'(ἐν τοῖς τοῦ πατρός)이다. '~에'라는 전치사(엔) + 정관사 중성 복수 여격(토이스) + 아버지 명사의 남성 단수 소유격이 있을 뿐 '집'이라는 단어는 없다. 이 말이 무엇을 가리키는 지에 대해 논란이 있는데, 세 가지 해석으로 요약할 수 있다. 하나는 장소를 가리키며 아버지의 집을 말한다는 것, 다른 하나는 아버지의 일에 몰두한다는 것, 마지막은 지상의 아버지가 아니라 하늘에 계신 아버지의 일에 참여한다는 것이다. 조금씩 다 연관성을 가지고 있으나, 아직 소년인 예수님 상태와 문맥을 보면 어느 것이 적당한지 찾을 수 있다. 부모가 그를 찾아다녔다는 사실과 바로 앞 문장인 예수님의 반문 "왜 저를 찾으셨습니까?"라는 말을 생각해보면 장소에 대한 답변으로 보는 것이 타당할 듯하다.

소년의 생각에, 자신은 성전에 남아 있었고 혼자 길을 나설 수도 없는데, 부모는 사흘 만에야 자신을 찾으러 나타났고, 애타게 찾아다녔다고 하니, 예수님은 자신을 찾아 왜 애를 태우며 여러 곳을 다녔느냐는 것이다. 이곳저곳 찾아다니지 말고, 자신이 마땅히 있을 성전으로 곧장 와야 했다는 말이다. 그의 관심사와 생각은 오로지 아버지 하느님께 집중되어 있음을 드러내며 예수님은 자신이 성전과 필연적으로 연결된 관계임을 명백히 밝힌다.

이 특별한 순간은, 마리아가 주님의 어머니이지만(1,43), 마리아의 어머니 됨보다 예수님이 하늘의 아버지와 맺는 결속 관계가 우선함을 드러낸 순간이기도 하다. 예수님의 답변은 이야기 앞부분에 그에 대한 예고와 예언에서 이미 알려준 신원에 의하면 지극히 정당하고 정상적이다. 예수님의 부모는 그가 주님과 그리스도와 구원자가 될 것이라고 들었다. 그러나 부모는 그의 말을 알아듣지 못한다. 핵심은 이때가 예수님이 열두 살 되던 해라는 사실이다. 통상적으로 이 나이는 아직 부모의 돌봄 아래 성장해야 한다고 여기는 기간이다. 부모는 그를 온전히 세상 아이로 대하고 있다. 예수님은 인간 세상에 오셨고, 마리아에게서 태어났듯, 인간 사회에서 자라나고 어른이 되어야 했다.

"예수님은 지혜와 키가 자랐고 하느님과 사람들의 총애도 더하여 갔다"(52절). 세례자 요한의 유년을 소개하듯, 구약의 사무엘 이야기를 본떠 구성했다고 하는 이 말에서 핵심은 예수님이 성장해야 했다는 것이다. '키가 자랐다'는 말은 본래 그리스어 프로콥토 헬리키아(προκόπτω ἡλικίᾳ)인데 '나이를 먹다' 또는 '키가 자라다'라는 뜻의 관용어구로, 예수님이 물리적인 측면에서 성장하며 성인이 되어갔다는 것을 가리킨다. 그 과정 중에 예수님은 관습대로 부모에게 순종하며 지냈다. "예수님은 부모와 함께 나자렛으로 내려가, 그들에게 순종하며 지냈다."

그럼에도 불구하고 여기 표현된 몰이해는 마리아 편에서도 예수님 옆에서 동행하며 계속 배워야 할 것이 많이 있음을 드러낸다. 루카는 예수님께 가장 충실한 사람들도 당연히 메시아의 행보를 알아듣지 못한다는 것과 알아듣는 과정이 필요하다는 것을 보여준다. 예수님도 지혜가 자라야 하듯, 독자도 그렇게 마리아처럼 '이 말씀들을 자신들의 마음에 간직하고' 가는 여정에서 깨달으며 믿음이 자라야 한다고 말하는 듯하다.

알.가.유.소. 3 》 루카의 대조연대표 1

로마 제국과 팔레스티나

<table>
<tr><th colspan="2">로마 제국 통치자</th><th>사건 (복음서와 사도행전)</th><th>유다 통치</th></tr>
<tr><td>율리우스 카이사르</td><td>기원전 45-44년</td><td>안티파테르(헤로데 임금 부친)
힐카누스</td><td>하스모네아 가문</td></tr>
<tr><td>안토니우스/옥타비아누스/레피두스</td><td>기원전 43-26년</td><td>헤로데 임금(기원전 38년 로마에서 왕위 받음, 35년 즉위)/힐카누스</td><td>헤로데 가문</td></tr>
<tr><td>아우구스투스</td><td>기원전 27-기원후14년</td><td>예수님 탄생과 유년 시절</td><td rowspan="7">분봉왕 시대

-아르켈라오스
-헤로데 안티파스
-헤로데 필리포스</td></tr>
<tr><td>티베리우스</td><td>14-37년</td><td>예수님의 성장과 공생활 시기</td></tr>
<tr><td>가이우스</td><td>37-41년</td><td>바오로의 회심과 초기 교회</td></tr>
<tr><td>클라우디우스</td><td>41-54년</td><td>대기근과 유다인의 로마 추방
(사도 11,28; 18,2)</td></tr>
<tr><td>네로</td><td>54-68년</td><td>박해: 베드로와 바오로 순교
(필리 4,22)</td></tr>
<tr><td>갈바, 오토</td><td>68-69년</td><td></td></tr>
<tr><td>비텔리우스</td><td>69년</td><td></td></tr>
<tr><td>베스파시아누스</td><td>69-79년</td><td>예루살렘 성전 파괴
(70년, 그의 아들)</td><td rowspan="3">로마</td></tr>
<tr><td>티투스</td><td>79-81년</td><td>일시적 시민 통치:
베수비어스산 화산 폭발(79년)</td></tr>
<tr><td>도미티아누스</td><td>81-96년</td><td>사도 요한 파트모스 유배 추정</td></tr>
</table>

로마 제국과 팔레스티나: 루카 3,1-2

로마 황제		티베리우스
유다 총독		본시오 빌라도
영주	갈릴래아	헤로데 안티파스
	이투래아, 트라코니티스	헤로데 필리포스
	아빌레네	리사니아스
대사제		한나스, 카야파

로마 제국과 팔레스티나의 유다인

정치 상황	시기	유다 땅 관련 사건, 상황
로마 제국: 카이사르 - 콘스탄티누스 대제 시기: 기원전 37-기원후 324년 유다 땅: 헤로데 대왕 -		
유다 왕과 지도자 그룹	기원전 37- 기원후 70년	헤로데 대왕 - 대사제, 바리사이들, 원로들
헤로데 대왕	기원전 37-4년	예수님의 탄생과 어린 시절 (마태 2,1-22; 루카 1,5)
헤로데 아르켈라오스	기원전 4- 기원후 6년	유다 통치(마태 2,22)

헤로데 안티파스	기원전 4- 기원후 39년	갈릴래아, 페레아 통치 세례자 요한 참수(마태 14,10; 마르 6,17-29)
	기원후 33년(?)	예수님 십자가 처형(마태 27,11-56; 마르 15,1-47; 루카 23,1-56)
헤로데 필리포스	기원전 4- 기원후 34년	가울라니티스, 바산 통치(루카 3,1)
헤로데 아그리파스 1세	기원후 37-41년	가울라니티스, 바산, 아빌레네 통치(사도 12장)
	41-44년	가울라니티스, 바산, 아빌레네 + 유다, 사마리아 통치
헤로데 2세	41-48년	레바논의 칼키스 통치
헤로데 아그리파스 2세	50-53년	레바논의 칼키스 통치(사도 25,13-26,32)
	53년	가울라니티스, 바산, 아빌레네 통치
	54-70년	가울라니티스, 갈릴래아 고을들, 통치 이후 로마에서 삶
네로	54-68년	
갈바	68-69년	유다인 대항쟁: 63-73년 로마군 유다인과 전쟁: 제1차 유다 전쟁 66-70년
오토	69년	
비텔리우스	69년	
베스파시아누스	69-79년	
티투스	70년	예루살렘과 성전 파괴
트라야누스	115-117년	제2차 유다 전쟁: 키토스 항쟁

하드리아누스	130년	예루살렘 개명: 아엘리아 카피톨리나 유다인 성전 자리에 주피터 신전 건축 유다교인 할례 금지
	132-135년	제3차 유다 전쟁: 코크바 항쟁 (+ 랍비 아키바)
	134년	유다교인 예루살렘에서 추방 예루살렘 입성 금지
	134년	로마 속주 유다: 시리아 팔레스티나로 개명

동시 연대표 뒷이야기

루카가 2,1-2에 제시한 대조연대표에 관하여 많은 학자가 현재까지 연구한 결과, 1-5절은 루카가 작성한 고유 편집물이라고 추정한다. 로마 제국 내 속주들 통치 역사에서 호구조사와 관련하여 연대가 일치하지 않기 때문이다. 아우구스투스 황제 시기에 제국 내에 호구조사가 있었다는 기록은 루카 이외 자료에서 발견되지 않는다. 시리아의 총독 퀴리니우스가 했을지도 모르는 인구조사 기록 역시 없다. 또한 사도 5,37에서 루카가 다시 언급하는 호구조사와 관련된 인물, 곧 유다의 봉기는 요세푸스의 고대사에는 기원후 44-46년에 있었던 총독 파두스(Fadus) 때의 일로 기록되어 있으니 일치하지 않는다. 그리고 헤로데 임금은 기원전 4년에 사망했고, 퀴리니우스가 시리아 총독으로 온 것은 기원후 6년이니 이 역시 모순이다.

1-2절의 로마 황제의 호적 등록 칙령 관련 구절은 역사 자료를 토대로 기술한 연대기가 아니라 편집 기획에 따라 일련의 전승을 바탕으로 스토리텔링을 한 부분이다. 그 전승은 마태 2,1-6에도 공유하는 것으로 예수님 탄생 시기가 헤로데 임금의 통치 시기

라는 것과 베들레헴에서 탄생하셨다는 것, 다윗의 후손이라는 것, 그리고 메시아라는 것이다. 이것을 바탕으로 루카는 나자렛 사람인 마리아와 요셉이 왜 베들레헴까지 가서 아이를 낳아야 했는지를 개연성 있게 설명하려 했다. 사실 탄생지가 그분의 메시아 됨에 필연적인 요소는 아니지만 말이다.

제2부

공생활

1. 예수님의 공생활 준비 3,1-4,13

<table>
<tr><th>장절</th><th>내용</th><th>장소</th><th>주제</th></tr>
<tr><td>3,1-38</td><td>예수님의 세례와 족보</td><td>요르단 강가</td><td rowspan="2">공생활 준비</td></tr>
<tr><td>4,1-13</td><td>유혹</td><td>광야</td></tr>
<tr><td>4,14-30</td><td>희년 선포</td><td>나자렛 회당</td><td>선포</td></tr>
<tr><td>4,31-44; 5,12-26</td><td>병자 치유</td><td rowspan="3">갈릴래아</td><td>치유</td></tr>
<tr><td>5,1-11.27; 6,12-16</td><td>고기잡이 기적 - 제자</td><td>부르심</td></tr>
<tr><td>6,1-11</td><td>안식일 논쟁</td><td rowspan="2">- 불신: 이의 제기, 고발할 구실
- 믿음: 따름</td></tr>
<tr><td>6,12-16</td><td>열두 사도 선발</td><td>산</td></tr>
</table>

'그리스도 사건'과 그 사건을 선포하는 '그리스도인의 선포' 사이를 연결하며 넓은 시야에서 복음서를 기록한 루카는, 세례자 요한을 소개할 때도 그가 활동을 시작한 시기의 국제 정세를 먼저 알려준다. 당대의 세계사는 그 역사에 나타나신 예수님의 활동을 통해 하느님께서 작용하신 것으로 이해해야 한다. 루카는 예수님께서 우리 가운데 나타나심으로 하느님의 구원 활동이 인류 역사에 들어왔다는 사실에 초점을 맞춘다. 예수님이 하느님의 계획에 따라 한 시대를 끝내고 동시에 새로운 한 시대를 여는 분으로 오셨다는 것이 루카의 구원사 개

념이다.

루카는 이런 동시 연대표를 이야기의 시작 부분에서만 사용하고, 본론인 이야기 자체에서는 예수님의 말씀이 주를 이루게 한다. 루카의 역사적 · 구원사적 관점이 짙게 반영되어 있기는 하나 그가 역사서를 기록하고 있는 것은 아니기 때문이다.

알.가.유.소. 4 〉〉 대조연대표 2, 분봉왕

	나라	직위	통치	임직 기간
티베리우스	로마	황제	제십오년	기원후 14-37년
본시오 빌라도	로마	총독	제삼년?	기원후 26-36년
헤로데 안티파스		영주		기원후 1-39년
헤로데 필리포스	팔레스티나	영주		기원후 1-34년
리사니아스		아빌레네 영주		
한나스	전 대사제			
카야파	대사제			

연대가 분명하게 나타나는 로마 황제를 기준으로 1장에 나타난 연대표와 비교해보자. 루카 2,1은 3,1과 달리 아우구스투스 황제 치세 몇 년인지 명기하지 않고 있으나 이전 황제 시기이고, 유다 땅의 정세는 아직은 유다 땅의 총독(procurator)이 독립적으로 있지 않고, 시리아

관구에 속하여 시리아 총독이 퀴리니우스라고 나타난다.

로마 황제	아우구스투스 황제	기원전 37-기원후 14년
시리아 관구 총독 (가자 가다라, 히푸스)	퀴리니우스	기원후 6-
유다 임금	헤로데 대왕	기원전 37-기원후 4년

<table>
<tr><td rowspan="8">분봉왕</td><td>갈릴래아, 베렛</td><td>헤로데 안티파스</td><td>기원전 4/기원후 1-39년</td></tr>
<tr><td rowspan="5">유다
사마리아
이두매아
(스트라토탑, 세바스테, 예루살렘)</td><td>아르켈라우스
통치자이며 대사제</td><td>기원전 4/기원후 1-6년</td></tr>
<tr><td>유대아 속주
로마(집정관) 직할령</td><td>기원후 6/8부터</td></tr>
<tr><td>로마 총독</td><td>기원후 8-</td></tr>
<tr><td>아그리파스 1세</td><td>기원후 41-44년</td></tr>
<tr><td>로마 총독</td><td>기원후 44-66년</td></tr>
<tr><td>갈릴래아,
요르단강 동쪽 데카폴리스</td><td>아그리파스 2세</td><td>기원후 48-93년</td></tr>
<tr><td>가울라니티스, 바타네아,
트라코니티스, 아우라니티스</td><td>헤로데 필리포스</td><td>기원전 4/기원후 1-34년</td></tr>
</table>

4분봉왕

1) 4분봉왕

'영주'라고 번역되는 그리스어는 테트라르케오(τετρααρχέω)이고 라틴어로는 테트라르카(tetrarcha)다. 고대 로마 제국의 직위로 한 지역을 4등분하여 4두 정치를 할 때 4분의 1을 다스리는 행정가를 가리킨다. 루카 3,1에서 언급되는 4분봉왕들은 로마 제국의 지배하에 있는 코엘레시리아 지역에서의 분리 통치 구조의 영주들이다. 헤로데 대왕이 죽으며, 그가 다스리던 영토의 반을 아르켈라오스에게 주며 왕으로 임명하고, 필리포스는 분봉왕으로 트라코니티스와 인근 지역을 다스리고, 안티파스 역시 분봉왕으로 한다는 유언을 남겼다. 이것은 로마의 카이사르에게 추인을 받아야 했다. 카이사르 아우구스투스는 헤로데 대왕의 통치 지역을 반으로 나누어 아르켈라오스에게 주고, 나머지 반을 둘로 나누어 필리포스와 안티파스에게 주었다. 그래서 팔레스티나 땅은 헤로데의 세 아들이 분배받아 3/4을 다스렸고 다른 1/4은 시리아 관구에 속했다.

2) 리사니아스

루카에 나오는 리사니아스는 분리된 왕국의 한 지역을 다스리는 왕인데, 루카의 리사니우스에 대한 기록은 요세푸스 외에는 없다. 게다가 아그리파스와 관련된 기록에서 잠시 언급된다. 기원후 42년경 아그리파스에게 하사되는 지역 목록에 리사니아스의 왕국이 언급되고 있다. "클라우디우스 황제는 펠릭스(사도 24,25)를 갈릴래아와 사마리아와 페레아의 총독으로 임명하는 한편 아그리파스는 칼키스의 왕에서 더 큰 왕국의 왕으로 승진시켰다. 황제는 아그리파스(Agrippa I)에게 필리포스의 분봉국이었던 바타네아, 트라코니티스, 가울라니티스는 물론 리사니아스의 왕국과 바루스가 다스리던 아빌레네 지역까지 하사해주었다." (요세푸스 유다전쟁사 2.12.8; 2.11.5에도 언급된다.)

3) 헤로데 왕국의 분할

헤로데 대왕의 통치 지역		
아르켈라오스	연 수입 400탈란트 지역	전 유다와 사마리아, 이두매아 지역 (스트라토 망대, 세바스테, 요빠, 예루살렘)
안티파스	연 수입 200탈란트 지역	페레아와 갈릴래아
필리포스	연 수입 100탈란트 지역	바타네아, 트라코니티스, 아우라니티스, 얌니아 지역

리사니아스	아빌레네 (여러 명칭을 지녔던 것으로 추정된다. 아빌라, 칼키스 그리고 이투래아)
시리아	아우구스투스는 유다 지역에서 그리스 도시 가자, 가다라, 히포스를 빼내어 시리아 관구에 병합. * 이 시리아 지역 다마스쿠스 남쪽에 아빌레네가 있다.

4) 기타

유다와 사마리아와 이두매아를 다스리던 아르켈라오스는 폭정으로 기원후 6년에 교체된다. 그 후 유대아 속주는 로마 직할령으로 로마 총독이 다스리게 된다. 예수님 공생활 당시는 빌라도 총독의 이름이 나타나고, 기원후 41-44년에 다시 아그리파스 1세가 유다 왕위에 올랐으나, 44년 이후에 다시 로마 총독이 임명된다. 변화가 많았던 유다와 사마리아 지역과 이두매아 지역의 통치자를 정리해보면 다음과 같다:

아르켈라오스: 왕 | 대사제	기원전 4/기원후 1-6년
로마 직할령: 로마 총독 | 대사제	기원후 6/8부터

아그리파스 1세: 왕 ∣ 대사제	기원후 41-44년
로마 총독 ∣ 대사제	기원후 44-66년

알.가.유.소. 5〉〉 헤로데 왕국과 로마 행정 지역들(기원전 40-기원후 70년경)

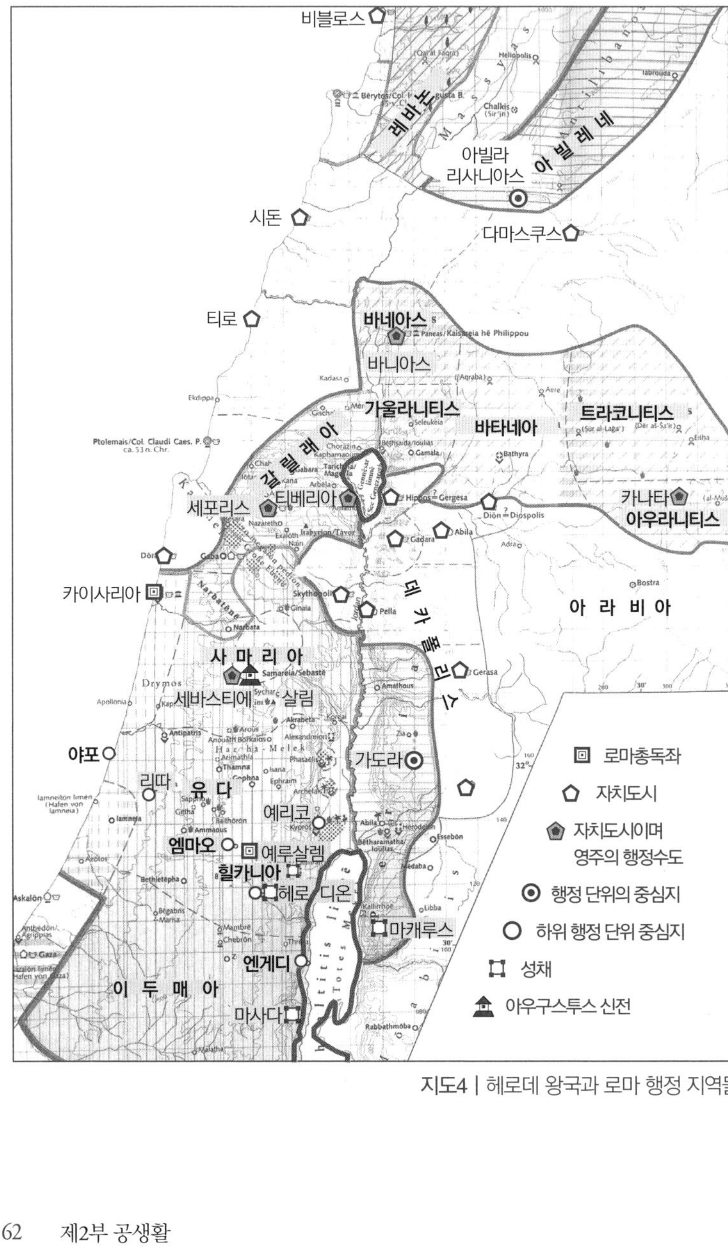

지도4 | 헤로데 왕국과 로마 행정 지역들

지도4-1 | 헤로데 왕국의 분할

알.가.유.소. 6 》 선포하다(케뤼소)와 기쁜 소식을 전하다(에왕겔리조)

케뤼소(κηρύσσω)는 '선포하다'라는 뜻이다. 마르코복음에는 9회 나타나고 루카복음에는 9회, 사도행전에 8회 나타난다. 루카에서는 열두 제자(9,2), 제자들(12,3), 마귀 들렸던 자(8,39)의 선포와 예수님 자신(4,18.19.44; 8,1). 사도행전에서는 제자들의 활동에 나타난다(전체-10,42; 필리포스-8,5; 사울/바오로-9,20; 19,13; 20,25; 28,31). 루카는 종종 다른 동사를 문체적 이문으로 사용하는데 자주 등장하는 단어는 '기쁜 소식을 전하다' 뜻의 에왕겔리조(εὐαγγελίζω)이다. 디다스코(가르치다), 랄레오(말하다), 카탕겔레오(선포하다)도 사용하지만 에왕겔리조가 가장 많이 사용된다. 에왕겔리조는 루카가 즐겨 사용하는 단어로 마르코복음에는 전혀 사용되지 않고, 마태오복음에는 1회, 루카복음에 10회, 사도행전에는 15회 사용되었다. 루카는 예수님의 복음 전파에 7회(4,18.43; 7,22; 8,1; 9,6; 16,16; 20,1) 사용한다. 이 동사는 보통 '전하다'라는 뜻으로 사용되며 목적어로 하느님의 나라(4,43; 8,1), 그리스도 예수님(사도 5,42; 8,35; 11,20; 17,18), 말씀(사도 8,4; 15,35)이 쓰였다.

루카는 복음(에왕겔리온)이란 명사 사용은 기피하는 경향이 있다. 이유는 정확히 알 수 없다. 아마도 동부 지중해에 있는 로마 제국의 제의에 이 단어가 사용된 사실을 알고 있었기에, 예수님 이야기에 같은 단어의 사용을 피하지 않았을까 추정할 뿐이다. 이 단어는 프리에네에 있는 아우구스투스 비문에서도 발견된다. 이 비문에서 복음은 제국이 인간에게 가져온 구원과 행운을 의미한다. 그래서 루카는 이 명사보다는 일반적으로 '전하다, 기쁜 소식을 전하다'의 뜻인 에왕겔리조 동사를 더 자주 사용한다.

1) 회개의 세례를 선포하는 요한 3,1-18

루카가 새로운 대목을 시작하는데, 1-2절에 때를 알게 하는 인물로 여섯 부류의 통치자들을 열거하였다. 1-2절은 한 문장인데, 주절은 2절 뒷부분에 있다. "하느님의 말씀이 요한에게 내렸다"(에게네토 레마 테우 에피 요안넨 ἐγένετο ῥῆμα θεοῦ ἐπὶ Ἰωάννην). 그러한 때에 관련된 역사적 인물들을 통해 요한의 활동 시기와 예수님의 공생활 시기를 가늠하게 한다. 이는 세례자 요한의 직무의 중요성도 드러낸다. 그러한 시대를 살고 있는 백성에게 세례자 요한은 백성을 위한 기쁜 소식인 하느님의 말씀을 전하는 예언자라는 것이다.

이 부분에서 예언자들이 등장해서 활동한 시기를 언급하는 구약 예언서들의 서술 방식을 떠올릴 수 있다. 통치자들의 치세 시기를 언급하는 이유는 예언자가 하느님께로부터 파견된 시대적 배경을 설정하기 위함이었다. 루카는 칠십인역의 서술 방식을 따르면서 세례자 요한이 나타난 정치 · 종교적 상황을 독자가 파악할 수 있게 해준다. 이 정보가 주는 메시지에서 중요한 것은 '때'보다는 '공간'이다. 이 배경에서 펼쳐지는 일들이 이 공간에, 곧 세상에 영향을 미친다는 것이다. 죄의 용서를 위해 회개하라는 세례자 요한의 선포도 세계를 향해 열려 있다.

(1) 로마 치하의 유다 3,1

“티베리우스 황제의 치세 제십오년”, 1절은 당시 팔레스티나의 권력 구조에 영향을 미치고 있는 권력을 언급한다. 당시 로마 황제는 아우구스투스를 이은 티베리우스로 기원후 28-29년이다. 빌라도는 황제 티베리우스에 의해 임명되어 26-36년까지 유다 총독으로 있었다. 요한의 활동 시기와 예수님의 공생활 시기에 그가 로마의 관할권을 행사했다. 유다 총독이 거주했던 지중해 연안의 도시 카이사리아에서 발굴된 고고학 유물인 빌라도 비문이 이 사실을 증언한다.

‘헤로데’는 아우구스투스 황제 시절에 집권했던 헤로데 대왕의 아들 헤로데 안티파스로, 대왕의 사후 유다 땅을 삼등분하여 다스리게 할 때 갈릴래아와 페레아를 분배받은 영주이다. 기원전 4년에서 기원후 39년까지 통치하였다. ‘그의 동생 필리포스’라고 나온 이는 헤로데 안티파스와 이복형제인 헤로데 필리포스로 기원전 4년에서 기원후 34년까지 트라코니티스와 이투래아를 통치한 영주였다. 예루살렘을 포함한 유다 중부 지역은 헤로데 아르켈라오스의 통치하에 있다가 기원후 6년에 로마 속주로 편입되어 로마 총독이 파견되었다.

여기에 루카는 아빌레네의 영주 리사니아스를 첨가한다. 칼키스 왕국의 후손인 리사니아스는 다마스쿠스 남쪽 아래 아빌레네의 영주였다. 아마도 이야기 시초부터 이방 세계에 대한 관심사로 이 지역까지 언급한 것이 아닌가 추정한다. 아빌레네는 본래 이투래아 왕국의 영토였는데, 로마 황제 칼리굴라가 기원후 37년 필리포스의 영지와 함께 헤로데 아그리파스 1세에게 주고 임금의 칭호도 주었다. 헤로데 대왕이 영토를 가장 많이 확장했던 시기에 이 땅이 헤로데에게 속해 있었다고 추정된 상태에서, 루카는 그곳을 유다의 영토로 여기고 기록했을 가능성이 있다고 보기도 한다. 그러나 루카가 이 기록을 쓰던 때에 아빌레네가 유다 임금 아그리파스 2세(53-100년)에게 속해 있었던 것은 확실하다. 리사니아스에 대해서는 아무런 정보가 없다.

여러 통치자가 열거되었으나 사실 이들이 행사할 수 있는 절대적인 통치권은 없었다. 모든 것은 로마 황제 티베리우스에게 달려 있었다. 여기에 처음으로 로마 황제의 재위 기간, '제십오년'이 소개되었다. 여기서 기원후 28-29년이 계산된다.

(2) 유다의 종교적 실세 3,2

"또 한나스와 카야파가 대사제로 있을 때", 정치적 권력자들이 언급된 후에 종교적으로 권한을 행사하는 이들인 대사제가 소개되는데 두 명이다. 한나스는 기원후 6년에서 15년까지 그의 사위인 카야파는 18년에서 36년까지 각각 대사제직에 봉직했다. 신약시대 문헌들이나 요세푸스의 글에도 자주 대사제가 복수로 언급되고 있어서 이 칭호는 아마도 고위 성직자 단체를 가리키며, 현직 대사제는 물론이고 전직 대사제도 일부 권한을 행사하며 영향력을 발휘했던 것으로 본다(졸저, 요한복음서 해설 1 참조).

(3) 세례자 요한 3,2-18

① 죄의 용서를 위한 회개의 세례 선포(3,2-6)

2ㄴ-3절

"한나스와 카야파가 대사제로 있을 때, 하느님의 말씀이 광야에 있는 즈카르야의 아들 요한에게 내렸다." 2절은 요한의 활동이 하느님에 의해 시작되었다는 것을 아주 분명하게 알려준다. 이것은 중요한 점인데, 루카는 뒷부분에서 예수님이 수석 사제들과 율법학자들에게 하신 질문을 전해줄 것이다. "요한의 세례가 하늘에서 온 것이냐, 아니면 사람에게서 온 것이냐?"(20,4). 그들은 모른다고 대답할 것이나 요한의 출발점은 하느님 말씀이다. 요한은 하느님 말씀에 이끌려 광야에서 나와 요르단 부근의 모든 지방을 다니며 죄의 용서를 위한 회개의 세례를 선포한 것이다. 하느님 주도로 시작된 일임을 표현하는 데에, 1-2장에서 주로 사용했던 성령의 힘이나 성령의 인도하심보다 '하느님의 말씀'을 사용하고, 4절 이하에서도 요한의 직무를 이사야 예언자의 말씀이 성취된 것이라고 풀이하며 이야기는 하느님 말씀에 강세를 두기 시작한다.

요한이 선포한 것은 죄의 용서를 목적으로 하는 세례로, '회개의 세례'(밥티스마 메타노이아스 βάπτισμα μετανοίας)라고 표현했다. 이는 회개가 병행하는 세례를 의미하며, 회개하고 세례를 받음으로써 죄를 용서받게 된다는 뜻이다. 죄 사함은 단독으로 일어나지 않고 회개와 세례의 결과로 나타난다. 다시 말해 세례라는 외적 의례와 죄의 행실에서 돌아서고 하느님을 향해 돌아서는 내적 상태가 함께 작용할 때 이뤄진다.

4-6절

이렇게 루카는 요한의 활동을 이사야 예언자의 예언 말씀(40,3-5)이 실현된 것이라고 풀이한다. 주님의 길을 마련하라는 이사 40,3은 마태오와 요한복음서도 인용하는데, 루카는 이뿐 아니라 40,4은 거의 그대로, 40,5은 구원사적 의미로 해석하여 다음과 같이 수정 인용하였다. "그리하여 모든 사람이 하느님의 구원을 보리라"(루카 3,6).

루카 3,4에서는 이사 40,3을 인용할 때, '~대로'라는 접속사로 연결된 문장에서 "책에 기록된 그대로"의 일이 일어난 것이라고 밝힌다. 요한은 이스라엘 백성 앞에 나타날 때까지 광야에서 살았으며(루카 1,80), 광야에서 하느님의 말씀을 받았기에(3,2), 광야에서 외치는 이의 소리라고 말할 수 있다. 그는 예수님의 오심을 준비하는 예언자적 소명을 채우고 있다.

루카 3,4-6		이사 40,3-5	
4절	이는 이사야 예언자가 선포한 말씀의 책에 기록된 그대로이다. "광야에서 외치는 이의 소리. '너희는 주님의 길을 마련하여라. 그분의 길을 곧게 내어라.	3절	한 소리가 외친다. "너희는 광야에 주님의 길을 닦아라. 우리 하느님을 위하여 사막에 길을 곧게 내어라.
5절	골짜기는 모두 메워지고 산과 언덕은 모두 낮아져라. 굽은 데는 곧아지고 거친 길은 평탄하게 되어라.	4절	골짜기는 모두 메워지고 산과 언덕은 모두 낮아져라. 거친 곳은 평지가 되고 험한 곳은 평야가 되어라.
6절	그리하여 모든 사람이 하느님의 구원을 보리라.'"	5절	이에 주님의 영광이 드러나리니 모든 사람이 다 함께 그것을 보리라…."

요한의 활동 장소와 그가 선포하는 내용은 모두 예수님과 관련되어 나타난다. 세례자 요한은 구약의 마지막 예언자라고도 평가되는데, 그가 메시아와 관련한 예언들이 성취되고 있음을 알리며 증언하기 때문이다. 그리고 메시아이신 예수님으로 새 시대 신약이 시작되기 때문이다. 이사 40,3-5이 여기 인용되었지만 사실 그 부분이 담겨 있는 대목 전체(40,1-11)를 함께 볼 때 지극히 높으신 분의 예언자로서 주님보다 앞서 와서 그분의 길을 준비하는 세례자 요한의 메시지가 더 명확해질 것이다. 루카 3,6의 "모든 사람이 하느님의 구원을 보리라"에서 '모든 사람'이 그리스어로 파사 사륵스(πᾶσα σὰρξ)인데 칠십

인역 이사 40,5의 '모든 사람이 그것을 보리라'에서 '모든 사람'도 같은 표현(πᾶσα σὰρξ)이다. 이것은 사람을 지칭하는 히브리어 단어 중에서 약하고 한계성을 지닌 인간을 표현하는 '바사르'에 해당하는 그리스어이다. '그리하여 하느님의 구원을 본다'는 것은 죄의 상태에 있던 인간(사륵스)이 회개를 통해, 하느님의 구원을 체험한다는 것으로 희망이 가득한 선포이다. 이것은 사람에게 주님의 영광이 드러나는 일이다. 이 표현은 공관복음서 중에서 루카복음서에만 고유하게 나타나는데, 이 '모든 사람'(파사 사륵스)에는 1절에서 말한 티베리우스가 통치하는 로마 제국, 곧 당시의 전 세계, 그리고 코일레-시리아 전역에 더하여 2절에서 말하는 유다 민족 전체가 포함된다. 구원은 이스라엘 민족만이 아니라 세상 모든 사람을 대상으로 하고 있음을 명시적으로 암시한 것이다. 루카복음서에서는 이미 세례자 요한의 선포에서부터 이 메시지를 전달하고 있다.

② 설교와 세례(3,2-6)

요한의 설교 대목은 세 부분 7-9절, 10-14절, 15-17절로 나누어볼 수 있고, 18절은 마무리 구절이다.

7-9절

"독사의 자식들아, 다가오는 진노를 피하라고 누가 너희에게 일러주더냐?"(7절). 요한은 세례를 받으러 오는 군중을 향해 '독사의 자식들'

이라고 일갈한다. 그가 선포한 것은 죄의 용서를 위한 회개의 세례이기에, 요한에게 찾아와서 세례를 받겠다고 하면 무조건 세례를 받을 수 있는 것은 아닌 듯하다. 요한은 그저 재앙이나 심판을 피하려고 세례를 받으러 오는 것이냐면서, 세례를 받기 이전에 회개하라고 마음을 깨는 도발적인 질문을 던진다. "독사의 자식들아, 다가오는 진노를 피하라고 누가 너희에게 일러주더냐?" 그러면서 "회개에 합당한 열매를 맺어라"라고 한다. 세례를 받으려면 조건을 갖추라고 촉구한다. 회개할 뿐만 아니라 그것을 행실로 보이라는 것이다. 회개는 마음에서 일어나는 일이니 눈으로 볼 수가 없다. 그러니 회개에 합당한 열매를 맺으라는 것은 회개에서 나온 행위를 하라는 의미이다.

"그리고 '우리는 아브라함을 조상으로 모시고 있다'는 말은 아예 혼잣말로라도 꺼내지 마라. 내가 너희에게 말하는데, 하느님께서는 이 돌들로도 아브라함의 자녀들을 만드실 수 있다"(8절). 아브라함의 후손이라서 무조건 혜택을 받을 수 있는 것이 아니라고 강조한다. 주님께서 당신의 자비를 기억하시어 당신 종 이스라엘을 거두어주시고(루카 1,54), 아브라함과의 거룩한 계약을 기억하셔서 우리를 구원하실 것이나(루카 1,71-75 참조) 아브라함 후손이라는 이름만으로는 가능하지 않다. 그것은 하느님께서 돌들로도 만들 수 있을 정도의 조건일 뿐이니 합당하지 않고, 회개가 필요하다고 강조한다. 요한은 이미 심판이 시작되었다고 선언한다. "도끼가 이미 나무뿌리에 닿아 있다. 좋은 열매를 맺지 않는 나무는 모두 찍혀서 불 속에 던져진다"(9절).

10-14절

요한은 죄의 용서를 위한 회개의 세례를 선포하는데(3절), 그 뒤로 17절에 이르기까지 구체적인 대상을 향하여 촉구하며 외치는 말로 그 내용이 더 명백하게 드러난다. 여기서 요한은 군중, 세리들, 군사들에게, 그리고 백성(λαός 15절. 18절)에게 선포하는데, 마르코복음에서는 유다 지방 사람들과 예루살렘 주민들에게, 마태오복음에서는 바리사이들과 사두가이들에게 말하는 것으로 나타난다. 루카가 제시하는 구원의 보편적 전망은 여기서도 드러난다.

요한에게 세례를 받으러 다가온 사람들은 먼저 '군중'이다. 여기서 즉각적으로 유다인을 떠오르게 하는 유다 지방 사람들, 예루살렘 주민, 바리사이 등의 단어를 피하고 중립적인 '군중'(ὄχλος)이라는 단어를 선택한 것에서 민족이나 지방을 넘어서는 단어를 선호하고 있음을 알 수 있다. 사실 "'우리는 아브라함을 조상으로 모시고 있다'는 말은 아예 혼잣말로라도 꺼내지 마라"라는 말은 그들이 유다인임을 가리키고 있는 듯 보여도 사실, 코일레-시리아 전역의 사람들이 아브라함과 연관이 있음을 간과할 수 없다. 군사(στρατευόμενοι, 14절)라는 단어 역시 민족의 경계를 넘어선다. 일반적으로 갈릴래아, 이투래아와 트라코니티스, 아빌레네의 군사들에는, 유다인은 물론 시리아인 등이 용병으로 복무하고 있었을 것으로 추정한다. 그래서 굳이 군사라는 단어를 선별하여 쓴 데서 루카가 더 넓은 범위의 사람들을 가리키고 있음을 알 수 있다. 이 새로운 회개자들, 유다계 그리스도인들의 공동체에는 세리들이, 그리스계 그리스도인들 공동체에는 군사들이 하느님께 그리고 교회에 받아들여졌다.

이들이 요한에게 질문하는 태도가 흥미로운데, 이는 적극적인 회개의 태도로서, 자신의 기준이 아니라 공적인 기준에 맞추어 행실을 선택하려는 자세를 드러낸다. 진정으로 회개에 합당한 열매를 맺기 위한 질문이다. "저희는 어떻게 해야 합니까?" 이 질문에서 방법이나 태도를 가리키는 '어떻게'에 더하여 확실하고 구체적인 행실을 가리키는 '무엇을'(τι)이 의미하는 바도 함께 생각할 필요가 있다. 요한은 일반 군중에게는 이웃과 함께 사는 방법을 알려준다. "옷을 두 벌 가진 사람은 못 가진 이에게 나누어주어라. 먹을 것을 가진 사람도 그렇게 하여라." 이웃에 해를 입히지 않는 것만으로 죄를 짓지 않는 것이 아니다. 가난한 이를 돌아보는 것, 못 가진 이와 함께 나누며 사는 것이 회개에 합당한 열매를 맺는 것이다.

세리들에게는 "정해진 것보다 더 요구하지 마라"라며 부당 이익을 취하지 말라고 한다. 군사들에게는 하지 말아야 할 행동과 지녀야 할 마음 자세를 알려주었는데, '저희는 또 어떻게 해야 합니까?'라는 군사들의 질문에는 특이하게도 '저희는'이 첨가되어 있다. 이는 단순하게 열거할 때 제일 나중이라서 첨가되었다고 보기도 하지만 자기들은 제외되지 않으려는 두려움이 표현된 것이라고 보기도 한다. 답변은 "아무도 강탈하거나 갈취하지 말고 너희 봉급으로 만족하여라." 세리나 군사는 지금까지 해왔던 불의한 행동에서 멀어져야 한다. 그리고 다른 방향으로 가야 하는데, 군사들에게 스스로 만족하라고 알려준다. '넉넉하다, 족하다'라는 뜻의 아르케오(ἀρκέω)가 수동태로 쓰여 자신이 일한 대가로 받는 수입에 만족하는 것을 표현하였지만, 사실 이 상태는 능동적인 마음가짐으로 이뤄지는 것이다. 능동적인 마음의 힘이 있어야 남의 것을 탐하지 않을 수 있다. 나아가서는 일반 군중처럼 궁핍한 이웃과 나누는 삶에 이를 수 있을 것이다.

15-17절

"백성은 기대에 차 있었으므로, 모두 마음속으로 요한이 메시아가 아닐까 하고 생각하였다"(15절). 위에 사용된 군중, 세리, 군사와 차별화하여 사용한 단어 '백성'(λαός)은 유다의 백성, 혹은 하느님의 백성을 암시한다. 메시아를 고대하고 있는 유다인들에게는 임박한 심판과 구원의 도래를 외치는 요한이 그리스도처럼 여겨졌을 수 있다. 모두 마음속으로 그렇게 여기고 있었다고 하는데, 요한이 이것을 알고 응답하는 것을 보면 특히 요한의 추종자들이 그랬을 것이다.

"나는 너희에게 물로 세례를 준다. 그러나 나보다 더 큰 능력을 지니신 분이 오신다. 나는 그분의 신발 끈을 풀어드릴 자격조차 없다. 그분께서는 너희에게 성령과 불로 세례를 주실 것이다"(16절). 이절의 전반부는 예수님과 세례자 요한 둘에 관계된 내용이지만, 후반부는 구원의 공동체를 포함한다. 요한은 자신이 그리스도가 아니라고 부인하며, 자신의 역할은 오히려 그분께 종속된다고 밝힌다. 그는 자신보다 더 크신 분이 오실 것이라고 하는데, 이 표현은 구약성경에서 힘과 능력은 하느님에게서 오며 하느님께 속한다고 여기는 것을 바탕으로 한다.

성령과 불에 대해서는 오랫동안 많은 해석이 있었다. (ㄱ) 예수님의 세례는 성령의 불, 곧 은혜로 가득한 하느님 영을 수여할 것이다. 이는 사도 2장의 오순절 사건의 영향을 받은 해석이다(학자: 요한 크리소스토모, 라그랑즈). (ㄴ) 예수님의 세례는 회개한 자 위에는 영을 내리고, 회개하지 않은 자에게는 심판의 불을 가져올 것이다. 이것은 17절을 기초로 한 해석이다(학자: 오리게네스, 레이먼드 브라운). (ㄷ) 성령과 불을 내리시는 예수님의 세례는 심판의 세례일 것이다. 성령은 버려진 것을 태우는 불의 도움을 받으며 심판을 상징하는 강한 바람으로서 이해된다(학자: 아이슬러, 배렛). 이 해석은 성령과 불의 기능을 지나치게 심판이나 진노의 관점에서만 다루고 있다. 요한의 세례가 회개하게 하는 데 목적이 있다면, 하느님의 영과 불이 관계된 세례는 더욱 긍정적인 결과로 이어져야 할 것이다.

요한은 여기서 물로 정화하는 일은 자신에게, 성령과 불로 정화하는 일은 더 큰 능력을 지니신 그리스도에게 돌린다. 예수님은 승천하시기 전에 사도들과 유다계 그리스도인 공동체에게 "요한은 물로 세례를 주었지만 너희는 며칠 뒤에 성령으로 세례를 받을 것이다"(사도 1,5) 하고 약속하셨다. 또 베드로 사도는 "그때에 나는 '요한은 물로 세례를 주었지만 너희는 성령으로 세례를 받을 것이다' 하신 주님의 말씀이 생각났습니다"(사도 11,16)라고 코르넬리우스와 이방계 그리스도인을 향해 말한 적이 있다. "그분께서는 너희에게 성령과 불로 세례를 주실 것이다"에서 '너희에게'라는 말에는 머지않은 미래에 모두를 포용하며 그 일이 이뤄질 것임을 약속하며 구원의 공동체를 포함하는 의미가 들어 있다.

"또 손에 키를 드시고 당신의 타작마당을 깨끗이 치우시어, 알곡은 당신의 곳간에 모아들이시고 쭉정이는 꺼지지 않는 불에 태워버리실 것이다"(17절). 9절의 도끼와는 달리 키 이미지가 등장하고 '깨끗이 하다', '모으다', '태우다'라는 세 동사를 사용해서, 분리하여 모아들이고, 소멸하는 심판의 양상을 드러냈다. 심판은 정화를 배경으로 하며, 보상과 징계가 들어 있다.

2) 요한의 투옥과 예수님의 세례 3,19-22

요한을 감옥에 가두어버린 것이다(19-20절)

세례자 요한이 투옥되었다. 요한은 '그 밖에도 여러 가지로 권고하면서 백성에게 기쁜 소식을 전하였고'(18절), 세례를 받으러 온 사람들에게 삶의 길을 제시하며 회개를 선포했듯이, 헤로데 안티파스 영주에게도 예외 없이 회개를 촉구한 모양이다. 그는 동생의 아내 헤로디아의 일과 자신이 저지른 온갖 악행 때문에 요한에게 여러 번 책망을 받았다고 한다(19절). 그것도 여러 번에 걸쳐서 영주를 책망하는 요한에게서 소명을 다하는 예언자의 모습이 뚜렷하게 보인다. 루카는 이 투옥 사실의 출처를 마르코에서 취하여 논리적 · 객관적 정보를 제공하며 요한을 부각한다. 여기서 헤로데 안티파스는 명확하게 악인으로 규정되며 요한과 대치된다. 헤로데는 그 모든 악행에다 한 가지를 더 보태어, 요한을 감옥에 가두어버렸다(20절).

예수님께서도 세례를 받으시고(21-22절)

예수님의 세례 이야기는 루카복음서에서 세례자 요한 이야기의 결론인 동시에 전환이다. 이야기는 마르코복음보다 더 간략하다. "온 백성이 세례를 받은 뒤에 예수님께서도 세례를 받으시고"(21절). 여기서 루카는 요한의 이름을 생략하고, '세례를 베풀다'라는 동사를 각각 수동형 부정사와 분사로 2회 사용하여 온 백성과 예수님이 세례 받으신 사실을 알리면서, 이야기가 세례자보다 예수님께 집중하도록 기술한다. 온 이스라엘에 구원의 때가 왔음을 알리며 이스라엘을 모으는 일은 세례자 요한에게서 시작되었으나, 세례자 요한의 세례는 구원 역사에서 하나의 예비 과정일 뿐이며 이제 예수님이 등장하실 때가 이르렀기 때문이다.

예수님께서 '세례를 받으시고 기도를 하시는데 하늘이 열렸다.' 루카는 '물에서 올라오실 때'라는 마르코의 말 대신에 이 문구를 삽입했다. 여기서 기도하시는 예수님이 처음으로 소개된다. 루카복음에 자주 등장하는 주제가 될 내용인데, 예수님이 활동하신 결정적인 순간들은 기도로 부각되어 있다(3,21; 5,16; 6,12; 9,18.28-29; 11,1; 22,41.44-46). 그 첫 장면이 소개된 것이다.

예수님이 기도하시는데 새로운 시작을 알리는 일들이 나타났다. 하늘이 열리고, 성령이 내려오신 것이다. 루카가 성령이라는 단어를 사용할 때, 그리스어로 마르코가 수식어 없이 표기한 '영'(토 프네우마 τὸ πνεῦμα)에 '거룩한'(토 하기온 τὸ ἅγιον)을 첨가하여 '성령'이라 명기한다. 루카는 통상적으로 악한 영을 가리킬 때도 '악한'(다이모니온 δαιμόνιον)이라는 형용사를 붙여 영(프네우마 πνεῦμα)을 나타낸다(4,33 참조). 성령은 항상 '거룩한'(하기온)을 붙여 사용하고, 다시 반복해서 그 성령을 지칭할 때만 '영'(프네우마)이라는 단어를 단독으로 사용한다(2,17; 4,1.14).

기도하시는데 하늘이 열리고 성령이 그분 위에 내리시고, 소리가 들려왔다. 기도에 대한 언급만 제외하고 다른 두 가지는 공관복음서에 공통으로 나타나는 내용이다. 마태오복음서와 마르코복음서에서는 '보셨다'가 3인칭 단수 동사여서 하늘이 열리고 성령이 내려오시는 것을 예수님만 보신 것으로 표현되어 있다. 그런데 루카복음서에서는 예수님만 보셨다고 말하는 것을 피한 듯하다. 그렇다고 군중들이 보았다고도 하지 않는다. 21-22절은 한 문장인데, 동사가 7개 들어 있다. 첫 부분에 '~할 때 일어났다'(에게네토 엔 토) 동사만 직설법 원과거 형태이고, 다른 6개 동사는 다 부정사(세례 받다-βαπτισθῆναι,

열리다-ἀνεῳχθῆναι, 내려오다-καταβῆναι, 일어나다-γενέσθαι)나 분사(세례받다-βαπτισθέντος, 기도하다-προσευχομένου) 형태로 나타난다.

복음사가는 성령 강림과 하늘의 소리가 하는 신원 보증을 객관적인 서술로 하는 것에 주의를 기울인 듯하다. 예수님의 신원을 확실하게 하는 시청각적 보증이 하늘에서 직접 내렸다. '비둘기 같은 형체'에 대해 많은 논란이 있으나 명확한 것은 없고, 또 사도행전에서는 "불꽃 모양의 혀들"(사도 2,3)이라고 표현하니, 여기서는 성령의 모양이 중요한 것이 아니라, 성령이 시각적으로 감지되었다는 사실에 주목한다. 그리고 "너는 내가 사랑하는 아들, 내 마음에 드는 아들이다"에서 단수 2인칭 대명사 '너'(σύ), '네 안에'(ἐν σοὶ)를 사용한 것에서 하늘의 소리는 명백히 예수님을 향한 것임을 드러낸다. 예수님은 하느님이 확증해주시는 목소리를 듣는다.

21-22절의 표현 방식과 내용은 예수님께서 세례를 받으신 일이 죄를 씻기 위함이 아니라는 사실을 분명히 하면서 새로운 시대가, 하늘이 열리고 성령이 내려오고 하늘의 말씀을 듣는 예수님에게서 시작됨을 보여준다. "내 마음에 드는 아들"은 2,14에 나오는 "그분 마음에 드는 사람들에게 평화"와 같은 어근의 동사와 형용사(에우도케오 εὐδοκέω, 에우도키아 εὐδοκία)를 사용한다. 여기서 기쁜 소식을 듣는 사람들과, 기쁜 소식의 내용 자체이신 분이 같은 맥락에 놓여 있음을 볼 수 있다. '사람 안에'(엔 안트로포이스 ἐν ἀνθρώποις), '네 안에'(엔 소이 ἐν σοὶ) 기쁨이 있다는 것이다(εὐδοκίας, εὐδόκησα). 두 군데를 함께 놓고

보면 2,14이 가리키는 사람들은 선별된 일부 사람이 아니라 이미 선별된 존재로서 사람 자체임이 드러난다. 물론 바탕이 되는 주제는 예수님은 하느님의 아드님이시라는 것이다.

하느님의 아들이라는 의미는 무엇인가? 먼저 예수님은 그리스도이시기에 아들로 지칭된다. 루카는 15절에서 사람들이 지닌 메시아 기대를 먼저 말하면서 그리스도 범주를 사용하고, 그 칭호를 다윗 가문의 메시아 소망과 관련하여 사용한다. 또 사도 4,27에서 "주님께서 기름을 부으신 분"에서 기름 붓다(크리오 χρίω) 동사의 직설법 원과거 에크리사스(ἔχρισας)를 사용하고, 4,26에서 기름부음받은이(χριστός)를 사용하여 '그리스도'와 '기름부음받은이'의 어원론적 연관성에 주목하고 있음을 알 수 있다. 그리고 "주님께서 나에게 기름을 부어주시니 주님의 영이 내 위에 내리셨다"(루카 4,18)는 구절은 예수님께서 세례 받고 기도하실 때의 체험을 성령에 의한 기름부음으로 보고 있음을 표현한 것이다. 또 여러 곳에서 하느님의 아들과 그리스도를 아주 밀접하게 연결하여 표현하고 있다(루카 4,41; 참조 22,67.70; 사도 9,20.22). 여기에는 메시아 사상에 나오는 임금과 관련된 범주뿐만 아니라 이사야서에서 말하는 주님의 종이라는 예언적 범주의 관점에서 말하는 것도 포함된다(루카 3,22; 이사 42,1; 루카 4,18; 사도 10,38; 참조 루카 1,17). 루카복음서에서 예수님이 하느님의 아들이시라는 표현은 통상적인 메시아 범주들이 포함하는 것보다 훨씬 더 근본적이고 더 많은 것을 내포한다.

3) 예수님의 족보 3,23-38

세례 장면 다음에 나오는 예수님의 족보는, 앞으로 그분이 공생활 동안에 하실 말씀과 행적들을 독자가 합당하게 이해하도록 돕는다. 유아기 이야기는 예수님이 누구이신가를 제시하였고, 세례는 그중 하느님의 아드님이라는 주제를 분명히 언명했다.

루카가 족보(3,23-38) 바로 직전에 제시한 세례에서 전해준 사실은 세례를 받으신 예수님이 기도하시는데, 하늘이 열리고 성령이 내려오고 "너는 내가 사랑하는 아들, 내 마음에 드는 아들이다"라는 소리가 들려왔다는 것이다. 여기서 하느님의 아들이라는 말씀을 하셨는데, 물론 앞의 유아기 이야기 예언들에서, 천사의 선포에서 예수님과 관련된 각종 호칭이 다 나타나고, 그중 '지극히 높으신 분의 아드님'(1,32), '거룩하신 분, 하느님의 아드님이라고 불릴 것이다'라는 말씀도 있었다. 그런가 하면 '제 아버지의 집'이라는 예수님 편에서의 말씀도 있었다. 이렇게 한 주제를 집중적으로 보도하는 문맥에서, 루카는 이제 우리 인간과 관련해서 하느님의 아들 됨의 본질이 무엇인지를 알아들을 수 있는 실마리를 제공하며 예수님과 우리의 관계를 밝히는 것이다. 그리고 이야기는 다시 원래 흐름을 따라 이어진다. 4,1은 3,22에 이어질 것이다.

(1) 도입, 예수님의 활동 시작 3,23-38

예수님의 족보는 예수님의 시대가 시작되는 도입문으로 소개된다.

23ㄱ 예수님께서는 서른 살쯤에 활동을 시작하셨는데,

23ㄴ 사람들은 그분을 요셉의 아들로 여겼다.

23ㄱ절을 원문 그대로 해석하면 '그분, 예수님은 시작 때에 대략 서른 살쯤이었다'이다. 내용상 무엇을 시작하시는지를 가리키는 목적어, 곧 가르침이든 활동이든 목적어로 나타난 말이 없다. 그 말이 생략된 그 문장 그대로를 주시할 필요가 있다. 루카는 여기서 단순하게 시작된 무엇 하나만을 지칭하고 싶지 않았던 것 같다. 활동, 가르침뿐만 아니라 하느님의 아드님으로서 존재를 드러냄, 그분의 존재와 활동으로 인한 영향, 효과 등등이 다양하고 풍요롭게 시작되는 대상이기 때문이다. 여기서 예수님으로 말미암아 시작된 좀 더 크고 넓고 깊은 범위를 암시하고 있는 것이 아닐까 추정해볼 수 있다. 루카복음에서 '시작'은 신학적인 중요성을 지니며(사도 10,37 참조), 구원 역사의 새로운 단계에서 첫발을 내딛는 일이기에 더욱 그렇다. 그런 시작은 시간 안에서 하느님이 주도해가시는 것이며, '시작'이라는 초기 단계의 실제는 또한 도달해야 할 최종 목적지가 있음을 시사함도 기억해야 한다.

고대에 서른 살은 중요한 나이였고, 무엇인가를 하기에 적절한 나이였다(창세 41,46; 민수 4,3; 2사무 5,4). 예수님 역시 세상의 시기에 맞추어 사람들 앞에 나서기에 적절한 때에 활동을 시작하신다. 그분이 하시는 하늘의 일이 사람들에게 드러나기 시작한 것은 그때쯤이었는데, 땅에서 사람들은 그를 요셉의 아들로 여겼다는 것이다. 혹자는 여기서 예수님의 혈통이 마리아가 아니라 요셉을 통해 추적되며 법적으로 공통으로 인정되는 부권은 요셉에게로 돌려짐을 표현하고 있다고 말하기도 한다. 그의 부모들이 이런 이유로 나자렛에서 베들레헴까지 여행을 해야 했던 이야기도 소개되었다. 이는 사람들 사이에서 사신 분의 이야기가 전개되기에 필요한 요건이 자연스럽게 갖춰져 있음을 말한다. 당시 당연히 아들은 부친의 아들로 여기고 족보는 부친 계열로 이어져 내려오는 것이 통상적이었기에, 예수님이 요셉의 아들로 여겨지고 요셉의 족보가 소개되는 것은 이상할 것이 없다. 다만 그 족보를 루카가 어떤 식으로 소개하느냐가 관건이 된다.

족보는 이 인간적인 조건을 기초로 하여 아주 다른 사실을 밝히고 있다. 요셉을 넘어서는데, 요셉뿐만 아니라 다윗도 넘어서고 있으며 이어지는 족보가 가리키는 방향은 하느님이다. 다윗도 넘어서고, 아브라함도 넘어서며, 아담에 이르러 온 인류를 모으고 포용하여 하느님께 다다른다. 여기서 요셉을 넘어서는 일에 유난스레 집착할 필요는 없다. 이것은 또한 마리아가 성령으로 말미암아 예수님을 잉태했다는 이야기(1,30-38)와 일치한다.

(2) 루카가 전하는 족보

① 숫자 7

루카의 족보에는 모두 78개의 이름이 등장하는데, 족보 제일 위에 하느님 이름이 들어가 있다. 하느님을 제외하면 77세대로, 이 족보는 7이라는 숫자를 소중히 여기며 활용한 것을 볼 수 있는데, 다윗, 아브라함, 그리고 에녹이 7명씩으로 된 7번째, 9번째, 11번째 그룹을 시작하는 이름이다. 유다서 14절이 '아담의 칠 대손 에녹'을 언급하는 것과 일치한다. 예수님은 12번째 그룹 이름이다. 물론 이어지는 그룹원들이 없을지라도 말이다. 이러한 숫자들은 족보가 인위적인 구조로 작성되었음을 드러낸다. 네슬-알란트판 그리스어 성경의 루카복음서에는 78개의 이름이 쓰였지만, 바티칸 사본(B)에는 76개만 있고, 알렉산드리아(A) 사본에는 74개, 시리아 역본에는 75개, 다른 사본들(N, U)에는 72개만 있으니 루카의 목록이 절대적인 실제를 나타내는 것은 아니며, 필사자의 손질이 많았다는 것도 간과하지 말아야 한다. 목록 자체에 구약성경에서부터 당대인들에게 알려지지 않은 이름이 많은 데다가, 마태오복음이 족보를 작성한 원리를 밝히는(마태 1,17) 것과 달리 루카는 어떤 구조로 왜 이런 숫자를 사용했는지에 대해 전혀 밝히지 않는다.

② 표현의 특징

족보에서는 대와 대를 잇는 관계어가 동사보다는, 관사의 속격을 사용한 명사 중심으로 표현되어 있다. '낳았다'라는 동사가 전혀 사용되지 않았으며, 시작부터 '예수님은 요셉의 아들, 요셉은 엘리의 아들…', 이렇게 이어진다. 오름차순으로 예수님에서 시작하여 하느님까지 올라간다. 분기점을 표시하며, 분기점의 기준이 아브라함과 다윗인 마태오의 족보와 달리 모든 사람이 평등하게 연결되며 아담까지 소급하여, 세상 모든 사람을 포함한다. 부계 중심으로 남자들의 이름만 나열된다. 바빌론 유배 말경의 즈루빠벨에서 예수님까지 이르는 데 상대적으로 더 많은 이름이 등장하며, 다윗의 후손들이 열거될 때 왕위에 오른 이름이 아니라 다윗의 후손인 평범한 사람들의 이름들이 소개된다. 또한 아브라함 이전의 조상들이 열거되며, 노아로 올라가 셋을 거쳐 아담에 이른다.

	마태 1,1-17	루카 3,23-38
1	동사를 사용 ~가 ~의 아버지가 되었다	관사 속격을 사용 ~가 ~의 아들
2	내림차순: 아브라함에서 예수님까지	오름차순: 예수님에서 아담, 하느님까지
3	이스라엘의 유명한 조상들인 다윗과 아브라함과의 연계성에 중점	아담에게 소급하여 온 세상 사람을 포함하는데, 아담(사람)을 하느님의 아들로 봄.

4	설명적 말 첨가, 4명의 여인 등장	부계 계열로 이름만 나열
5	14명씩 세 그룹 구조=42명 (즈루빠벨-예수님까지 12명)	57명(즈루빠벨-예수님까지 21명)
6	다윗 계열 조상: 솔로몬-여호야킨 (이 사이에는 14명의 이름)	다윗 계열 조상: 나탄-네리 (이 사이에는 20명의 이름)
7	유배기 이후의 이름 9명에 대해 알려진 바 없음. 13절의 아비훗에서 15절의 야곱까지	상응하는 부분의 18명도 알려진 바 없음. 23절의 엘리에서 27절 레사까지

마태오의 족보와 루카의 족보는 구조에서 큰 차이를 보이고, 이름들도 일치하지 않는다. 어느 것이 맞는지 이 족보들을 객관적으로 타당하게 검증할 만한 공식적인 기록이나 가족의 계보가 없어서, 복음서가 집필되던 당시에 서로 다른 다윗 혈통의 계보가 존재했을 것이라고 가정할 뿐이다. 그래서 두 복음서에 제시된 족보는 각기 고유한 신학적 목적과 기능을 위해 작성된 것으로 보며, 각 복음서 안에서 그 내용을 읽어낼 수 있다.

③ 예수님 족보의 의미

마태오의 족보가 예수님이 이스라엘과 맺고 있는 관계, 다윗과 아브라함을 중심으로 하며 그분이 사람이 되어 오신 인간 세상을 표현했다면, 루카의 족보는 예수님과 하느님의 관계를 밝히고, 예수님이 구하려는 인간이 하느님과 맺고 있는 관계까지 표현한 것이라고 본다. 특히 다윗의 후손을 열거할 때, 솔로몬에서 르하브암으로 임금이 된 후손들의 이름으로 여호야킨까지 전해지지 않고 다윗의 아들 중 임금이 아닌 나탄으로 내려가 이어지고 네리, 스알티엘, 즈루빠벨로 이어진다. 하긴 다윗의 후손이 임금으로 즉위한 이들만 있는 것은 아닐 터이다. 핵심은 루카에게 임금의 계보가 중요한 자리를 차지하지 않는다는 점, 오히려 권세를 누렸던 자들을 피해서, 세력의 자리에서 제외되어 대를 이어간 다윗 후손의 족보를 차용하고 있다는 점이 의미심장하다. 복음서 도입 부분 마리아의 노래에서 전해준 메시지에 부합하는 양상이다.

루카의 족보는 예수님이라는 인물을 중심으로 위로 하나씩 보게 한다. 예수님이 조상들과 그리고 아담과 맺고 있는 관계를 드러낸다. 족보가 아브라함을 넘어 노아까지 다다르는 것에서 이미 팔레스티나를 넘어서서 온 세상의 지방과 씨족과 민족들을 아우르는 전망을 드러낸다. 창세기 10장에 노아의 아들인 셈, 함, 야펫이 언급되며 이들에게서 온 세상의 모든 민족이 나왔다고 밝힌다. '이들이 씨족과 언어와 지방과 민족에 따라 본 야펫, 함, 셈의 자손들이다'(창세 10,5.20.31). 이미 전 세계가 포용되었는데 그 위로 셋을 거쳐 아담에 이르러 절정에 도달하나 했는데, 놀랍게도 더 나아가 그 위에 하느님 이름이 나타난다. 예수님이 가져오시는 구원의 보편성은 이미 그분의 족보에서부터 나타난다. 예수님으로 인해 인간의 품위가 하느님께 직접 연결되어 인간의 존엄성을 드러내는데, 이것은 "하느님께서는 이렇게 당신의 모습으로 사람을 창조하셨다"(창세 1,27)는 창조 신앙과 온전하게 일치한다. 구약의 창세기에서부터 표명되었던 하느님과 닮게 만들어진 인간, 그리고 이스라엘 백성을 이루어 이스라엘이 하느님의 백성이고 자녀였던 과정을 거친 다음, 예수님 안에서 아담, 사람이 하느님의 아들이라고 선언된 것이다. 아담은 창세기에서도 고유명사인 동시에 보통명사로 쓰였다. 여기서도 같은 기능을 한다.

예수님은 역사 안에서 당신 개인의 존재 자체로 하느님 아들이고 족보에서도 하느님의 아들이시다. 족보는 예수님의 특수한 위치를 외면하지 않으면서, 자연스럽게 더 넓은 의미로 예수님을 통해 하느님께서 온 인류를 품으시고 구원하심을 이야기하고 있다. 결국 족보는 예수님과 하느님의 관계를 그리는데, 예수님이 유다인을 넘어, 세상 모든 사람과 형제이고 동류라는 것을 드러내며, 그분이 이 복음서에서 보여주는 사람의 삶은 모든 사람의 삶의 표본이 될 것임을 미리 알린다. 또한 예수님의 구원은 세상 모든 사람에게 열려 있으며, 모든 사람이 하느님의 자녀임을 선언한다. 그리고 예수님께서 치유하시고 돌볼 인간과의 관계를 이야기하며 그 모든 백성의 이야기 안에 담길 예수님의 선포와 활동을 준비한다.

4) 광야의 유혹 사화 4,1-13

4,1은 3,22에 이어서 이야기를 진행하면서 예수님의 유혹 사화를 전하는데, 여기서도 하느님의 아들 주제는 이어지고 있다. 여기서 예수님 자신이 해석하는 하느님의 아들 됨을 볼 수 있다. 유혹 이야기 대목은 전체적으로 성령의 주제로 감싸여 있다. 4장에서 예수님께서는 성령으로 가득 차서 요르단강에서 돌아오시고, 성령에 이끌려 광야로 가시어(1절) 사십 일 동안 악마에게 유혹을 받으셨다. 그리고 악마는 모든 유혹을 끝내고 다음 기회를 노리며 그분에게서 물러간 뒤에, 예수님께서는 성령의 힘을 지니고 갈릴래아로 돌아가신다(14절). 광야로 가실 때도 성령에 이끌려서 가시고, 돌아오실 때도 성령의 힘으로 돌아오신다. 공관복음서는 세례를 받으신 예수님께 성령이 임하셨다고 공통으로 말하는데, 루카복음서는 특별하게 여러 번 예수님께 현존하는 성령을 구체적으로 드러내서 말한다.

루카복음서에 표현된 성령의 특별한 활동
성령의 능력에 의한 탄생 (1,34-35)
성령의 인도하심을 받는 공생활 (3,22; 4,1.14.18; 10,21)
하느님 아버지와 특별한 관계 (2,49; 3,22; 9,35; 10,21-22; 23,46)
예수님이 죽은 자 가운데서 부활하심 (루카 24,6ㄱ; 사도 2,24.32; 3,15; 4,10; 5,30; 10,40; 13,30.33.37; 26,23)

(1) 성령에 이끌려 광야로 가시어 4,1-2

1절

예수님께서 세례를 받고 기도하시는데, 하늘이 열리고 성령이 내려오신다. 하느님의 소리를 들으신 예수님은 성령으로 가득 차 요르단 강에서 돌아오셨다. 여기서 '성령으로 가득 찼다'는 말은 루카가 예언자적인 성격을 내포한 말이나 인물을 드러낼 때 즐겨 사용하는 표현이다(루카 1,15.41.67; 사도 2,4; 4,8.31; 6,3.5; 7,55; 11,24; 13,9). "그리고 성령에 이끌려 광야로 가시어 사십 일 동안 악마에게 유혹을 받으셨다." 예수님의 행동은 다 성령께 인도되어 이루어진다. '이끌다, 주도하다'라는 뜻인 아고(ἄγω) 동사의 수동형 에게토(ἤγετο)를 사용하여, 시작부터 예수님은 당신 뜻대로가 아니라 하느님의 뜻을 따라 움직이신다고 전한다. 예수님께서 '성령에 이끌려 광야로' 나가셨다는 말이 의미하는 바는 영에 사로잡혀 자기 의지 없이 움직였다는 뜻이 아니라, 예수님이 성령의 인도를 받아 식별하셔서 광야 생활을 하셨다는 이야기다. 성령으로 가득 찬 예수님과 성령에 이끌리는 예수님에게서, 당신 스스로 하느님의 뜻에 온전히 의탁할 수도 있고 온전히 행동하실 수도 있는 가운데 당신 안에서 능동성과 수동성이 조화를 이룬 모습을 볼 수 있다.

2ㄱ절

“사십 일 동안 악마에게 유혹을 받으셨다.” 광야에서 보낸 사십 일이라는 표현은 이스라엘의 탈출 여정 중에 있었던 광야 생활 40년을 연상시킨다. 광야 생활 40년에서 시험은 하느님께 온전히 속한 일이었다(신명 8,2). 그것을 기반으로 예수님께서 성령에 이끌려 광야에 가시어 유혹을 받으신 일도 하느님께 속한 일이다. 예수님이 사람으로서 신실하신 것은 악마의 유혹들을 통과하며 증명된다.

하느님의 아드님이라 선언된 예수님이 사람의 족보에 배열되었다. 그 족보는 아담에게까지 소급하여 아담을 하느님의 아들이라, 인간을 하느님의 아들이라고 선언하였다. 예수 그리스도로 말미암아 이루어진 일이다. 이제 루카는 인간 예수님의 유혹 이야기로 공생활의 대장정을 시작하는 예수님의 시작을 규정한다. 이것은 아담이 낙원에서 유혹에 직면했던 일과 함께, 하느님의 아들이면서 동시에 사람으로 오신 예수님의 사람됨을 드러낸다.

2ㄴ절

“그동안 아무것도 잡수시지 않아 그 기간이 끝났을 때에 시장하셨다.” 광야 생활 사십 일이라는 조건과 함께, 인간 생명의 가장 기초가 되는 물리적 한계성, 배고픔의 상황을 제시한다. 배고픔을 느끼는 것, 사람이라는 증거다. 예수님이 사람으로서 광야에서 시험을, 유혹을 받으신다는 상황이 이보다 더 예리하게 지적될 수는 없다.

(2) 유혹의 내용 4,3-13

3-4절

그런데 악마가 그분께, "당신이 하느님의 아들이라면 이 돌더러 빵이 되라고 해보시오" 하고 말하였다. 하느님께 아드님이라는, 마음에 드는 아들이라는 신원 확인을 받으신 예수님께 악마는 "당신이 하느님의 아들이라면" 하고 미끼를 던진다. 하느님의 아들인데 광야에서 배고픔을 경험한다. 하느님의 아들이지만 결핍과 고통을 느낀다는 사실에 예수님은 어떻게 대처하실까 하는 것이 첫 번째 시험이다.

이어지는 답변들에서 예수님이 생각하시고 결정하신 하느님의 아들 됨이 드러난다. 그래서 이 유혹 장면은 또한 공생활 전체의 방향을 설정하는 한 요소가 된다. 나자렛 회당 장면과 함께 예수님이 가실 길을 드러내 보여준다. 예수님은 영의 식별을 통해 유혹의 과정을 수락하셨다. 예수님은 이런 유혹들을 겪으시면서 당신이 갈 길을 선택하신다. 삶의 악조건, 사명 수행에서 오는 끊임없는 불인정, 불신, 의심, 공격 등으로 그분이 겪으신 어려움과 갈등이 유혹이라는 말로 표현된다고 볼 수 있다. 이 장면들은 예수님이 받으신 유혹이 내적 갈등이라고 암시하지 않는다. 유혹은 외부 요인들로부터 온 것이며 예수님의 생애 내내 지속적으로 그분을 가로막았던 적의, 반대, 거절 속에 내재한 것이다. 이 유혹을 물리치시는 위치가 하느님의 아들이라는 신적 위치가 아니라 사람의 자리라는 점에 의미가 있다. 그리고 오히려 그것을 통해 참된 하느님의 아드님이심을 드러내셨다.

"이 돌더러 빵이 되라고 해보시오." 첫 유혹은 자신을 위해 하느님 아들이 지닌 능력을 사용하는 것이다. 예수님이 돌을 빵으로 만들 능력이 있다는 것은 악마도 예수님 자신도 의심하지 않는다. 악마는 아들이라는 지위에 맞게 그 특권을 사용하라고 유혹한다. 하느님의 아들이 인간으로서 왜 어려움을 자처하는가, 지위에 걸맞지 않게 말이다. 하느님의 아들로서 그 특권을 사용할 수 없다면 어떻게 하느님의 아들일 수 있겠는가 하며, 예수님이 하실 구원 사업의 방식에 악마의 생각을 집어넣으려 한다. 예수님이 대답하신다. "'사람은 빵만으로 살지 않는다'고 성경에 기록되어 있다." 신명 8,3의 말씀이다. 예수님은 우선 "하느님의 아들이거든" 하는 조건을 가볍게 넘으시며, "'사람'은…" 하고 대답하신다. 사람이라는 당신의 신원만으로 충분히 길을 찾으시고 어려움을 넘어가신다. 그분이 성경을 인용하여 답변하신 모습에서 예수님은 성경에 기록된 말씀을 따르며 행동하신다는 것이 드러난다.

예수님은 새 백성의 상징을 넘어 '하느님의 아드님'이시다. 유혹 이야기와 세례 이야기는 예수님이야말로 하느님의 여느 아들 중 하나가 아닌, 종말론적인 하느님의 아들(호 휘오스 ὁ υἱός)이라고 밝힌다. '예수님은 왜 모세가 한 것 같은 기적을 일으키시지 않는가', '마지막에 나타날 예언자는 모세(신명 18,15.18)와 비슷하면 안 되는가'라는 질문을 할 수 있다. 예수님은 기적을 일으키실 것이다. 빵을 많게 하는 일도 하셨다(루카 9,12-17). 그러나 그분은 그것을 당신 자신이 아니라 다른 이들을 위하여 하실 것이다.

5-8절

두 번째로 예수님은 하느님이 아닌 다른 이로부터 주어지는 만국의 통치권에 대한 유혹을 받는다. 마태오와 루카의 표현은 차이가 있다. 루카는 전승에 따라 '높은 곳'이라는 용어를 사용하나 아무리 높은 곳이라도 온 세상이 다 보이는 곳은 없기 때문에 '한순간에'라는 말로 이 경험이 지닌 환시적 성격을 표현한다. "세계의 모든 나라"를 지칭하는 단어로 마태오가 코스모스(κόσμος)를 사용한 반면에, 루카는 사람이 정착하여 문명을 이룬 장소를 뜻하는 오이쿠메네(οἰκουμένη)를 사용하였다(루카 2,1; 21,26; 사도 11,28; 17,6; 31,19.27; 24,5 참조). 당대 독자들에게 더 실감이 나는 사회적 세상을 가리킨 것이다.

"당신이 내 앞에 경배하면 모두 당신 차지가 될 것이오"(7절). 세상의 권세와 영광을 얻기 위하여 악마에게 경배하기를 요구한다. 권세와 영광을 얻기 위해 무엇이든 선택하라는 유혹이다. 인간에게는 권세와 영광을 추구하는 본성이 있기에, 사람이 되신 예수님께도 이러한 유혹이 주어진다. 그러나 하느님을 섬기려면 온전한 하나의 마음이어야 한다고 예수님은 말씀하실 것이다(루카 16,13 참조). 둘을 함께 섬길 수는 없음을 그분은 알고 계시다. 악마를 경배하는 것은 곧 하느님을 부정하고 배반하는 짓이다.

예수님은 아주 담백하게 대답하시는데, 여전히 답변의 권위를 성경에서 찾으신다. "성경에 기록되어 있다. '주 너의 하느님께 경배하고 그분만을 섬겨라'"(8절). 예수님은 당신의 삶이 하느님을 섬기는 것임을 간단명료하게 선언하신다. 그분은 사람으로서 경배할 분은 오직 하느님밖에 없다는 선언으로 세상의 권세와 영광의 문제를 건너가신다. '배고픔'이라는 물리적인 인간 조건을 부정하지 않는 것과 마찬가지로, 인간의 본성을 부인하시지 않고, 사람이 가는 길은 주님의 길을 걷는 것, 곧 하느님만을 경배하는 것임을 분명히 하신다. 예수님은 부활과 재림 이후에 모든 나라의 권세와 영광을 하느님으로부터 받으실 것이다.

9-12절

"당신이 하느님의 아들이라면 여기에서 밑으로 몸을 던져보시오. 성경에 이렇게 기록되어 있지 않소? '그분께서는 너를 위해 당신 천사들에게 너를 보호하라고 명령하시리라.' '행여 네 발이 돌에 차일세라 그들이 손으로 너를 받쳐주리라'"(9-11절). 악마가 시편 91,11-12을 인용하며 유혹한다. 여전히 '하느님의 아들이라면' 대접을 받지 않겠는가, 위험에서 구해주신다는 보장이 있지 않겠는가 한다. 그토록 성경을 중요하게 여긴다면, 밑으로 몸을 던져보라고, 성경에 기록된 하느님 말씀이 맞는지 알아보라고 유혹한다. 그러니까 성경이 기록한 하느님의 보호와 인도하심에 의문을 제기하는 것이다. 사람과 하느님의 관계에 대한 의심에 더하여 '하느님의 아들이거든'이라는 말로 아들과 아버지의 관계에도 의심을 품게 만드는 유혹이다. '과연 지켜주실까?'

예수님은 다른 성경 말씀(신명 6,16)을 인용하여 답하신다. "'주 너의 하느님을 시험하지 마라' 하신 말씀이 성경에 있다"(12절). 예수님은 이 답변을 통하여 아버지 하느님에 대한 믿음과 신뢰를 분명하게 드러내신다. 예수님은 하느님의 아들로서 지닌 능력을 보여주어 동시대인들에게 자신을 드러내고, 하늘이 보내준 지도자를 기다리는 대중의 기대에 부응하도록 유혹을 받는다. 그리고 본인이 그것을 드러내지 않는다면 하느님이라도 하시지 않겠느냐, 해보아라 하는 것이다. 이 시험의 중심에는 예수님께서 예루살렘에서 대면하실 죽음이 깃들어 있다. 이 유혹이 마지막 순서에 나온 것도 예수님 공생활의 절정이 예루살렘에서의 죽음이기 때문이다. 따라서 예수님이 당신의 수난과 죽음과 관련된 하느님의 계획을 분명히 인식하고 있었다는 사실을 전제로 하여 이 유혹을 해석해야 한다. 예수님은 마지막에 "그리스도는 그러한 고난을 겪고서 자기의 영광 속에 들어가야 하는 것이 아니냐?"(24,26) 하신 말씀을 비롯한 설명을 통해 성경을 깨닫게 해주실 것이다(24,45).

(3) 유혹의 순서와 의미

루카에 나타난 시험 장면들의 순서가 마르코나 마태오와 다르다. 장소로 볼 때, 마태오는 '광야 – 성전 꼭대기 – 높은 산' 순인데, 루카는 '광야 – 높은 곳 – 성전 꼭대기' 순이다. 루카는 지리적 관점에서 예루살렘 성전을 중요하게 여겼기에 순서를 바꾸어 제일 나중에 배치했을 것이라고 추정한다. 그런데 마태오에서의 첫 두 유혹이 '하느님의 아들 됨'에 관한 도전인 것을 고려해보면 루카가 Q 자료를 반영해서 생긴 일이라고도 한다.

이 세 장면에서 '성경에 기록되어 있다'는 말은 매 장면마다 언급되는데, 세 번 모두 신명기의 기록을 가리킨다. 신명기의 기록은 이스라엘의 광야 생활과 그 유랑 중에 그들이 실패했던 경험을 반영한다. 여기서 광야란 인간 생존과 안락한 생활에 필요한 모든 것이 제한되고 위협을 받는 환경을 의미한다. 신명기의 광야는 보편적 삶의 여정을 반영하기에 루카 당시 독자들과 우리 시대의 독자들 모두가 공유하는 삶의 자리다.

일부 학자들은 이 세 가지 유혹이 사람들에게 권고하기 위해 예수님이 겪으신 유혹이 아니라, 하느님의 유일한 아들로서 내적 특징을 드러내기 위한 것이라고 본다. 유혹 장면은 예수님의 사명에 대한 그릇된 이해를 바로잡는 기능을 한다. 그런데 예수님이 아담의 후손인 하느님의 아들로서 받으신 유혹이라는 측면도 간과할 수는 없다. 예수님은 하느님의 일을 하고 온전히 당신 자신을 바치시는데도 계속 시험을 당하신다. 11,16 이하에서 일례를 볼 수 있다. "다른 사람들은 예수님을 시험하느라고, 하늘에서 내려오는 표징을 그분께 요구하기도 하였다." 그런데 예수님은 세상의 조건 앞에서 그 조건들과 내용을 통찰하고 하느님의 말씀과 뜻을 선택하시며 당신의 길을 가신다.

독자는 이것을 통해 예수님이 드러낸 하느님 아들 됨의 특성을 알게 된다. 이에 더하여 독자 역시 여기서 유혹이 만연한 인생길에서 이정표가 되는 기준을 발견할 수 있다. 이 시대에도 사람들은 자기 과시의 유혹을 받는데, 신앙생활에서 하느님과의 관계를 이용한 자기 과시, 혹은 대중적 기대에 부응하기 위해 자기를 증명하려는 유혹을 받을 수 있다. 예수님에 의해 하느님의 자녀가 된 우리 앞에는 세상의 힘으로 세상의 길을 가라는 숱한 유혹이 깔려 있다. 위에서 신명기를 언급하였지만, 중요한 것은 예수님이 성경 말씀으로 모든 유혹을 물리치셨다는 사실이다. 그리고 예수님은 모세와 모든 예언자로 시작하여 성경 전체의 기록을 다 통찰하신다(24,27).

예수님께서 유혹을 다 물리치시자 악마는 다음 기회를 노리며 물러간다(4,13). 마지막 때에 22,3부터 악마가 주도권을 다시 잡을 것이고, 23,35-37은 이 유혹을 그대로 다시 드러낸다.

4,13	악마는 모든 유혹을 끝내고 다음 기회를 노리며 그분에게서 물러갔다.
23,35	지도자들은 "이자가 다른 이들을 구원하였으니, 정말 하느님의 메시아, 선택된 이라면 자신도 구원해보라지" 하며 빈정거렸다.
23,36-37	군사들도 예수님을 조롱하였다. 그들은 예수님께 다가가 신 포도주를 들이대며 말하였다. "네가 유다인들의 임금이라면 너 자신이나 구원해 보아라."
23,39	매달린 죄수 하나도, "당신은 메시아가 아니시오? 당신 자신과 우리를 구원해보시오" 하며 그분을 모독하였다.

악마(디아볼로스 διάβολος): 루카는 사탄(σατάν)이라는 말 대신에 악마라는 말을 사용한다. 복음서 곳곳에 사탄을 사용하기는 하는데(10,18; 11,18; 13,16; 22,3.31), 여기서는 악마라는 단어를 사용했다. 사탄은 '적대자, 비난하는 자'를 가리키는 히브리어다. 칠십인역은 이 단어를 그리스어에서 기본적으로 '중상하는 자'의 뜻을 가진 '디아볼로스'로 번역한다. 마태오는 이 단어 자리에 '유혹하는 자'라는 분사형 명사와 '사탄'을 혼용한다. 루카는 이 유혹 이야기에서 줄곧 디아볼로스라고 표현하는데, 디아볼로스는 유혹하는 자이기보다는 예수님에게 도전하는 대적자이다. 루카는 사람들이 악마의 공격으로 고통받고 있다는 것을 인식하고 있다(13,16; 사도 10,38; 26,18). 악마의 보편적인 힘은 정치적인 영역에도 만연한데(루카 4,6), 악은 갑자기 사람에게 침입할 수 있기 때문에(13,16; 22,3) 이야기의 맥락과 논리적 연결 없이 노

출될 수 있다. 메시아의 행동과 하느님의 힘이 악마를 공격하여 그가 힘을 지닌 곳에서 쫓아내기 때문에 예수님의 시간은 기쁨의 시간이다(10,18; 13,16; 사도 10,38). 그러나 이 싸움은 오직 재림 때라야 끝날 것이다. 승리가 한 번에 완전히 이루어지지 않았으니, 악마는 하늘의 높은 곳에서 떨어졌고 지상에서 아직도 움직이고 있다(1코린 7,5; 에페 6,11; 야고 4,7; 1베드 5,8; 묵시 12,9 등).

하느님의 말씀도 성령도 믿는 이가 사탄의 손에 다시 떨어지지 않는다는 보장은 없다(루카 8,12; 마르 4,15). 부활 사건 후에도 사람들은 사탄의 지배를 떨쳐버리고 하느님께로 향할 필요가 있다(사도 26,11). 회개는 사람들이 자신의 행동에 윤리적 책임을 지게 한다. 루카는 사람을 사로잡고 있는 초인적 힘을 알고 있지만, 또한 사로잡힌 이를 풀어주는 힘도 알고 있다(사도 5,19; 12,7-10; 16,15-30). 루카는 또한 마지막 시대가 예수님과 함께 시작되었고 아무것도 그분의 완성을 방해하지 못하리라는 것을 믿고 있다(루카 16,16).

"내가 받은 것이니 내가 원하는 이에게 주는 것이오"(6절). 루카는 악마가 이것을 누구에게서 받았는지 밝히지 않는다. 아마도 욥기에서처럼 주님께서 사탄에게 욥을 유혹할 수 있도록 허락하시며 그를 칠 수 있는 권한을 준 것과 같은 맥락으로 볼 수도 있다. '받은 것이니'에 하느님을 행위자로 암시하는 신적 수동형 동사가 사용되었다. 악마는 엄청난 힘을 가지고 있지만(4,6), 인간의 결정을 강요할 수는 없다. 아담이나 광야의 백성 같은 이들은 유혹에 넘어가고, 욥이나 예수님 같은 분들은 저항한다.

악마는 자기의 유혹들을 다 써버리고, 패배를 인정하고 물리적으로 떠나간다. 그러나 '정해진 시간까지'(아크리 카이루 ἄχρι καιροῦ)라는 말이 암시하는 대로 다음 기회까지 위협은 계속된다. 예수님을 유혹하는 데에 실패한 악마가 "모든 유혹을 끝내고 다음 기회를 노리며 그분에게서 물러갔다"(13절)는 말은 대조적으로 성령의 힘으로 움직이는 예수님을 두드러지게 표현한다. 곧바로 이어지는 14절은 "예수님께서 성령의 힘을 지니고" 갈릴래아로 돌아가셨다고 전한다.

2. 갈릴래아 활동 1: 주님의 은혜로운 해 실현 4,14-6,16

이제 본격적으로 예수님의 활동이 소개된다. 4,14-9,50의 이야기는 모두 갈릴래아 지역에서 행하신 활동이다. 그중 첫 부분(4,14-6,16)에서 구마와 치유, 회당에서의 가르침으로 요약할 수 있는 예수님의 전반적인 활동이 소개된다. 특히 유다 전통과 밀접하게 연관된 활동, 가르침, 논쟁들이 소개된다. 그 가운데 "예수님께서 성령의 힘을 지니고 갈릴래아로 돌아가시니, 그분의 소문이 그 주변 모든 지방에 퍼졌다. 예수님께서는 그곳의 여러 회당에서 가르치시며 모든 사람에게 칭송을 받으셨다"(4,14-15)는 두 구절은 갈릴래아에서 하신 예수님의 활동 전반부를 요약 소개하는 기능을 한다.

<table>
<tr><th>장절</th><th>내용</th><th>장소</th><th>주제</th></tr>
<tr><td>3,1–38</td><td>예수님의 세례와 족보</td><td>요르단 강가</td><td rowspan="2">공생활 준비</td></tr>
<tr><td>4,1–13</td><td>유혹</td><td>광야</td></tr>
<tr><td>4,14–30</td><td>희년 선포</td><td>나자렛 회당</td><td>선포</td></tr>
<tr><td>4,31–44; 5,12–26</td><td>병자 치유</td><td rowspan="3">갈릴래아</td><td>치유</td></tr>
<tr><td>5,1–11.27;
6,5.12–16</td><td>고기잡이 기적–제자</td><td>부르심</td></tr>
<tr><td>6,1–11</td><td>안식일 논쟁</td><td rowspan="2">– 불신: 이의 제기,
고발할 구실
– 믿음: 따름</td></tr>
<tr><td>6,12–16</td><td>열두 사도 선발</td><td>산</td></tr>
</table>

1) 선포와 치유 4,14–44

(1) 나자렛 회당에서 4,14–30

이제 본격적으로 예수님의 활동이 시작된다. 광야에서 유혹을 이기신 예수님은 성령의 힘을 지니고 갈릴래아로 돌아가셨다. 예수님께서 선포와 활동을 시작하시자 갈릴래아에 예수님의 소문이 퍼지기 시작한다. 루카복음은 이 부분을 요약하여 전한다. "예수님께서는 그곳의 여러 회당에서 가르치시며 모든 사람에게 칭송을 받으셨다." 이어 바로 나자렛 회당에서의 첫 선포 이야기를 통해 예수님 활동의 목적과 의미를 알게 한다. 14-15절과 더불어 16-30절은 이어지는 예수님 활동의 개요를 전하는 기능을 맡는다.

① 요약(4,14-15)

14절

예수님과 성령이 관련된 문구가 여러 번 나타났는데, "성령께서 비둘기 같은 형체로 그분 위에 내리시고"(3,22), "성령으로 가득 차 요르단강에서 돌아오셨다. 그리고 성령에 이끌려 광야로 가시어"(4,1) 등이다. 여기서는 "성령의 힘을 지니고"(4,14)라는 표현이 나온다. '성령으로 가득 차'라는 표현은 엘리사벳과(1,41), 즈카르야에게도(1,67) 적용되었다. 시메온의 경우는 "성령께서 그 위에 머물러 계셨다"(2,25), "성령께서는 … 알려주셨다", "성령에 이끌려"(2,27)라는 표현이 적용되어 성령의 인도가 강조되었다.

그런데 '하늘이 열려 성령이 내려오시고', '성령의 힘을 지녔다'는 것은 예수님에게만 적용된 표현이다. 세례자 요한은 예수님이 성령과 불로 세례를 주실 것이라고 말했다(3,16). 이 모든 표현은 예수님이 영적 인물인 동시에, 성령의 지배를 받는 것이 아니라 성령의 영역 속에서 활동하시고, 성령의 권능을 자유로이 사용하시는 분이라는 것을 드러낸다. "성령의 힘을 지니고"(엔 테 뒤나메이 투 프네우마토스 ἐν τῇ δυνάμει τοῦ πνεύματος)에서 뒤나미스(힘, 권능)가 함축하는 것은 예수님의 권위 있는 행동들이다(4,36; 5,17; 9,1). 이제 그분의 사명 수행이 시작될 것이다.

"그분의 소문이 그 주변 모든 지방에 퍼졌다." 퍼지고 있는 소문을 들은 사람들은 예수님이 가셨을 때 맞아들일 준비를 갖추게 된다. 복음서는 예수님께서 성령의 힘을 지니고 갈릴래아에 나타나셨다며 그분 자신이 준비되었고, 그분을 만나게 될 주변 모든 마을 사람들도 준비되었다고 전한다.

15절

예수님은 소문이 퍼진 주변 지방에서 활동하셨는데, 항상 갈릴래아 지방 어디에나 있는 회당에 들어가서 가르치셨고, 루카는 그분의 활동을 가르침으로 요약한다. 가르친다(디다스코 διδάσκω)는 것은 그리스처럼 학문적 가르침을 펴는 것이 아니라 유다의 경우 성경을 설명하는 것을 말한다. 유다인 사회의 회당에서는 어디서나 공통적으로, 토라(율법서)와 예언서를 읽으며 공동 예식을 거행했다. 그곳에서 행해지는 예수님의 가르침은 유다인의 전통대로 히브리어 성경(지금의 구약성경)을 바탕으로 펼쳐졌다(디아스포라 유다인들은 그리스어본 칠십인역을 사용). 이런 가르침으로 예수님은 명성을 얻으셨고 "모든 사람에게 칭송을 받으셨다."

14-15절 요약문에 담긴 성령, 회당에서의 가르침, 칭송이라는 세 가지 특징에서 예수님이 존경받는 선생님이심을 알 수 있다. 어느 회

당에서나 가르치시는 예수님, 모든 사람에게 받는 칭송은 그분의 가르침이 지닌 보편성을 드러낸다.

② 나자렛 회당 선포(4,16-21)

예수님께서 나자렛 회당에서 선포하신 활동 이야기가 나온다. 본문에 나오는 "네가 카파르나움에서 하였다고 우리가 들은 그 일들을 여기 네 고향에서도 해보아라"(23절)라는 말을 보면, 예수님께서 나자렛을 방문하시기 전 카파르나움에서 선교 활동을 하셨다는 것을 전제하고 있음을 알 수 있다. 그럼에도 불구하고 루카는 의도적으로 나자렛 회당 이야기를 그분 선교의 첫 에피소드로 소개한다. 마르코는 예수님의 나자렛 방문 이야기를 갈릴래아 활동이 끝나기 직전에 실었다. 루카는 나자렛 회당 선포를 유년기 이야기에서 미리 알려진 것(1,68-69; 2,34)이 실현되는 첫 사건으로, 동시에 앞으로 이어질 예수님 활동의 전체 방향을 가리키는 개요로 삼았다. 예수님께서 선별하여 봉독하신 이사야서 내용과 그 해석이 루카복음서에서 예수님이 어떤 식으로 소개될 것인지와 그분이 맡으신 직무의 성격을 드러낸다.

16절

"당신이 자라신 나자렛으로 가시어…." 열두 살 때 겪으신 성전 체류 사건 후, 예수님은 부모와 함께 나자렛으로 내려가, 그들에게 순종하며 지냈다. 그러면서 지혜와 키가 자랐고 하느님과 사람들의 총애도 더하여 갔다는 말씀(2,51-52 참조)을 확인하는 부분이다. 그분이 '나자렛 사람'이라고 불리게 된 배경이다(4,34; 18,37; 24,19). 물론 자체 이야기 내에서 22-24절에 나타나는 "저 사람은 요셉의 아들이 아닌가?", "그 일들을 여기 네 고향에서도 해보아라", "어떠한 예언자도 자기 고향에서는 환영을 받지 못한다"는 여러 말에서 드러나는 의혹과 불신을 준비하는 표현이기도 하다. 여기서 나자렛은 제일 먼저 기쁜 소식을 들었지만, 또 그에 저항하면서 이스라엘을 대표하는 고을로 소개된다.

"안식일에 늘 하시던 대로 회당에 들어가셨다." 예수님께서 안식일이면 항상 회당에 가셨다는 말은 일상적으로 모든 유다인이 하던 관습에 순응하셨다는 것을 보여주며, 또한 예수님이 교육을 잘 받고 성장한 경건한 유다인임을 보여준다. 루카는 일반적으로 그리스 전기에서 세 단계로 주인공을 소개하듯 예수님의 탄생, 어린 시절 이야기에 이어 "안식일에 늘 하시던 대로 회당에 들어가셨다"라는 표현으로 그분이 받은 교육(사도 22,3 참조)을 짐작케 한다. 이것을 바탕으로 루카는 예수님이 유다인의 안식일과 축제일들을 지키셨고 유다인인 그분의 제자들 역시 관습대로 예식을 치렀으며(사도 2,46), 기도 시간을 지키고(사도 3,1), 성전 경내 솔로몬 주랑에서 토론을 하고(사도 5,12.42) 성전에서 예물을 바치신(사도 21,26) 모습들을 기록하여 예수님과 초대 교회가 유다교와 본질적으로 연속성을 지니고 있음을 시사한다.

"그리고 성경을 봉독하려고 일어서시자…." 기원후 1세기에 행해졌던 회당 전례 순서를 명확히 확인할 수는 없으나 대략적으로 보면, 회당장이 주관하는 가운데 먼저 시편 찬송, 셔마(신명 6,4-9; 11,13-21; 민수 15,37-41) 암송, 기도문 암송(혹은 18조 축복기도문), 토라(오경) 일부 봉독, 예언서 일부 봉독, 강론, 회당장의 축복(민수 6,24-26) 순으로 진행되었으리라 본다. 어느 안식일에 이러한 예식에서 예언서를 봉독하는 순서가 되었을 때, 예수님 자신이 예언서를 읽으려고 일어서신 것이다. 미리 초대를 받은 것인지 임의로 가신 것인지는 알 수 없으나, '그분이 읽으려고 일어서시자'(16ㄷ절) 자연스럽게 그분에게 두루마리가 건네졌다는 것에서 그분이 합당하게 봉독하실 만한 분으로 여겨졌음은 확인할 수 있다.

17절

"이사야 예언자의 두루마리가 그분께 건네졌다." 주요 축제 때 봉독되던 축제 오경(룻기, 아가, 코헬렛, 애가, 에스테르기)처럼, 이사야 예언서를 읽는 시기가 있을 수 있다. 그분에게 건네진 성경은 '이사야 예언자'의 두루마리였다. "그분께서는 두루마리를 펴시고 이러한 말씀이 기록된 부분을 찾으셨다." 루카는 '그분이 찾으셨다'는 말을 통해 예수님 자신이 봉독할 성경 대목을 선택하셨음을 보여준다. 그러니까 지정된 내용도 아니고 펼치고 나니 보이는 곳을 읽으신 것도 아니고, 찾아서 읽었다는 표현으로 선별된 내용에 초점을 맞춘다.

> "주님께서 나에게 기름을 부어주시니 주님의 영이 내 위에 내리셨다. 주님께서 나를 보내시어 가난한 이들에게 기쁜 소식을 전하고 잡혀간 이들에게 해방을 선포하며 눈먼 이들을 다시 보게 하고 억압받는 이들을 해방시켜 내보내며 주님의 은혜로운 해를 선포하게 하셨다."

이 구절을 선택해서 봉독하셨다는 점에서 예수님이 당신 사명의 본질을 의도적으로 밝히셨다고 분명하게 말할 수 있다. 루카복음서의 구조에서 공생활 시작점에, 예수님 스스로 메시아의 특성을 선포하신다. 예수님이 선택하신 이사 61,1-2은 루카 4,18-19에 거의 그대로 인용되어 기름부음과 성령의 내리심, 파견 사실과 주어진 사명을 말하고 있다. 사명 수행 내용에서 표현의 차이를 약간 보이나 근본적인 메시지는 동일하다. 다만 '응보의 해'에 대한 이사 61,2의 언급은 생략되며, 무엇보다 그분 오심의 은혜와 예수님 안에서 실현될 구원의 기쁨이 강조된다.

18ㄱ절

"주님께서 나에게 기름을 부어주시니 주님의 영이 내 위에 내리셨다." 예수님 세례 사건과 광야 유혹을 통해 성령이 함께하신 사실이 보도되었기에, 기름부음을 받은 것과 성령의 내리심이 병렬로 나타나는 것이 루카의 맥락에서 의미심장하게 다가온다. 물론 이사야서에서 가리키는 바는 다윗에게서 분명하게 나타났듯이(1사무 16,13) 임금이 될 사람에게 일어나는 일이다(1사무 10,1.6 참조). 궁극적으로 메시아를 가리키는 주님의 종과 주님의 영이 함께 연결되어 나타나는 곳은 이사야서에서 11,1-2과 42,1이다. 그 영은 선포된 말씀을 통해 지상에 공정과 정의를 가져다줄 능력과 특별히 관련된 것으로 나타난다(이사 11,2; 32,15-16; 42,1; 44,3; 48,16; 59,21). 그래서 메시아의 특징은 하느님의 지혜와 능력을 지녔다는 점이다. 여기서 기름부음과 주님의 영이 나란히 나타나 예수님의 신원을 구약에서 예언한 메시아로서 드러내는 동시에 1-2장에서 강조된 성령의 활동을 돋보이게 하며, 예수님으로 말미암아 새롭게 열린 예수님 시대와 교회 시대에 활동하실 성령의 역할을 부각한다.

18ㄴ-21절

"주님께서 나를 보내시어 가난한 이들에게 기쁜 소식을 전하고 잡혀간 이들에게 해방을 선포하며 눈먼 이들을 다시 보게 하고 억압받는 이들을 해방시켜 내보내며 주님의 은혜로운 해를 선포하게 하셨다." 이 부분을 봉독하시고는 두루마리를 복사(시중드는 이)에게 돌려주시고 자리에 앉으시니, 회당에 있던 모든 눈이 예수님을 주시하였다. 예언서의 그 부분을 선택하여 봉독한 이가 당연하게 이제 해설을 하리라 예상하게 되는 장면이다.

"오늘 이 성경 말씀이 너희가 듣는 가운데에서 이루어졌다." 예수님은 이 말씀으로 예언된 내용이 자신 안에서 이루어질 일임을 선포하신다. 이사야서에 예언된 이 메시아의 모습은 그분 직무의 성격을 드러낸다. 가난한 이와 고통받는 이(잡혀간 이, 눈먼 이, 억압받는 이)들을 해방시키는 일이 당신의 사명이며 이미 그 일이 시작되었고, 예언이 실현되었다고 선언하신 것이다. 수 세기 전 이사야 예언자에 의해 선포된 예언(이사 61,1-2)이 여기 인용되고, 예수님께서는 그 말씀이 '오늘' 성취되었다고 선언하셨다. 이 오늘은 예수님이 공적으로 나타나신 '여기 지금'을 표현한다. '이루어졌다'는 말은 성경에서 역사로, 약속에서 완성으로 가는 것을 표현한다. 이사야의 예언은 이제 예수님 시대, 예수님을 통해 오게 될 새로운 형태의 구원을 선포하는 데 사용되었다.

예수님께서 하시는 일은 악마 추방, 치유, 가르침으로 일관되게 묘사될 것이며, 예수님이 말씀하시는 특별한 일들 안에서 성취될 것을 선포하고, 정치적 · 경제적 개혁으로 오해하지 않도록 한다. 이것이 그분이 야곱 집안을 다스리시는 방식(루카 1,33)이고, 우리를 위한 힘센 구원자(1,69), 주 그리스도(2,11)이신 분이 하시는 일이다. 다른 민족들에게는 계시의 빛이 되고, 이스라엘에게는 영광이 될 일(2,32)이나, 이스라엘에서 많은 사람을 쓰러지게도 하고 일어나게도 하며, 또 반대를 받는 표징이 되실(2,34) 분이 하실 일이다.

③ 반응과 거부(4,22-30)

22ㄱ절

"모두 그분을 좋게 말하며, 그분의 입에서 나오는 은총의 말씀에 놀라워하였다." 모두가 그분에 대해 존경과 감탄을 표현하기 시작한다. 여기 '좋게 말하며'에 쓰인 그리스어는 마르튀레오(μαρτυρέω)이다. 루카에는 한 번 사용되었고 사도행전에는 11회 사용되었다. '증언하다'라는 뜻으로 많이 사용되지만, '좋은 의견을 내다', '칭찬하다'의 뜻으로 사용되기도 한다. 마르튀레오 동사를 사용했다는 사실과 18-19.21절의 선언 내용이 지니는 무게를 감안할 때 증언하다가 더 적절해 보인다. 또한 22절 후반부와 23절 이하에 드러나는 청중의 의아함과 거부의 내용이 '좋게 말하며'보다는 '증언하며'와 논리적인 조화를 이룬다. 루카는 목격자들의 반응 자체를 그 선포의 증언이라고 보았기에 마르튀레오 동사를 사용하였을 것이다.

'놀라워하다'로 번역된 타우마조(θαυμάζω)는 전치사적 표현과 함께 '무엇에 대하여 이상히 여기다'라는 뜻이다. '그분의 입에서 나오는 은총의 말씀'을 듣고 놀라며 이상히 여겼다는 것이다. "오늘 이 성경 말씀이 너희가 듣는 가운데에서 이루어졌다"는 말씀을 이해하기에는 아직 역부족인 시점이고 자리이다. 루카는 이제 이 말씀이 어떻게 실현되었는지 이야기해줄 것인데, 예수님께서 하신 말씀을 "그분의 입에서 나오는 은총의 말씀"이라고 표현한다. '그분의 입에서 나오는 말씀'은 위엄, 엄숙함을 드러내거나 특별한 경우라는 것을 표시할 때에 사용하는 관용구로 루카가 즐겨 차용하는 칠십인역의 어법이다(신명 23,24; 시편 45,3; 89,35; 이사 55,11 참조).

은총(카리스)은 '은혜' 또는 '자비'라는 의미인데, 루카 2,40(하느님의 총애-은총을 받았다); 사도 4,33(큰 은총을 누린다); 6,8(은총과 능력이 충만한 스테파노는)을 보면, 사람들 속에 있거나 사람들 위에 있으면서 실제로 효력이나 권능을 드러내는 것으로 표현되어 있다. 사도행전을 보면 하느님의 말씀이 인간의 말에 담겨 나타나고, 이 말씀들은 하느님의 은총을 전한다. 루카복음서에서는 은총이 예수님께 적용되어 나타났다. 예수님을 위한 하느님의 은총이 드러나거나(2,40), 지혜처럼 그분 안에서 그분을 통하여 보이는 것으로 묘사된다(2,52). 4,22에서 은총(카리스)은 말 속에 존재하는 신적 영향력으로서 말씀에 가시적인 힘을 부여하기에 예수님이 당신 말씀을 통하여 이를 드러내신다. 이와 비슷하게 예수님의 말씀에 대한 반응에서 그분 말씀의 힘이 드러난 것을 볼 수 있다. 4,36에서 "이게 대체 어떤 말씀인가?"(Τίς ὁ λόγος οὗτος;)라고 사람들이 한 말이 그 경우이다. '그분의 입에서 나온 은총의 말씀'이 사람들에게 이렇게 깊은 인상을 준 것이다.

22ㄴ절

"그러면서 '저 사람은 요셉의 아들이 아닌가?' 하고 말하였다." 무슨 뜻으로 이 말을 하였는지는 이어지는 예수님의 말씀에서 짐작할 뿐이다. 21절에서 예수님은 자신을 하느님의 아들이라고 알아보도록 직접 계시하지는 않으셨는데, 여기서도 이 말에 대한 답변은 일말의 사실을 내포하고 있는 요셉의 아들인 채로 동향인들에게 주는 말씀으로 응대하신다.

23-27절

"'우리가 들은 그 일들을 여기 네 고향에서도 해보아라' 할 것이다"(23절). 예수님이 사람들의 의도를 말씀하신다. 요셉의 아들인 자신이 과연 그 이상의 놀라운 인물인지를 증명할 만한 일들을 여기서 해보아라고 요구하고 있다는 것이다. 그리고는 당신을 그 고향 출신의 자리에 놓으시며 기적을 요구한 것에 대해 답변하신다. "어떠한 예언자도 자기 고향에서는 환영을 받지 못한다"(24절).

이 말씀은 하느님의 계획과 인간의 의지 사이에 생겨나는 대립을 드러낸다. 예수님 안에서 주님의 은혜의 해가 선포되었다. 주님 은혜의 해를 말하는 레위 25,10은 희년과 고향(소유지) 사이에 있는 결속을 표현한다. "너희 땅에 사는 모든 주민에게 해방을 선포하여라." 그 땅의 주민들에게 선포하라고 한대로 예수님께서는 고향에서 은혜의 해를 선포하기 시작하셨는데 사람들은 그 초대를 받아들이지 않았다. 나자렛 사람들이 유별나서 그런 것만은 아니다. 이미 선례가 있다며 예수님은 엘리야와 엘리사 예언자 때의 일을 예로 드시고, 그 예언자들에게 은혜를 입은 이들은 이스라엘 밖의 사람들이었다는 사실을 전하신다. 이 대목은 좁은 범위의 고향을 넘어 이스라엘 백성 전체를 넘어선 이야기로 시간과 공간의 영역 모두에서 시작점이 된다. 이렇게 하여 24-27절에서 드러난 것은 예수님께서는 당신이 당하시는 것을 예언자들이 보통으로 겪는 일이라 여기시며 담담히 받아들이신다는 것과 그 배척으로 예언자의 활동이 무산되는 것이 아니라 다른 이들이 은혜를 입게 된다는 사실이다.

28-30절

"회당에 있던 모든 사람들은 이 말씀을 듣고 화가 잔뜩 났다"(28절). 그들의 의도가 간파되었음을 알고, 예언자를 배척하며 믿지 않음의 예를 듣더니 그들은 모두 잔뜩 화를 낸다. 사람들은 예언자들을 배척하고(24절), 자신들이 분명하게 예언자라고 믿고 있는 엘리야와 엘리사 같은 예언자들에게서도 기적의 은혜를 입지 못한다는 예수님의 말씀을 아주 도발적으로 들은 것 같다. 예수님은 성령의 힘으로 오시어(14절), 가르치시고 선포하셨는데 결국 모든 청중 사이에서는 분노가 표출된다. 그래서 예수님을 처단하려고 했다. 여기서 주안점은 예언자는 고향에서 환영을 받지 못한다는 것이 아니라 그분이 하신 사명 선포가 배척을 받았다는 것이다. 복음사가는 사람들이 보였던 놀람이(22절) 가득 찬 분노(28절)로 바뀐 것만 전할 뿐, 그 이유는 명기하지 못한다. 왜 이스라엘 사람들이 기쁜 소식을 받아들이지 않았는지에 대해서는 루카복음서와 사도행전 어디에서도 그 이유를 명시하지 않는데, 루카도 끝까지 의아하게 여긴 부분인 듯하다.

루카복음서에서 나자렛 회당 이야기는 선포 내용뿐만 아니라 그 반응에 있어서도 루카복음서의 주된 메시지를 암시한다. 곧 하느님의 기쁜 소식과 메시아의 파견되심을 전하는 예수님의 말씀, 그분의 활동은 구원사에 따라 진행되리라는 것이 암시되고 이스라엘의 거부도 묘사되며 호교론 입장에서 이방인에게 선교할 상황을 열어둔다. 이것이 예수님의 시대, 새로운 시대가 열리는 시점의 일이다. 주님의 은혜로운 해는 그분이 자라나신 고장에서 선포되었고 이제 온 세상으로 선포될 것이다. 그러면서 이야기의 시작임에도 이미 그분을 죽이려 한 행동이 묘사되었다. "그래서 그들은 들고일어나 예수님을 고을 밖으로 내몰았다. 그 고을은 산 위에 지어져 있었는데, 그들은 예수님을 그 벼랑까지 끌고 가 거기에서 떨어뜨리려고 하였다"(29절). 이런 요인은 이 시작 이야기를 그분이 죽으신 예루살렘에서부터 시작하여 죄의 용서를 위한 회개가 모든 민족에게 선포되어야 한다(루카 24,47)고 마무리하는 뒷부분과 병행을 이루게 하며 루카의 메시지에 방점을 찍는다. 예수님은 그 여정을 향하여 어떠한 어려움이 있더라도 당신의 길을 담대하게 나아가신다. "예수님께서는 그들 한가운데를 가로질러 떠나가셨다"(30절).

(2) 카파르나움에서 4,31-44

"예수님께서는 갈릴래아의 카파르나움 고을로 내려가시어" 안식일에 가르치시고, 마귀를 쫓아내시고, 열병을 치유하시고, 갖가지 질병을 치유하신다. 갈릴래아 활동의 특징은 가르침, 치유, 악마 추방 세 가지로 정리되는데 해방하시는 일들의 전형으로 이루어져 있다. 더러운 영과 열병 둘 다를 꾸짖어서 마귀와 열이 나가게 하신다. 루카는 예수님의 활동을 4,18-21의 빛으로 배치하여, 기쁜 소식이 전해지고 해방이 선포되어 주님의 은혜로운 해가 어떻게 이루어지는지를 보여준다.

① 가르침(4,31-32)

31절

"예수님께서는 갈릴래아의 카파르나움 고을로 내려가시어, 안식일에 사람들을 가르치셨는데"라는 구체적인 활동이 소개된다. 여기서는 안식일이라는 특정한 날에 초점을 맞추고 그날에 행해진 그분의 활동 중 제일 먼저 가르침을 소개한다. 유다인들은 안식일이면 회당에 가서 가르침을 들었다. '토라'라는 단어의 의미가 '가르침'이니, 토라(오경)나 예언서를 봉독하고 풀이를 듣는 행위는 안식일 회당 예절의 큰 부분을 차지한다.

나자렛에서 카파르나움 구간은 구글 어스가 보여주는 수치로 자동차로 50여 분 거리, 도보로 8-9시간 거리인데, 나자렛은 해발 380m의 산 위 마을이고, 카파르나움은 갈릴래아 호숫가에 위치한 해발 209m의 마을이니 내려간다고 표현한다. 카파르나움에 내려가셔서 예수님이 하신 첫 행위는 가르침을 주신 것이다. 카파르나움 고을(Καφαρναοὺμ πόλις)은 구약의 성조 시대에도, 이스라엘 왕정 시대에도, 바빌론 유배 이후 시기에도 유다인들에게 이렇다 하게 알려진 도시가 아니다. 기원전 2세기부터 사람들이 거주했다고 하고, 예수님이 활동하셨기 때문에 유명해진 곳이다. 그래서 이방인 독자들을 위하여 '갈릴래아'에 위치한 고을이라고 알려주고 있다.

32절

"그들은 그분의 가르침에 몹시 놀랐다. 그분의 말씀에 권위가 있었기 때문이다." '가르치셨는데'(31절)에 '이다'(εἰμί) 동사의 미완료형과 '가르치다'(διδάσκω) 동사의 분사를 사용하여(엔 디다스콘 ἦν διδάσκων), 그 일을 예수님이 안식일이면 통상적으로 하시던 일과로 묘사한다. 마찬가지로 사람들은 그분의 가르침에 몹시 '놀랐다'에서도 놀라다(ἐκπλήσσω)의 수동 미완료형을, 그분의 말씀에 권위가 '있었다'에도 있다(εἰμί)의 미완료형을 써서 통상 일어나던 일이라는 것을 암시한다. 33절에 "마침 그 회당에"라는 표현 역시 이와 조화를 이룬다. 예수님께서 회당에서 무엇인가를 하신 일은 이미 "그곳의 여러 회당에서 가르치시며 모든 사람에게 칭송을 받으셨다”(15절)라든가, “안식일에 늘 하시던 대로 회당에 들어가셨다”(16절)라는 구절에 표현되면서 지속적으로 일어났던 일이었음을 드러낸다. 여기에 한 번 묘사되었지만 예수님의 가르침이 있을 때면 일어나곤 했던 일로 볼 수 있다. ‘놀라며’에 쓰인 에크플레소(ἐκπλήσσω)는 나자렛 사람들이 혼란스러워하며 놀랐던(타우마조 θαυμάζω) 것과 달리 대단한 가르침에 압도되어 놀라는 것을 표현한다. 이어지는 “그분의 말씀에 권위가 있었기 때문이다”가 이를 뒷받침한다.

② 구마(4,33-37)

33절

바로 윗절에 나오는 “그분의 말씀에 권위가 있었기 때문이다”가 구체적으로 무엇을 뜻하는지 보여주는 에피소드가 소개된다. “마침 그 회당에 더러운 마귀의 영이 들린 사람이 있었는데, 그가 크게 소리를 질렀다.” 회당에는 모든 사람이 다 온다. 그중에는 ‘더러운 마귀의 영이 들린 사람’(ἔχων πνεῦμα δαιμονίου ἀκαθάρτου)도 있다. 마귀의 영에 ‘들린’을 그리스어로 표현할 때 루카는 ‘가지다’(ἔχω) 동사를 사용하여, ‘안에’라는 전치사를 붙여 성령의 감도를 받고 있는 상태(2,27; 4,1.14)와 구분한다.

34절

"아! 나자렛 사람 예수님, 당신께서 저희와 무슨 상관이 있습니까? 저희를 멸망시키러 오셨습니까? 저는 당신이 누구신지 압니다. 당신은 하느님의 거룩하신 분이십니다." 예수님의 가르침에 기겁을 하고 소리를 지른 것은 마귀의 영이다. '아!'라고 번역된 에아(ἔα)가 가르침을 들은, 예수님을 알아본 반응의 표시이며, 이에 마귀는 놀라서 큰 소리를 지르며 저항한다. 더러운 마귀의 영은 상대를 안다고 '예수 나자레네'(Ἰησοῦ Ναζαρηνέ) 이름과 출신을 말하고 도대체 무슨 상관이냐고 항의하는가 하면, '나는 당신을 안다'고 주장하며 '하느님의 거룩하신 분'(호 하기오스 투 테우 ὁ ἅγιος τοῦ θεοῦ)이라고 외치고 압도해보려 한다. 이는 숨겨진 상대방의 정체를 꿰뚫어 보며 기선 제압을 하려는 시도의 일종이라 할 수 있다.

35-36절

예수님은 한마디로 마귀를 제압하고 쫓아내신다. "조용히 하여라. 그 사람에게서 나가라" 하고 꾸짖으시니, 더러운 마귀의 영은 사람들 한가운데에 그 사람을 내동댕이치기는 하였지만, 아무런 해도 끼치지 못하고 그에게서 나갔다. 여기서 '꾸짖음'은 악한 영과 관련되어 나타날 때 악의 정체를 드러내고 제압하는 권능의 힘을 나타낸다. 예수님 말씀에 더러운 영이 꼼짝없이 물러가고 그 사람이 자유로워지는 것을 사람들은 목격하였다. 마귀의 항복은 완벽하고 즉각적이었다. 그러자 모든 사람이 몹시 놀라서 말한다. "이게 대체 어떤 말씀인가? 저이가 권위와 힘을 가지고 명령하니 더러운 영들도 나가지 않는가?"(36절). 예수님의 말씀에 권위와 힘이 있음을 그 효과로 사람들이 알게 되었다.

33절에 그 사람이 더러운 마귀의 영을 가졌다고 표현되어 있으나 실상은 마귀의 영이 그 사람을 지배하고 있으니, 가진 것이 아니라 오히려 소유된 것이고 사로잡혀 있는 상태였다. 사람을 사로잡고 있는 더러운 마귀는 예수님께서 그들을 멸망시키러 오신 것을 안다. 사실 예수님께서 마귀의 영을 상대로 싸우러 오신 것이 아니라 사람을 해방시키고 구원하러 오셨기에, 사람을 사로잡고 괴롭히는 마귀의 영이 쫓겨나고 멸망하는 것은 당연한 수순이다. 모든 사람이 놀랐는데, '놀라'에 사용된 명사 탐보스(θάμβος)는 단지 감탄만은 아니고 종교적인 두려움, 즉 경외심까지 들어 있는 상태이다. 예수님의 말씀에는 권위와 힘이 가득해 마귀의 세계를 이긴다. 그리하여 그분의 소문이 주변 곳곳으로 퍼져 나갔다.

③ 열병 치유(4,38-39)

38절

여전히 카파르나움이다. 예수님은 회당을 떠나 시몬의 집으로 가셨다. 루카는 아직 시몬이 누구인지 소개하지 않는다. 구마에 이어 치유를 소개하는 구조에서 제자에 관한 언급은 뒤로 미뤄져 있다. 지금은 그분이 활동 초기에 하시는 일련의 치유 활동에 집중되어 있다. 장모가 앓고 있는 상태를 루카는 마르코("열병으로 누워 있어서")와 달리 '심한 열에 시달리고 있다'라고 표현한다. 그리스어로는 심한 열에 사로잡혀 있다(ἦν συνεχομένη πυρετῷ μεγάλῳ)는 말이다. 쉰엑코(συνέχω) 동사 수동형을 사용하여 사로잡혀 고통받고 있음을 표현했다.

알.가.유.소. 7 〉〉 갈릴래아 활동

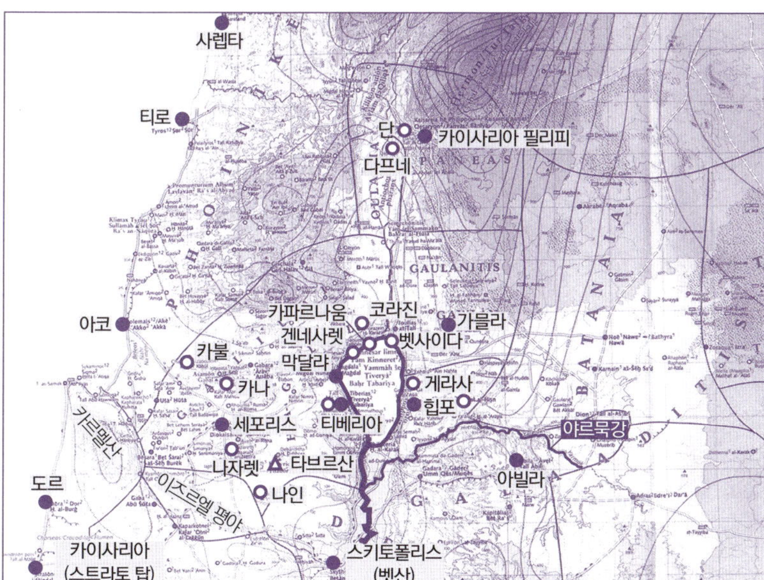

지도5 | 갈릴래아 활동

39절

예수님께서 가까이 가시어 열을 꾸짖으시니 열이 가신다. 예수님은 말씀으로 열병을 꾸짖으신다. 더러운 마귀의 영을 '꾸짖으셨다'(35절)에 사용된 동사와 같은 동사이다. "열이 가셨다"는 부분을 그리스어로 보면 아페켄 아우텐(ἀφῆκεν αὐτήν)으로 '그녀를 떠났다'이다. 열병을 의인화하여 떠나는 것으로 묘사하니 마귀의 영이 떠나는 구마 부분에 나타난 구조와 동일하다. 그러자 그 부인이 즉시 일어나서 그들의 시중을 들어 기적을 확인시킨다. 자기 몸을 스스로 일으킬 뿐만 아니라 남을 위해 식사 준비를 하는 등 봉사할 수 있는 힘을 회복한 것이다. 이 두 개의 이야기로 루카는 예수님이 하느님의 백성을 구원하는 전형적인 예를 제시한다.

④ 갖가지 질병 치유(4,40-41)

40절

사람들이 갖가지 질병을 앓는 이들을 '있는 대로 모두' 예수님께 데리고 왔다. 집에 환자를 데리고 있는 이는 모두(ἅπαντες ὅσοι εἶχον) 그들을 예수님께 데리고 왔다고 표현한다. 어떤 병이든 온갖 종류의 질병을 앓는 환자를 다 데리고 왔다고 표현하여 예수님의 치유 능력을 부각하고, 예수님이 한 사람 한 사람에게 개별적으로 관심을 표현하시고 손을 얹어 치유하신다며 친절하고 섬세한 태도도 강조한다. 이 배경에서 사용된 '치유하다', '고치다'라는 뜻의 테라페우오(θεραπεύω) 동사는 한층 온전하게 그 의미를 드러낸다.

41절

많은 병자가 치유받을 때 마귀들이 나갔다는 표현을 통하여, 이 치유에는 34절의 구마와는 다른, 마귀들로 인한 질병 치유가 포함되어 있음을 표현한다. 이 경우 역시 마귀들은 "당신은 하느님의 아드님이십니다" 하고 소리를 지른다. 이 모습은 우선 마귀들의 공포와 두려움을 드러내며, 그들이 쫓겨 나가는 상태임을 알려준다. 그러나 예수님께서는 마귀들이 말하는 것을 용납하지 않으셨다. 여기서 침묵하라는 명령은 마르코복음에서 쓰인 것과는 좀 다른 의미를 지닌다. 무엇보다 루카복음에서 예수님이 하느님의 아드님이심을 알고 그리스도이심을 인식하는 것은 두려움과 공포가 아니라, 믿음과 생명과 빛으로 나아가는 길이기 때문이다. 또한 이와 함께 마귀들이 하느님을 안다고 고백하며 무서워하고 공포에 떠는 척하는 것은, 마치 자신들이 신경 쓰지 않아도 될 약한 존재인 것처럼 속이고, 믿는 이들 곁에 계속 머물려는 교묘한 수법일 뿐이기 때문이다. 이 모든 것을 아시는 예수님께서는 그 책략을 드러내시고 마귀들이 말하는 것을 허락하지 않으심으로써 그들을 약화하고 사람에게서 멀리 물러가게 하신다.

⑤ 기쁜 소식 전하기(4,42-44)

42절

“자기들을 떠나지 말아 주십사고 붙들었다.” 날이 새자 예수님께서는 밖으로 나가시어 외딴곳으로 가셨다. 루카는 굳이 새벽에 외딴곳으로 가신 이유를 밝히지 않는데, 기쁜 소식을 전하기 위한 떠남에 초점이 맞춰져 있기 때문이다. 군중이 예수님을 찾아다니다가 멀리서 발견하고는 그분께서 계시는 곳까지 가서, ‘자기들을 떠나지 말아 주십사고 붙들었다.’ 군중은 예수님께서 그들 곁에 계시기를 바란다. 예수님이 전하는 기쁜 소식이 무엇인지 잘 알아들어야 한다. 그분을 붙잡고 끝없이 계속 듣고 또 듣고 치유를 받고 또 받아야 하는 것이 아니다. 그분이 실현하신 일은 이미 이루어졌다. 그분이 주신 치유와 해방이 은혜를 입은 사람 안에서 완성되도록 해야 할 것이다.

43절

예수님께서는 군중에게 말씀하셨다. “나는 하느님 나라의 기쁜 소식을 다른 고을에도 전해야 한다. 사실 나는 그 일을 하도록 파견된 것이다.” 마르코와 병행 기사이나, 루카복음서의 맥락에서는 아직 제자들을 선발하지 않아서, 지금은 혼자 다니시는 것으로 묘사되어 있다. 4장 나자렛 회당 선포의 실현이 31-44절에서 이야기되었는데 이 부분에서 마무리된다.

"하느님 나라의 기쁜 소식을 다른 고을에도 전해야 한다." 그분이 행해야 하는 사명이라고 당위성을 뜻하는 데이(δεῖ)를 사용하여 표현한다. '고을'로 번역된 그리스어는 폴리스(πόλις 도시)다. 루카는 나자렛(4,29), 카파르나움(4,31)과 나인(7,11)을 폴리스로 표시하고, 마을(코메 κώμη)이라는 단위도 종종 사용한다(5,17; 8,1; 9,52-56; 10,38; 13,22; 17,12). 루카복음서나 사도행전에서 하느님 나라는 무엇보다도 도시에서 선포된 것으로 묘사된다. 43절이 루카복음에서 '하느님 나라'를 처음 언급한 부분이다. 이제 앞으로 자주 하느님(의) 나라(바실레이아 투 테우 βασιλεία τοῦ θεοῦ)라고 표현할 것이고(6,20; 7,28; 8,1.10; 9,2.11.27.60.62; 10,9.11; 11,20; 13,18-20.28.29; 14,15; 16,16; 17,20.21; 18,16.17.24.25.29; 19,11; 21,31; 22,16.18; 23,51), 가끔 간단히 '나라'라고만 할 때도 있다(11,2; 12,31.32; 22,29.30; 23,42). 하느님 나라가 어떤 것인지를 따로 밝히지는 않고, 복음서 뒷부분에서 예수님이 비유로 설명할 것이다.

하느님 나라의 '기쁜 소식을 전해야 한다'에 에왕겔리조(εὐαγγελίζω) 동사를 사용하였고, 이 동사와 함께 '파견되다'라는 뜻의 아포스텔로(ἀποστέλλω) 동사가 43ㄴ절에 사용되었다. 이것으로 4,18에서 선언된 내용이 확인된다.

44절

"그러고 나서 예수님께서는 유다의 여러 회당에서 복음을 선포하셨다.” 예수님이 파견된 목적은 복음 선포이다. 그래서 44절은 지금 갈릴래아 지역에서 선포하고 계시고, 아직 유다로 가지 않으셨지만 예수님의 활동이 갈릴래아에만 국한되지 않고 더 넓은 지역을 포함하고 있음을 드러낸다. 이 절에서 사용된 동사는 윗절의 에왕겔리조와 달리 케뤼소(κηρύσσω) ‘선포하다’이다. 이 구절은 두 번째 요약에 해당한다.

2) 제자들을 부르심 5,1-11

예수님의 소문이 널리 퍼진 가운데, 예수님의 말씀을 들은 사람 중에 그분께서 제자를 뽑는 이야기가 이제 펼쳐진다. 제자들을 부르시는 배경은 두 장면이다. 호숫가에서 가르치심과 시몬이 예상외의 엄청나게 많은 고기를 잡게 하심이다. 그리고 예수님은 시몬을 새로운 길로 부르신다.

(1) 호숫가의 가르침 5,1-3

1절

“예수님께서 … 서 계시고, 군중은 … 하느님의 말씀을 듣고 있을 때였다.” 4장에서 예수님의 말씀과 치유로 그분의 명성이 높아가며 온 지방에 퍼지고 있었다고 여러 번 묘사되었다(4,14-15.22.32.36.43-44). 그러니 예수님이 이제는 회당이 아니라 호숫가에 서 계셔도 군중이 예수님 주변에 몰려들어 둘러싸고 말씀을 듣는 것이 자연스러운 일로 묘사된다.

2-3절

사람들이 예수님을 둘러싸고, 겹겹이 몰려드는데 호숫가에 서 계시던 예수님은 "호숫가에 대어놓은 배 두 척을 보셨다." 예수님이 보고 계시다. 먼저 대놓은 배 두 척을 보시고, 어부들이 배에서 내려 그물을 씻는 것을 보신다. 이 과정을 지켜보신 예수님은 "그 두 배 가운데 시몬의 배에 오르시어 그에게 뭍에서 조금 저어 나가달라고 부탁하신 다음, 그 배에 앉으시어 군중을 가르치셨다."

예수님께서 임의로 시몬의 배에 오르신 것은 이미 그의 집에도 묵으시고, 장모의 열병도 치유해주신 사실에서(4,38-39), 자연스러운 일로 볼 수 있다. 예수님은 카파르나움을 떠나 다른 고을로 가셨다가 돌아오시고, 시몬은 자신의 생업에 종사하며 군중의 하나로 나타나지만 예수님의 말씀에 심취하게 되어 그분을 호의로 대접하고 있음을 이 장면에서도 쉽게 추측할 수 있다. 카파르나움 그의 집에서도 해질 무렵에 찾아온 많은 이를 치유하셨는데, 여기 호수에서는 시몬의 배에 앉아 군중을 가르치신다. 시몬은 예수님께서 군중과 관계를 맺으시는 주변에서 협조하는 이로 드러난다.

(2) 시몬의 고기잡이(5,4-7)

4절

예수님께서 군중에게 말씀을 마치시고 나서 시몬에게 이르신다. "깊은 데로 저어 나가서 그물을 내려 고기를 잡아라." 3절에서 뭍에서 좀 저어 나가달라고 하실 때는 '부탁하다'(에로타오 ἐρωτάω) 동사를 사용하여 청하셨는데, 여기서는 바로 명령형을 사용하신다. 깊은 데로 '저어 나가라'(에파나가게 ἐπανάγαγε), 고기를 잡기 위해 그물을 '내려라'(칼라사테 χαλάσατε)라는 두 개의 명령형이 사용되었는데, 이 명령이 이미 부르심을 암시하고 있다. 예수님은 여전히 배에 앉아 계신다. 배를 저어다 뭍에 대어놓는 것은 고기를 잡은 후에 일어날 일이고(11절), 엄청난 양의 물고기가 잡힌 것을 보고 시몬 베드로가 예수님의 무릎 앞에 엎드리는데(8절), 이것은 예수님께서 줄곧 배 안에 함께 계셨어야 가능한 일이다.

5절

"시몬이 '스승님, 저희가 밤새도록 애썼지만 한 마리도 잡지 못하였습니다. 그러나 스승님의 말씀대로 제가 그물을 내리겠습니다' 하고 대답하였다." 시몬은 직업이 어부이고, 전문인이다. 그런 시몬이 한 말은 어부로서 열심히 최선을 다했으나 오늘의 수확은 없었고 다시 나가도 없을 가능성이 많은데, 그럼에도 불구하고 예수님이 말씀하시니 해보기는 하겠다는 뜻이다.

루카복음서에서 시몬의 입을 통해 처음으로 스승이란 뜻의 '에피스타타'(Ἐπιστάτα)가 나타났다는 점에서, 일반적이고 객관적인 호칭을 뛰어넘는 의미로 다가온다. 1-4장에 이르기까지 나타난 숱한 호칭 중에 없던 말인데, 에피스타타는 'master'의 뜻을 지닌 에피스타테스(ἐπιστάτης)의 호격이다. 일반적으로 사람들은 '디다스칼레'(선생님)나 '라삐'(스승님) 호칭을 사용한다. 루카는 직접 가르치는 맥락이 아니고 예수님의 권위를 염두에 둔 경우에 디다스칼레나 라삐 대신 이 단어를 선호한다(8,24.45; 9,33.49; 17,13). 이 호칭과 더불어 예수님 말씀의 권위에 복종하겠다고 말하는데, 그것은 '당신의 말씀대로'(에피 데 토 레마티 수 ἐπὶ δὲ τῷ ῥήματί σου)이다. 그래서 "제가 그물을 내리겠습니다" 하고 대답하였다.

6-7절

"그렇게 하자 그들은 그물이 찢어질 만큼 매우 많은 물고기를 잡게 되었다." 아주 간단히 "그렇게 하자"라는 표현으로 시몬이 예수님의 말씀에 따라 깊은 데로 가서 고기를 잡으려 그물을 내렸다는 것을 알린다. 이 간략한 표현이 시몬이 신속하고 확실하게 순명한 것을 부각한다. 그리고 '그대로 했다'는 동사에 원과거분사 복수형(포이에산테스 ποιήσαντες)을 사용하여 시몬뿐 아니라 동료들이 함께 순종한 것을 드러냈다. 그렇게 한 결과로 그물이 찢어질 만큼 너무나 많은 고기가 잡혔다. 시몬은 다른 배에 있는 동료들에게 손짓하여 도와달라고 하였다. 시몬의 순종과 수확에 동료들이 함께 행동하며 참여하였다. 고기가 얼마나 많이 잡혔던지 동료들이 와서 시몬의 배와 동료들의 배에까지 가득 실었는데, 너무나 많아서 배가 가라앉을 지경이었다고 말한다. "저희가 밤새도록 애썼지만 한 마리도 잡지 못하였습니다"(5절)와는 완전히 대조되는 광경이다. 그때에는 '밤을 꼴딱 새고', 쉴 새 없이 이쪽저쪽으로 그물을 드리우며 애를 썼지만 한 마리도 잡지 못했다고 강조했는데, 단순히 '예수님 말씀대로' 했더니, 두 배가 가라앉을 지경으로 많은 고기가 잡혔다.

(3) 부르심 5,8-11

8절

"시몬 베드로가 그것을 보고…." 이제 시몬 베드로가 볼 차례이다. 시몬 베드로가 무슨 일이 일어났는지 제일 잘 알고 있다. 자신은 예수님의 말씀대로 했을 뿐인데, 두 배에 가득 차도록 고기가 잡혔다.

시몬 베드로가 그것을 보고, 예수님의 무릎 앞에 엎드렸다. 8절의 주동사는 '엎드렸다'(프로세페센 προσέπεσεν)이다. '발 앞에 엎드리다'라는 뜻의 프로스핍토(προσπίπτω)의 직설법 원과거이고, 여기에 '말하면서'라는 현재분사가 동반되었다. 더구나 8절에서 그는 지금까지 불리던 시몬이 아닌 '시몬 베드로'라고 지칭되었다. 이 이중 이름과 그가 보인 범상치 않은 태도가 묘하게 조화를 이룬다. 앉아 계신 예수님 앞에 엎드리니 '무릎 앞에' 엎드렸다고 표현하는데, 이는 신적인 현존을 감지한 자의 태도이다. 그리고 그가 한 말은 사람으로서 자신을 전체적으로 인식한 자의 말이다. "주님, 저에게서 떠나주십시오. 저는 죄 많은 사람입니다." 시몬 베드로는 지금 예수님이 주님이시고 동시에 자신이 죄인임을 인식하였다. 자기에게서 떠나달라는 말은 시몬 베드로가 예수님과 헤어지고 싶다는 뜻이 아니다. 또한 그가 다른 사람들보다 더 특별한 죄인이라는 의미도 아니다. 이사야가 소명을 받을 때 천상의 주님 어전 현시를 보고 한 말과 같은 의미이다. "큰일났구나. 나는 이제 망했다. 나는 입술이 더러운 사람이다. 입술이 더러운 백성 가운데 살면서 임금이신 만군의 주님을 내 눈으로 뵙다니!"(이사 6,5). 시몬 베드로도 모세나 이사야처럼 자연의 기적을 통하여 계시의 은혜를 입고 있다. 시몬 베드로가 할 수 있는 유일하게 적절한 응답은 한계 많은 자신의 인간적 조건을 고백하고 하느님의 자비를 간청하는 것이다. 이번에 그는 예수님을 스승님(에피스타타)이 아니라 주님(퀴리에 κύριε)이라고 불렀다.

마르코복음서나 마태오복음서에서 첫 제자를 부르시는 모습과는 달리, 부르심 이야기에서 기적적인 풍어를 언급하고 있는 루카복음서의 5장 고기잡이 이야기는 요한복음서의 21장 고기잡이 이야기와 동일한 기적에 대한 설명이라고 보는 주석가들이 있다. 그들은 이 이야기가 본래 부활 후 장면들을 투사한다고 말하며, 자신을 '죄 많은 사람'이라고 하는 베드로의 표현을 그 근거로 든다. 그 표현이 주님을 배반했던 베드로의 죄의식을 반영한다고 본 것이다. 개연성이 있는 해석이기는 하나 이 대목의 핵심 구절은 "이제부터 너는 사람을 낚을 것이다"라는 말씀이다. 루카복음서에서 시몬 베드로가 고백하는 '죄 많은 사람'은 '배반의 경험'을 가리키는 말이 아니다. 루카복음서는 처음부터 세례자 요한을 통하여, "죄를 용서받아 구원됨"(1,77), "죄의 용서를 위한 회개의 세례"(3,3)를 강조하고, 마지막에서도 "죄의 용서를 위한 회개"(24,47)가 주님의 이름으로 선포되어야 한다고 마무리한다. 결국 이 표현은 구원이 필요한 죄인이라는 인간 존재의 실존을 말할 뿐이다.

루카복음서에서 예수님의 가르침이 '회개하라'를 크게 강조하지는 않지만, 제자들이 사람들을 예수님께로 이끌 때에는 누구에게나 회개가 필요하다고 강조한다. 이런 점에서 베드로는, 죄를 용서받기 위한 회개를 하게 될 것이며 죄인으로서 예수님께 부르심을 받는 첫 사람으로 소개되었다고 볼 수 있다.

9-10절

"사실 베드로도, 그와 함께 있던 이들도 모두 자기들이 잡은 그 많은 고기를 보고 몹시 놀랐던 것이다." 여기서는 '베드로'라는 이름을 사용하여 표현한다. 그리고 이 기회에 시몬의 동업자가 제베대오의 두 아들 야고보와 요한이라고 이름을 밝히며(10절) 그들도 그러했다고 말한다. 루카는 이 대목에서 1-7절에서는 시몬, 8절에 시몬 베드로, 9절에 베드로를 사용하여 점차적인 진행을 드러내는 것 같지만, 10절에 다시 시몬이 등장하는 것을 보아 이름의 혼용은 그가 전승 자료를 사용하면서 그의 고유 자료를 삽입한 데서 기인한 것으로 본다.

예수님의 무릎 앞에 엎드려 자신은 죄인이니 자신에게서 떠나달라고 고백하는 시몬에게 예수님께서 말씀하신다. "두려워하지 마라. 이제부터 너는 사람을 낚을 것이다"(10절). 예수님은 베드로의 반응이 신적 현상 앞에서 보이는 두려움임을 알고 계시다. 그렇기에 '두려워하지 마라'라는 말씀으로 기적적인 고기잡이를 통해 드러난 계시에 보인 베드로의 두려움을 가라앉혀 주신다. 그리고 이런 계시에 바로 뒤이어 베드로에게 사명을 주시며 계시를 마무리하신다. "이제부터 너는 사람을 낚을 것이다." 문장 구성을 볼 때, 이 구절은 미래 시제 '이다'(에세 ἔσῃ) 동사에 현재분사(조그론 ζωγρῶν)를 사용하여 '낚는 이가 될 것이다'로 표현하였다. 전체적으로 아포 투 눈 안트로푸스 에세 조그론(ἀπὸ τοῦ νῦν ἀνθρώπους ἔσῃ ζωγρῶν)은 '이제부터 너는 사람들을 낚는 이가 될 것이다'라는 뜻이다. 현재를 가리키는 '이제부터'와 미래 시제가 결합된 이 문장은 베드로가 이제부터 제자로서 그 소명을 감당할 만한 사람으로 양성된다는 것을 암시한다. 이제부터 그는 사람들을 낚는 사람이 되어간다는 것이다. 그래서 이 말씀은 우선적으로는 장차 그가 하게 될 일을 알려주며 베드로에게 주시는 소명이며, 약속이자 예언이다.

11절

베드로와 동료들은 응답하여 제자의 길을 시작한다. "그들은 배를 저어다 뭍에 대어놓은 다음, 모든 것을 버리고 예수님을 따랐다." 잡은 물고기에 대한 관심은 이 자리에 없다. 물론 시몬은 모든 것을 버리고 예수님을 따랐다. 그리스어 문장에 주어가 명시되지는 않았으나 따르다(아콜루테오 ἀκολουθέω) 동사가 3인칭 복수로 나타나 야고보와 요한을 포함한 시몬의 동료들 역시 예수님을 따랐음을 알려준다. 시몬이 주된 인물로 부르심을 받는 이야기임은 부인할 수 없는 사실이지만(5,4-5.8.10) 이 장면은 이미 잘 알려진 야고보와 요한의 부르심도 내포하고 있다. 시몬이 사도들 가운데 토대가 될 것이다. 모든 것을 버리고 예수님을 따랐다는 말은 간략하지만, 또 하나의 새로운 시작을 가리킨다. 이후부터 그들 모두는 '예수님의 제자들'(5,30.33)이라고 불리게 된다.

이 이야기는 고기잡이라는 은유를 통해 기쁜 소식을 전하는 사명에 대해 말한다. 예수님은 고기잡이 배 위에서 가르치셨고, 배 위에서 제자들을 부르셨다. 또 배에 함께 계시면서 제자들이 기적적인 풍어와 만선을 경험하게 하신다. 많은 고기를 잡은 것처럼 제자들은 수많은 군중을 예수님께로 모으게 될 것이다. 부르심을 듣고 모든 것을 버리고 예수님을 따르게 된 이들이 첫머리에서 체험했던 이 기적적인 고기잡이는 그들 사명 수행의 결과를 비추며 그들의 응답이 견고해지도록 격려한다.

3) 치유와 해방 5,12-26

예수님께서 다른 고을에 기쁜 소식을 선포하시는 양상은 여기서 두 개의 일화를 통해 소개된다. 그분이 병고를 겪으면서 사회적으로 소외되어 고통받는 사람을 위해 기적을 행하신다는 이야기다. 루카는 두 가지 이야기에서 고통받는 이들을 향해 보이시는 예수님의 감정보다 그들을 고통에서 해방시키려는 예수님의 뜻을 부각한다.

(1) 나병 환자의 치유와 해방 5,12-16

12절

"예수님께서 어느 한 고을에 계실 때, 온몸에 나병이 걸린 사람이 다가왔다." 간략한 도입 상황인데 '어느 고을'은 갈릴래아의 어느 도시이다. 예수님은 갈릴래아 지방을 두루 다니고 계시다. 온몸에 나병이 걸렸다는 것은 나병이 온몸에 다 퍼진 중증 상태임을 드러낸다. 그는 예수님을 보자 '얼굴을 땅에 대고 엎드려' 청하는데, 이 태도는 온전히 하느님 앞에 엎드려 경배하는 자세로 칠십인역에서 자주 나타난다. 그는 '주님'이라고 부르며 '당신이 원하기만 하시면 저를 깨끗하게 하실 수 있으십니다'라고 말씀드린다. 그의 말에서 예수님의 권능에 대한 확실한 신뢰가 드러난다. '깨끗하게 하다'에 사용된 카타리조(καθαρίζω) 동사는 나병 환자의 치유에도, 사제의 선언에도 공통으로 쓰인다. 그래서 질병 치유와 더러움을 씻는다는 개념을 모두 가리킨다. 구약성경에서 나병은 죄로 물든 인간의 상태를 보여주는 강한 이미지로 사용되기도 한다.

13절

예수님은 온몸이 나병으로 뒤덮인 사람에게 거침없이 손을 대시며, '원한다'(텔로 Θέλω)고 즉시 답하신다. 그렇게 명백하게 당신의 의지를 표명하시고 바로 치유의 말씀을 내리신다. "깨끗하게 되어라"(카타리스테티 καθαρίσθητι). 이 단어는 카타리조 동사의 수동 명령형이다. "그러자 곧 나병이 가셨다." 예수님의 행동, 원의, 말씀, 그리고 효과가 간결하게 표명되고 한순간에 이루어졌다. 루카는 여기서 마르코와 같은 문장을 사용하는데, 마르코는 나병이 가셔서 '그가 깨끗하게 된 것'을 결말로 소개한다. 루카는 나병(헤 레프라 ἡ λέπρα)이라는 주어를 명시적으로 표시하고 동사는 하나만 사용하여 '나병이 그에게서 떠나갔다'로 문장을 마무리한다. 루카의 표현은 나병으로 온 몸이 뒤덮여 있던 남자가(아네르 플레레스 레프라스 ἀνὴρ πλήρης λέπρας) 나병으로부터 해방된 것을 드러낸다.

14절

예수님은 치유된 이에게 아무에게도 말하지 말고, "다만 사제에게 가서 네 몸을 보이고, 모세가 명령한 대로 네가 깨끗해진 것에 대한 예물을 바쳐, 그들에게 증거가 되게 하여라" 하고 이르신다. 당신이 하고자 하셔서 깨끗해졌지만, 사제가 고유의 특권으로 그것을 선언하도록 하신다. 예수님은 부정을 씻는 제의에 관한 모세 율법을 따르신다. 이것은 마르코에서 자료를 선택하였기에 나타난 것이기도 하지만, 이 자료를 그대로 사용한 것은 그리스도교가 모세의 율법과 예언서에 뿌리를 둔 유다이즘과 연속됨을 드러내려는 루카의 의도 때문이다.

15-16절

예수님께서는 아무에게도 말하지 말라고 하셨지만, 그래도 예수님의 소문은 점점 더 퍼졌다. 마르코와 달리 여기서는 나병 환자가 말을 했다는 기록이 없다. 그러나 말을 안 하더라도, 사제가 치유되었다고 선언할 것이고 나병 환자가 집과 동네로 복귀하는 즉시 알려지고 소문이 퍼져나가기 마련이다. 그래서 "많은 군중이 말씀도 듣고 병도 고치려고 모여왔다." 이 구절에는 루카 고유의 표현이 들어 있다. 사람들이 모여오는 이유가 '듣기 위하여 그리고 그들의 병을 치유받기 위하여'라고 밝혀져 있다. 여기서 '듣는다'와 '치유받는다'가 나란히 나타난 것이 각별한 의미를 드러낸다.

"그러나 예수님께서는 외딴곳으로 물러가 기도하셨다." 사람들이 많이 몰려드는데 예수님이 외딴곳으로 물러가셨다는 말은 말씀을 들려주고 치유하기를 거부하였다는 뜻이 아니다. 예수님은 군중을 치유하고 가르치시지만, 그들이 예수님을 활용하고자 하는 대로 당신 자신을 내맡기지 않으시며, 그들에게 소유되지 않는다는 의미다. 예수님은 사람들을 구원하는 일을 하시고, 외딴곳으로 물러가서 기도하시는데, '물러가다'에 사용된 미완료형 과거는 그분이 통상적으로 하시던 일임을 드러낸다. 치유 사건은 개별적인 상황 때문에 1회적인 것으로 묘사되나, 그런 활동을 하신 뒤에는 외딴곳으로 물러가서 기도하시곤 했던 것이다.

(2) 중풍 병자 치유와 해방 5,17-26

17절

루카가 즐겨 사용하는 카이 에게네토 엔(Καὶ ἐγένετο ἐν… = ~가 일어났다: 5,1.12.17) 구문이 첫머리에 놓여 예수님이 가르치시는 어느 날의 상황을 제시한다. 여기에 이어지는 일은 두 가지다. 하나는 바리사이들과 율법 교사들도 가르침을 받으며 앉아 있었다는 것이고, 다른 하나는 예수님이 주님의 힘으로 병을 고쳐주기도 하셨다는 것이다. 루카복음서에서는 처음으로 바리사이들과 율법학자들이 등장한다. "갈릴래아와 유다의 모든 마을과 예루살렘에서" 왔다고 하니, 전국 사방에서 많은 바리사이와 율법 교사가 온 것으로 묘사된다.

21절에 율법학자들(그람마테우스 γραμματεύς)이라는 단어가 나타나는데 여기 17절에는 율법 교사(노모디다스칼로스 νομοδιδάσκαλος)라고 하였다. 아마도 그람마테우스가 서기관을 가리키는 데 사용되기에 좀 더 의미가 확실한 용어를 고르려 한 것 같다. 뒤에서는 이를 표현하기 위해 노미코스(νομικός)를 선택하는데, 《성경》에는 동일하게 율법 교사라고 번역되어 있다(7,30; 10,25; 11,45.46.52). 루카 2,46에 소년 예수님이 "율법 교사들 가운데에 앉아" 있다고 하는데, 그리스어로는 '엔 메소 톤 디다스칼론'(ἐν μέσῳ τῶν διδασκάλων)으로 '선생들 가운데에 앉아 있었다'이다. 아무튼 거기서는 예수님이 그들 가운데에 앉아 계시고, 여기 5,17에는 그들이 듣기 위해 예수님 앞에 앉아 있다는 광경도 흥미롭다. 율법 교사는 후대 유다인 라삐의 전신으로서 바리사이들 가운데서도 지도층을 형성하고 있었다. 그들은 유다 사회에서 최고로 존중받는 집단이었다. 바리사이들과 율법 교사들이 예수님을 찾아와 그분의 가르침을 들으며 철저히 조사하는 것은 예수님에 관한 소문이 날로 퍼져나가고 있었기 때문에 그 영향력의 근원을 알아보려는 것이다. 가르침과 치유가 병행되는 자리에 그들이 앉아 있었고, 이런 상황에서 중풍 병자의 치유와 죄 사함의 논쟁이 벌어진다.

예수님께서 주님의 힘으로 치유를 하신다. 주님의 힘이 치유를 하는 그분과 함께 있었다. 예수님에게서 나와 사람들을 치유하는 힘(뒤나미스 δύναμις: 힘, 능력, 권능)은 하느님의 힘이라는 것이다. 주님의 힘으로 병을 고친다는 표현은 말씀을 메시아의 행동에 연결하고 기적 이야기를 준비한다. 이 표현은 세례와 광야 유혹 기사 마무리에 예수님이 성령의 힘을 지니고 갈릴래아에 돌아오신 일(4,14)도 상기시키며, 이후에 '성령의 힘'이나 '주님의 힘'이라는 말이 명시되지 않아도 그것이 예수님께서 보여주시는 힘의 실재임을 전제한다(6,19; 8,44).

① 치유(5,18-20)

18-19절

그때에 남자 몇이 중풍에 걸린 어떤 사람을 평상에 누인 채 들고 와서, 예수님 앞으로 들여다 놓으려고 하였는데, 군중 때문에 그를 안으로 들일 길이 없어 지붕으로 올라가 기와를 벗겨내고, 평상에 누인 그 환자를 예수님 앞 한가운데로 내려보냈다. 근동의 전형적인 집은 외부 계단을 통해 올라갈 수 있는 편편한 지붕이 있었고, 지붕은 대개 나무 기둥 위에 들보를 얹고 서까래와 나뭇가지를 얹은 뒤 점토(혹은 찰흙)를 두껍게 발랐다. 그런데 "기와를 벗겨내고"로 번역된 디아 톤 케라몬(διὰ τῶν κεράμων)에서 루카가 사용한 단어 케라모스(κέραμος)는 헬레니즘 세계의 점토로 만든 벽돌 기와를 가리킨다. 루카의 독자에게는 점토 기와를 벗겨내는 일이 가능한 일로 보였을 것이다.

뚫린 지붕을 통해 천장에서 가로로 평형을 유지하며 사람이 떨어질세라 천천히 내려오는 평상은 그 이상 할 수 없는 행동으로 표현한 아주 강력한 요청의 장면이었을 것이다. 이에 걸맞은 예수님의 응답이 나타난다.

20절

“예수님께서 그들의 믿음을 보시고 말씀하셨다.” 예수님은 그 광경을 다 보셨을 것이다. 머리 위에서 기와를 벗겨내는 소리를 듣고, 환자를 누인 평상이 내려와 앞에 놓이는 모습까지 다 보신 후, 그 광경과 더불어 그들의 요청 소리까지도 들으신 것이다. 이것이 “그들의 믿음을 보시고”라는 말씀으로 요약되었다. 그렇기에 곧바로 크게 응답해주신다. 여기서 그들의 믿음이라고 할 때, ‘그들’에는 이 중풍 병자도 포함되는지 생각해보자. 사실 평상에 누운 채 그도 모험을 강행한 것이 아닌가? 복음사가가 명시적으로 드러내지는 않으나, 몸은 마비되어도 의지가 있고 귀와 입도 멀쩡하니, 중풍 병자도 자신을 그런 식으로 예수님 앞 한가운데 내려보내는 데 동의하거나 청하는 식으로 그의 의지가 참여했을 가능성이 높다. 그렇기에 마르코의 “애야”(테크논 τέκνον: 마르 2,5)와는 달리, 루카에서는 한 성인 남자의 인격체를 드러내는 호칭으로 적절한 ‘사람아’라고 표현한다. “사람아, 너는 죄를 용서받았다”(안트로페, 아페온타이 소이 하이 하마르티아이 수 Ἄνθρωπε, ἀφέωνταί σοι αἱ ἁμαρτίαι σου). 예수님께서는 그에게 ‘사람아’ 하고 부르시고, ‘너의’(σου)와 ‘너에게’(σοι) 2인칭 대명사를 두 번이나 사용하여 죄를 용서받았다고 말씀해주시어, 그가 자신이 지은 죄들에 대해 바로 자신이 용서받았다는 것을 인지하는 고유하고 인격적인 체험을 하게 이끄셨다. 죄의 용서(아페시스 하마르티온ἄφεσις ἁμαρτιῶν)는 루카가 주로 사용하는데(루카 24,47; 사도 2,38; 5,31; 10,43;

13,38; 26,18), 여기서 죄의 용서는 회개하라는 부름을 함축하고 있다.

'믿음'이란 단어가 루카복음에서는 중풍 병자 이야기에서 처음 나타나며, 다음은 백인대장의 믿음(7,9), 향유를 부은 여인의 믿음(7,50) 이야기 등으로 이어지는데[하혈하는 여인(8,48); 감사드리러 돌아온 나병 환자(17,19); 예리코의 눈먼 이(18,42)], 루카복음에서 믿음은 예수님께서 하느님의 도움을 구해주신다는 확신을 토대로 담대히 행동하고, 예수님을 통하여 하느님께서 역사하심을 감사하게 받는 이들에게서 드러난다.

예수님은 주님의 힘으로 치유해주실 뿐만 아니라 죄도 용서해주신다. 두 요소가 중풍 병자 치유에서 합치되어 나타났다. 예수님은 점점 하느님을 드러내시고 동시에 그분의 구원 활동은 더 심화되어 드러나기 시작한다. 똑같은 힘에 의해 몸이 일어서고 영적인 용서가 베풀어지면서, 이 힘이 치유와 용서 양쪽을 모두 똑같이 이룰 수 있음을 발견한다. 훗날 죽은 이들로부터 살아나신 메시아께서 부어주신 성령을 받은 사도들은 '죄의 용서'를 선포하며 성령의 힘으로 사람들을 변화시켰다(사도 2,32.38).

② 가르침(5,21-26)

21절

"율법학자들과 바리사이들은 의아하게 생각하기 시작하였다. '저 사람은 누구인데 하느님을 모독하는 말을 하는가? 하느님 한 분 외에 누가 죄를 용서할 수 있단 말인가?'" 율법학자들과 바리사이들은 예수님 말씀을 듣고 "저 사람은 누구인데"라는 의문을 제기하면서 그가 하느님을 모독하는 말을 했다는 것과 용서는 하느님만 하실 수 있다는 두 가지 말을 한다. 일반적으로 죄의 용서를 종말에 이루어질 일로 보았기 때문에 하느님만이 그 일을 하실 수 있다고 말하는 것이다. 루카는 전반부에서 율법학자들과 바리사이들이 취한 태도를 초기에는 자기네의 신념과 다른 차이에 이의를 제기하며 의아함을 표현하기 시작한 것이라고 중립적으로 보고한다.

22-23절

예수님께서는 그들의 생각을 아시고 물으셨다. "너희는 어찌하여 마음속으로 의아하게 생각하느냐? '너는 죄를 용서받았다' 하고 말하는 것과 '일어나 걸어가라' 하고 말하는 것 가운데에서 어느 쪽이 더 쉬우냐?" 일어나 걸어가라는 말은 그 즉시 눈앞에 효력을 보여야 하고, 죄를 용서하는 경우는 눈에 보이지 않는 일이나 종말의 죄 용서를 전제하고 있다면 예수님의 이 질문에 대한 답은 쉽지 않다. 이 두 행위에서 둘 다 원하는 결과를 얻으려면 하느님의 권능을 행사해야 한다. '너희는 공적 검증이 불가능한 죄 용서라는 내 행위에 시비를 걸고 있다. 그렇다면 검증 가능한 치유에 대해서는 어찌할 것이냐?' 이것이 예수님께서 던지신 질문이 의미하는 바다. 예수님은 주님의 힘으로 이 두 가지 구속으로부터 해방과 자유를 선언하신다.

24-25절

"이제 사람의 아들이 땅에서 죄를 용서하는 권한을 가지고 있음을 너희가 알게 해주겠다"(24ㄱ절). 예수님께서 바리사이들과 율법 교사들에게 가르침을 주시는 장면이다. 그러고 나서 예수님께서 중풍에 걸린 이에게 말씀하셨다. "내가 너에게 말한다. 일어나 네 평상을 가지고 집으로 가거라"(24ㄴ절). 중풍 병자에게 해방을 주시는 말씀이다. 예수님과 그들 한가운데 평상 위에 누워 있던 중풍 병자가 이 말씀을 듣더니, 그들 앞에서 즉시 일어나 자기 평상을 들고 걸어 나간다. 검증 가능한 하느님의 행위가 눈앞에서 일어났다. 그러니 예수님께서 하느님의 권능을 행사하신다는 사실이 드러난 것이다. 그렇다면 그 하느님의 권능으로 죄도 용서해주실 수 있다. 그는 죄에서 해방되었고, 마비되어 묶여 있던 몸에서도 해방되었다.

예수님께서는 말씀하신 대로 '이제 사람의 아들이 땅에서 죄를 용서하는 권한을 가지고 있음'을 그들이 알게 해주셨다. 여기에 그리스도론적인 호칭 '사람의 아들'이 루카복음에서 처음으로 나타났는데 이 구절에서는 간단히 그분이 예수님임을 드러내고 있다.

치유된 사람은 하느님을 찬양하며 집으로 돌아갔다. 예수님께서 말씀하신 그대로 일어났고, 자기 평상을 들고 집으로 돌아갔는데, 그가 자기 마음에서 우러나와 스스로 한 일은 하느님을 찬양한 것이다.

여기서 명시적으로 표현하지 않았지만, 밖에 있다가 평상을 들고 걸어 나오는 그를 본 사람들로부터 어떤 환호와 찬양 소리가 터져 나왔을지 충분히 짐작해볼 수 있다.

26절

이어지는 구절은 모든 사람이 크게 놀라서 하느님을 찬양하였다고 전한다. 그리고 두려움에 차서 "우리가 오늘 신기한 일을 보았다" 하고 말하였다. 그 찬양 소리 안에 치유된 중풍 병자와 동료들의 찬양이 어우러졌을 것이다. 두려움에 찼다는 표현은 하느님의 권능을 목격한 것에 대한 당연한 반응이다. 신기한 일을 보았다고 말하는데 '신기한 일, 놀라운 일'의 뜻을 파라독소스(παράδοξος)의 복수 목적격인 파라독사(παράδοξα)를 사용하였다. 그들은 죄로부터의 자유와 마비된 몸으로부터의 자유, 놀라운 일들을 보았다.

예수님이 보여주시고 알게 하신 일: 예수님께서 죄를 사하시고 병자를 치유하시는 구원을 보여주신 것, 즉 사람의 아들이 죄를 용서하는 권한을 가지고 계심을 알게 하신 것, 중풍 병자에게 일어나 걸어가라고 말씀하셨고, 그가 그렇게 일어나 걸은 것, 그리고 '저 사람이 누구인데?'라고 질문하는 바리사이들과 율법 교사들에게 당신이 그런 죄의 용서를 선언할 수 있는 분, 하느님의 권능을 행사하시는 분이라는 것을 알게 하셨다.

4) 부르심과 가르침 5,27-6,16

예수님은 나자렛 회당에서 주님의 은혜로운 해를 선언하시고, 제자들을 부르신 후, 5,11에서부터 여러 활동 상황을 전해주시는데, 갈릴래아에서 같은 흐름으로 활동하시는 것이 6,16까지 이어진다. 그중 5,27-39은 이 활동의 중심에 계신 예수님의 의도와 목적, 곧 어떤 마음으로 군중을 가르치시고 치유하시는지를 드러내는 대목이다. 여기 나오는 이 시기는 예수님이 죄인들을 부르시고 용서하심을 선포하시는 중에 함께 기쁨을 나누는 때이며, 또한 예수님을 통하여 하느님께서 새로운 일을 시작하신 때이다.

(1) 레위를 부르심과 가르침 5,27-32

① 레위를 부르심(5,27-28)

27절

예수님께서 레위라는 세리가 세관에 앉아 있는 것을 보시고 말씀하셨다. "나를 따라라." 예수님께서 제자를 부르실 때 관용구처럼 사용하시는 "나를 따라라"(아콜루테이 모이 ἀκολούθει μοι)라는 말씀을 루카복음에서는 세리가 처음으로 듣는다는 사실이 의미심장하게 다가온다. 죄인들을 부르시는 예수님을 부각하려는 루카복음의 의도가 드러나는 장면이다. 물론 시몬 베드로를 부르시는 장면이 먼저 나왔지만 이 말은 이곳에서 명시적으로 처음 나타난다. '세리'라는 단어가 암묵적으로 그를 죄인들의 무리에 배치한다. 당대 로마 제국 치하에 있는 유다인들의 종교 · 사회적 배경하에서 세리는 뇌물 수수와 부정부패로 공공연하게 죄인으로 취급받았다. 그런 세리가 세관에 앉아 있는 것을 보시고, 즉 세금 걷는 업무 중에 있는 그를 부르신 것이다.

28절

레위는 즉시 전적으로 응답한다. "그러자 레위는 모든 것을 버려둔 채 일어나 그분을 따랐다." 제일 먼저 자기가 가진 모든 것을 버리는데, 소유물과 직업을 떠나는 것이 표현되어 있다. 이어서 자기가 있던 자리에서 일어나는데, 이 동작은 죄인 됨의 자리에서 일어서는 것을 암시할 수 있겠다. 그리고는 다른 방향으로 움직여 가는데, 레위의 경우 예수님을 따르는 제자의 길에 들어선다. 레위의 행동을 묘사하는 한 구절 안에 있는 동사 3개 '버리다', '일어서다', '따르다'에 회개의 요소와 과정이 다 들어 있다.

루카복음의 맥락에서 죄인이라 고백하는 베드로가 제자가 되는 것(5,8-11)과 함께, 세리인 레위의 따름으로 이뤄지는 조화는 예수님이 선포하시는 하느님 나라의 실재를 보여준다.

② 레위가 베푼 큰 잔치(5,29-32)

29절

레위가 베푼 큰 잔치 이야기가 이어진다. 레위를 부르심이란 주제는 공관복음서에 공통으로 나타나는데, 루카는 일부를 수정하여 신학적 관심을 명확히 한다. 예수님이 대접받는 모습이 흔치 않은데 루카복음에서는 레위가 자기 집에서 큰 잔치로 예수님을 대접하는 모습을 명시한다. 잔치는 전통적으로 기쁨의 자리이고, 누군가에게 잔치를 베푼다는 것은 감사를 표현하는 방식이다. 이 자리에 레위의 동료인 세리들이 많이 참석하고 다른 사람들이 큰 무리를 지어 식탁에 앉았다고 한다. 그 '다른 사람들' 중에는 이미 모든 것을 버리고 예수님을 따라나선 첫 제자들도 섞여 있었을 것이다. 아마도 넉넉하게 열린 잔치였던 모양이다. 예수님은 이 잔치에서 그들 모두와 함께 먹고 마시며 기쁨을 나누고 계시다. 이 잔치를 통해 식탁 공동체 주제가 제시된다.

30절

이 잔치는 평범한 자리가 아니었다. 그래서 바리사이들과 율법학자들이 예수님의 제자들에게 투덜거렸다. "당신들은 어째서 세리와 죄인들과 함께 먹고 마시는 것이오?" 자기들과 함께 식탁에 앉기도 하시는 예수님께서 세리들, 곧 죄인들과도 자리를 함께하시니 불만이 생긴 것이다. 그런데 그들은 예수님이 아니라 왜 제자들에게 투덜거렸을까? 추측해보면, 레위의 집 내부 깊숙이에 자리한 주빈인 예수님 주변에는 레위와 그의 동료들이 많이 모여 있을 터이니, 그들은 그 자리에 가까이 가고 싶어 하지 않았을 것이고, 그래서 바깥쪽에 있던 제자들에게 투덜거렸을 것이다.

바리사이들과 율법학자들에게는 예수님과 함께하는 레위와 동료들의 기쁨이 보이지 않는다. 그들이 왜 잔치를 하는지조차 모른다. 자기들 눈에는 그저 세리와 죄인에 불과한 이들인데, 예수님이 그들과 함께 먹고 마시고 계실 뿐이다. 세리는 이미 죄인의 명단에 들어 있고 그들과 함께하는 사람들은 그 자체로 율법을 어겨 죄인으로 분류된다. "어째서"(티 τί) 그런 행동을 하는지 이해할 수 없다고 투덜거린다. 중풍 병자 이야기에서 그들은 의아하게 생각하는 태도를 보였는데, 여기서는 좀 더 나아가 투덜거리며 제자들에게 불만을 표시한다. 바리사이와 율법 교사들은 율법을 해석하는 특권이 자신들에게 있음을 당연하게 여기며 자신들의 해석을 신봉한다. 그래서 하느님과 메시아께서 시작하신 일을 이해할 수가 없다. 하느님께서 죄인들에게 은총을 베푸신다는 것도 이해할 수 없고, 그러니 당연히 식탁 친교를 받아들일 수가 없다.

31-32절

바리사이들의 투덜거림이 전달되었는지 직접 들으셨는지 알 수 없으나, 예수님께서는 그들에게 대답하셨다. "건강한 이들에게는 의사가 필요하지 않으나 병든 이들에게는 필요하다. 나는 의인이 아니라 죄인을 불러 회개시키러 왔다."

예수님이 사용하신 의사 이미지는 독창적이다. 의학의 개념은 후기 이스라엘에서야 도입되었다. 의사 이미지와 더불어 예수님은 '병든 이' 이미지로 죄인들을 가리키신다. 그들에게는 치유가 필요하고, 또 치유될 가능성이 있음을 알리신다. 게다가 예수님은 유능한 의사이기에 다 치유하실 수 있다. 32절에서 치유와 회개를 연결하시며 다시 한번 강조하신다. "나는 의인이 아니라 죄인을 불러 회개시키러 왔다." 그분께서 불러 함께하고자 하는 이들은 본래부터 그 '죄인들'이었다는 말이다. 루카복음은 1장에서부터 이 요소를 주요하게 다루며 이어오고 있다. 이는 마리아의 노래, 즈카르야의 노래, 나자렛 회당 선포에도 너무나 분명히 드러나 있다.

그러면 여기서 건강한 이, 의인이라고 분류되는 이들은 누구인지, 이스라엘 백성은 누구나 회개해야 하는 것이 아닌지 물을 수 있다. 그런데 예수님은 누가 의인인지에 대해 말씀하신 바가 없다. 여기서는 다만 병든 이들, 즉 죄인들에게 관심을 기울이시는 예수님을 소개하고 있을 뿐이다. 예수님이 여기서 하시는 행동은 두 가지, 즉 죄인을 부르시는 것과 회개시키는 것이다. 루카복음에서 회개는 중요한 주제인데 회개로 초대되는 것, 하느님의 부르심을 받는 것은 생활의 변화를 요구한다. '~하러 왔다'에서 마르코나 마태오가 오다(에르코마이 ἔρχομαι) 동사의 과거 일회적인 의미를 드러내는 원과거 시제(엘톤 ἦλθον)를 쓴 것과 달리, 루카는 과거에 이루어져 효과가 계속 진행되는 완료 시제(엘레뤼타 ἐλήλυθα)를 써서 메시아적 행동의 의미를 드러내고 예수님의 전체 활동을 포괄한다. 루카가 예수님에 의해 시작되고 교회의 삶 속에서 영속적으로 변화되며 지속되는 상황을 보고 있기 때문일 것이다. 루카복음에서는 제자 무리에 '죄인'이 들어감을 공공연히 드러내고 있음을 기억해야 한다.

(2) **단식 논쟁** 5,33-39

33절

그러자 그들은 예수님께 다시 질문한다. "요한의 제자들은 자주 단식하며 기도를 하고 바리사이의 제자들도 그렇게 하는데, 당신의 제자들은 먹고 마시기만 하는군요." '그러자'라는 말로 잔치의 배경에서 논점을 바꾸어 질문을 한다. '요한의 제자들도, 바리사이의 제자들도'라고 하며 당시 경건한 이들의 관행인 단식 습관을 놓고 제자들의 생활 태도를 문제 삼는다. 예수님의 제자들을 공격하기 위하여 두 집단을 함께 예로 들었으나, 요한의 제자들과 바리사이들을 너무 동일시하지 않도록 둘을 나란히 붙여 쓰지 않고, 간격을 두고 '바리사이의 제자들도 그렇게 하는데' 하면서 뒤에 놓았다. 말하자면 경건한 이들은 속죄일이나 재난이 닥쳤을 때와 같이 의무적으로 단식을 해야 할 때만 단식하는 것이 아니라 자진해서 자주 단식을 하며 기도한다는 것이다. 어떤 바리사이는 일주일에 두 번 단식한다고 스스로 밝히며(18,12) 자부심을 갖기도 한다.

그런데 "당신의 제자들은 먹고 마시기만 하는군요." 예수님의 제자들이 먹고 마시는 일이 눈에 자주 뜨인다는 이야기다. 대조적으로 요한의 제자들과 바리사이들은 단식하는 것이 자주 눈에 뜨이고 사람들도 그들이 자주 단식한다는 것을 다 알고 있다. 하느님을 향한 행위인지, 사람들 눈을 향한 행동인지 아이러니한 사실을 스스로들 드러내고 있다. 예수님께서는 세 개의 비유적 격언을 들어 답변하신다(5,34.36.38).

① 단식의 때(5,34-35)

34절

"혼인 잔치 손님들이 신랑과 함께 있는 동안에 단식을 할 수야 없지 않으냐?" 여기서 예수님은 당신의 제자들이 먹고 마시기만 한다, 즉 '단식을 하지 않는다'는 지적에서 논점을 옮겨 '단식하게 내버려 둘 수야 없지 않으냐' 하신다(메 뒤나스테 … 포이에사이 네스테우사이 μὴ δύνασθε … ποιῆσαι νηστεῦσαι). '단식을 안 하는 것이 아니라, 단식할 시기가 아니지 않은가'라고 질문을 돌려주신다. 여기서 바리사이들과 율법 교사들은 허를 찔린다. 상황 파악에 완전히 실패한 셈이다. 예수님은 자주 단식하는 것을 문제 삼지 않으신다. 언제 어떻게 단식하는가로 논점을 옮기셨다.

혼인 잔치 손님들이 신랑과 함께 있는 동안에 단식하게 둘 수는 없다는 것이다. 어느 라삐 문서(*Megillah Ta'anit*)는 축제의 기쁨과 하느님께서 당신의 백성을 위하여 하신 일의 기억에 참여할 수 있도록, 연중 단식을 금지해야 하는 날들의 목록을 제시한다. 혼인 잔칫날은 이 큰 기념일들과 동일시되었고, 그 상황에서는 교사도 율법 수업을 중단해야만 했다. 혼인은 물론 전례적 행사는 아니지만 하느님께서 그분의 백성과 함께하신 역사를 상징했다(호세 1-2장; 에제 20장 참조). 그리고 예수님이 중요하게 밝히신 것은 당신과 함께 있는 이 시간이 혼인 잔치 기간이라는 점이다.

35절

'그들이 신랑을 빼앗길 날이 올 것이고, 그때에는 그들도 단식을 할 것이다'라고 하신다. 이 말씀은 예수님의 십자가 수난과 승천을 암시하기보다, 단순하게 그리스도가 더 이상 그들과 함께하지 않는 교회의 시간을 가리킨다. 루카에 따르면 교회의 이 시간은 새로운 단식의 시간이 될 것(사도 13,2-3; 마태 6,16-18)이다. 기도처럼 단식도 그리스도교 전례의 일부가 될 것이며, 그 안에서 그리스도의 현존을 느끼고, 성령께 접근하게 되는 장소와 시간이 될 것이다(사도 13,2). 예수님의 생애 동안 구원의 실재는 단식의 거부로 표시되었지만, 지금 교회의 시간에는 새로운 의미를 받은 단식을 실천하여 기쁨으로 구원의 실재에 연결된다. 교회에서 단식의 실천은 급속히 보속 개념과 연결되었다.

② 새 옷과 헌 옷(5,36)

36절

루카는 "예수님께서는 그들에게 또 비유를 말씀하셨다"라는 문장을 첨가한다. 그리고 이어지는 문장은 비유적 격언이다. "아무도 새 옷에서 조각을 찢어내어 헌 옷에 대고 꿰매지 않는다"에서 '아무도'는 이 상황이 일반적인 것임을 가리킨다. 이어지는 문장은 이러하다. "그렇게 하면 새 옷을 찢을 뿐만 아니라, 새 옷에서 찢어낸 조각이 헌 옷에 어울리지도 않을 것이다." 그리하여 새것과 옛것이 합해지지 않는다는 사실을 더 분명하게 표현했다. 여기서 강조점은 '새것'에 대한 태도와 관심이다. 새것은 그 자체로 독립성을 지녀야 한다고 말한다. 새것을 옛것을 깁는 한 조각으로 사용해서도 안 되고, 옛것의 여러 제약 속에 가두어도 안 된다. 그렇다고 옛것 속에 있는 어떤 구체적인 요소들을 거부한다는 뜻은 아니다. 예수님의 말씀에서 둘은 모두 보존되며 연속성을 지니고 연결되며 양립한다. 여기서 옛것은 유다이즘 문화를, 새것은 그리스도교 문화를 가리킨다. 루카복음서는 유다교와 그리스도교 간의 연속성(루카 1-2장; 사도 2장), 바리사이파와 그리스도교 간의 연속성(루카 5,17)을 강조하고, 초기 그리스도교는 요한의 세례(지금은 예수님과 결부되어 행해지는)를 자신들의 전례에 동화시켰다. 옛것에 높은 가치를 두면 옛것을 보존하고자 하는 부적절한 시도들이 생겨난다. 예수님은 옛것을 해석하시며 새로움으로 연결시켜 새것을 제시하신다.

③ 새 포도주는 새 부대에(5,37-39)

37절

"또한 아무도 새 포도주를 헌 가죽 부대에 담지 않는다." 37ㄴ절 '만일 그렇게 하면' 새 포도주가 헌 부대를 터트리게 된다고 분명히 말씀하신다. 포도주를 담는 가죽 부대는 작은 짐승 가죽을 여러 장 꿰매어서 만들었다. 새 포도주가 발효되면 부피가 늘어나며 압력이 증가하기 때문에 헌 가죽은 이미 탄력을 잃은 상태라 터지게 된다. 이 비유에서도 관심은 새 포도주에 있으며, 요지는 새 포도주는 팽창하는 데 공간이 필요하다는 것이다. 지금 제자들의 행동 양식은 예수님과 함께하며 생겨나는 새 부대이다. 새 포도주인 죄인이 회개한 기쁨을 함께 누리며 먹고 마시는 것이다. 또한 유다이즘의 근원이 담긴 성경을 계시의 근원인 하느님의 아드님이신 예수님이 해석하시고 실현하시는 데에서 새 포도주와 새 부대가 생겨난다.

39절

"묵은 포도주를 마시던 사람은 새 포도주를 원하지 않는다. 사실 그런 사람은 '묵은 것이 좋다'고 말한다." 이 구절은 앞부분 36-38절에 대한 이해와 연결되어 있다. 여기서 묵은 포도주는 우선 유다교에서 실천하는 단식을 가리키는데, 오직 그것만을 아는 사람은 새것을 원하지 않고 알려고 하지도 않기에 묵은 것이 좋다고 말한다. 이것은 제자들에게 이의를 제기하고 있는 이들에 대한 말씀이다. 예수님은 단식의 관례를 파기하지 않으셨고, 그 의미가 퇴색되게 하지도 않으셨다. 다만 그분이 가져오신 해방으로 말미암은 기쁜 소식과 당신께서 함께 계시다는 사실을 깨달아 새로움을 받아들이도록 가르치신 것이다. 예수님의 가르침이 그들이 알고 지키던 것들을 보존하며 새롭게 이어가고 있음을 묘사한 대목이다. 이 내용은 안식일 논쟁에서도 계속 이어진다.

(3) **안식일 논쟁** 6,1-11

안식일에 생긴 일로 인해 일어난 논쟁 두 개가 소개된다. 앞에서 단식에 대하여 새것과 옛것이라는 관점으로 풀어주신 가르침은 '안식일' 논쟁을 바라보는 시각을 제공한다. 안식일은 예수님 시대에도, 또 예루살렘 성전이 소실된 이후에도 유다인들의 신원을 증언할 만큼 유다인들에게 중요한 전통이고 반드시 지켜야 하는 규범이었다.

① 안식일에 밀 이삭을 뜯어 먹다(6,1-5)

1절

예수님께서 안식일에 밀밭 사이를 가로질러 가시게 되었다. "그런데 그분의 제자들이 밀 이삭을 뜯어 손으로 비벼 먹었다." 마르코의 자료를 사용하나 제자들의 행동을 "밀 이삭을 뜯어 손으로 비벼 먹었다"고 더 세밀하게 표현하고, 다윗이 한 행동을 언급하는 과정에서 불명확하고 확인할 수 없는 대사제의 이름을 생략했다.

2-4절

바리사이 몇 사람이 그 제자들에게 어째서 안식일에 해서는 안 되는 일을 하느냐고 물으니 예수님께서 그들에게 대답하신다. 우선 예수님의 대답에서 돋보이는, 그분과 제자들의 관계를 본다. 제자들의 행동에 대한 책임을 예수님은 당신의 것으로 감당하신다. 예수님과 제자들은 함께 움직이고, 제자들은 온전히 예수님께 속해 있으며, 예수님은 그들과 하나이다. 안식일에는 밀 이삭을 비비는 간단한 행위도 금지되어 있었다. 예수님은 구약시대에 다윗과 관련된 일화를 예로 드셨다. "다윗과 그 일행이 배가 고팠을 때, 다윗이 한 일을 읽어 본 적이 없느냐?" '다윗이 자기 일행과 함께 시장했을 때'라는 지적으로 지금 예수님과 제자들이 시장한 상태임을 명확하게 짚으신다. 그리고 당대 유다인 누구나가 인정하는 하느님께 충실한 임금인 다윗의 행동 곧 제사 빵을 먹은 것이 일반적으로는 금지된 일이나, 어쩔 수 없는 그 상황에서는 정당한 것으로 평가받았음을 제시하신다.

5절

"이어서 그들에게 말씀하셨다. '사람의 아들은 안식일의 주인이다.'" 이 표현은 바리사이들이 예수님은 다윗과 다르다고 반박하지 못하도록 하며, 또한 예수님이 제자들을 보호하시는 근거를 제공한다. 루카는 그의 그리스도론에 맞추어 '안식일의'(τοῦ σαββάτου)를 강조 위치인 뒤에서 앞으로 옮기고 '사람의 아들'이 연결되도록 그리스어 어순을 바꾸었다. 한글로는 마르코와 루카가 똑같이 번역되어 있다.

루카 6,5	κύριός ἐστιν τοῦ σαββάτου ὁ υἱὸς τοῦ ἀνθρώπου
마르 2,28	κύριός ἐστιν ὁ υἱὸς τοῦ ἀνθρώπου καὶ τοῦ σαββάτου

루카복음서는 마르코의 "안식일이 사람을 위하여 생긴 것이지, 사람이 안식일을 위하여 생긴 것은 아니다"를 생략하고 예수님이 안식일의 주인이심을 부각한다. '안식일의 주인'이라는 말은 안식일에 대한 하느님의 뜻을 책임 있게 대표할 권리를 지녔다는 뜻이다. 예수님은 바리사이들이 마치 안식일의 주인처럼 행동하고 있다고 암묵적으로 비판하신다(6,9; 14,3 참조). 그분은 하느님께서 사람에게 주신 안식일의 진정한 의미를 해석하고 가르치신다. 그리하여 안식일을 유다적

사고의 협소함에서 해방시켜, 창조 때의 안식일을 기억하고 하느님 나라를 기대하는 가운데 선과 해방과 치유에 헌신하는 시간이 되도록 하셨다.

예수님 시대에 배가 고파 밀 이삭을 비벼 먹을 수밖에 없었던 제자들과, 그런 행동조차도 제재를 받았다는 상황은 그 당시 유다인 가운데 가난한 이들은 안식일에 '일용할 양식'이라는 생존의 기본 여건에서 어려움을 겪었다는 사실, 그리고 안식일 규정을 못 지키기에 죄인이라는 굴레를 쓰고 살았다는 사정을 드러내준다. 단순히 제자들만을 변호하기 위해서가 아니라, 안식일의 기본 의미를 살려야 할 당위성이 여기에 있다. 예수님은 유다교 내의 소수인들의 태도를 옹호하시고 다르게 살고 있는 현실을 정당화해주신 것이다. 루카복음서 시대에 그리스도인들은 이미 안식일 규정에 대한 다른 해석을 존중하며 살았던 것으로 확인된다.

② 안식일에 오그라든 손 치유(6,6-11)

6절

"다른 안식일에 예수님께서 회당에 들어가 가르치셨는데, 그곳에 오른손이 오그라든 사람이 있었다." '다른 안식일에'는 이 이야기를 바로 앞의 6,1-5과 연결하는 기능을 한다. 루카복음서에서 예수님은 안식일이면 거의 항상 회당에서 가르치신다. 그런데 그곳에 "오른손이 오그라든 사람이 있었다."

7절

"율법학자들과 바리사이들은 예수님을 고발할 구실을 찾으려고, 그 분께서 안식일에 병을 고쳐주시는지 지켜보고 있었다." 아무도 그 사람을 치유해달라고 청하지 않았고, 그의 치유에 관심을 보이는 이도 없었다. 다른 사람들이 오른손이 오그라든 사람의 존재와 상태를 알 듯이 율법학자들과 바리사이들도 그의 상태를 알고 있었는데, 예수님을 고발할 구실을 찾기 위해서 예수님이 그를 치유하실 것인지 지켜본다. 여기에 사용된 동사는 '지켜보다, 가까이서 살피다'의 뜻을 가진 파라테레오(παρατηρέω)로 악의를 품고 숨어서 노리는(애가 4,19) 살펴봄이다. 칠십인역 시편 36,12ㄱ "악인이 의인을 거슬러 계교를 꾸미며"(παρατηρήσεται)에 같은 동사가 사용된 것에서 그 의미를 더 분명히 파악할 수 있다. 안식일 율법에 내재되어 있는 사랑의 계명은 바리사이와 율법학자들의 안중에 없다.

8절

"예수님께서 그들의 생각을 아시고 손이 오그라든 사람에게, '일어나 가운데에 서라' 하고 이르셨다." '나와서 서라'(에게이레 카이 스테티 ἔγειρε καὶ στῆθι). 예수님께서는 일반적으로 치유하실 때 명령형의 말씀을 사용하셨는데, 여기서는 다른 목적으로 단호하게 명령하시니,

그가 즉각 순명하여 일어나 가운데에 선다. "예수님께서 그들의 생각을 아시고" 그렇게 당신이 하시는 일이 회당 한가운데 모두가 보는 데서 일어나게 하시며 가르침을 주신다. 율법학자들과 바리사이들은 예수님께서 병을 고칠 수 있다는 것을 이미 안다. 그런데 안식일인 오늘 치유하기만 해보라는 심사로 지켜보고 있는 것을 아셨다.

9절

예수님께서 그들에게 말씀하셨다. "내가 너희에게 묻겠다. 안식일에 좋은 일을 하는 것이 합당하냐? 남을 해치는 일을 하는 것이 합당하냐? 목숨을 구하는 것이 합당하냐? 죽이는 것이 합당하냐?" 예수님께서 가운데에 손이 오그라든 사람을 세워두시고, 그들에게 질문을 던지신다. 자신들이 안식일에 대해서 무엇인가 책임과 권리가 있는 주인인 듯 행세를 하는 율법학자들과 바리사이들에게 물으신 것이다.

안식일을 지키는 것은 합당하고 마땅한 일이다. 예수님께서 던지신 질문에는 안식일을 왜 지키는지, 궁극적으로 안식일에 이뤄져야 하는 것이 무엇인지 성찰하라는 촉구가 함축되어 있다. 창조(창세 2,1-3)와 구원의 탈출 여정을 바탕으로(신명 5,14-15) 안식일이 생기게 된 근본 의미를 기억할 때, 질문의 답은 너무도 자명하다. 그래서인지 율법학자들과 바리사이들은 침묵한다.

10절

"그들을 모두 둘러보시고는 그 사람에게, '손을 뻗어라' 하고 말씀하셨다." 여기에 나오는 동사는 치유의 명령형이다. '너의 손을 뻗어라'(엑테이논 텐 케이라 수 ἔκτεινον τὴν χεῖρά σου). 일반적으로 자주 능숙하게 사용해야 하는 오른손이 오그라들어 있으니, 그의 일상생활은 물론이고, 생계와 관련된 작업에도 적잖은 문제가 있었을 것이다. 손 정도가 생명과 관계 있는 일이냐고 반문할 수 있다. 안식일이 내포하고 있는 의미를(신명 5,14-15) 감안할 때, 관계 있다고 말할 수 있다. "그가 그렇게 하자 그 손이 다시 성하여졌다." '성해졌다'에 사용된 '회복하다, 재건하다'의 뜻을 지닌 아포카티스타노(ἀποκαθιστάνω)의 원과거 수동형이다. 이 동사를 사용하여 치유된 상태를 신학적으로 아주 강하게 표현하였다. 칠십인역에서 이 단어는 종말에 이루어질 이스라엘의 재통합을 가리키는 특별한 의미로 사용된다.

여기서 이 병자는 온순하게 예수님 말씀을 따르고 치유의 은혜를 입는다. 예수님은 안식일에 할 수 있는 일, 즉 좋은 일, 목숨을 구하는 일을 하셨다. 규정을 지키는 데 사로잡히고 종속되어, 좋은 일을 하고 생명을 구하는 일을 하찮게 여기는 것을 바로잡으신다. 예수님은 상식에 호소하신다. 선을 행하거나 생명을 구할 기회가 주어질 경우 구해야 한다. 예수님은 토라를 해석할 유권자로서도, 창조 때의 완전한 모습으로 사람을 회복시키는 것으로도 안식일의 주인이시다.

11절

"그들은 골이 잔뜩 나서 예수님을 어떻게 할까 서로 의논하였다." 루카는 바리사이들이 나가서 곧바로 헤로데 당원들과 더불어 "어떻게 없앨까 모의를 하였다"는 마르 3,6의 표현을 생략한다. 루카복음서의 구성에서 예수님을 없애자는 결정은 갈릴래아에서의 활동이 끝난 후에야 나타날 것이며, 바리사이들이 아니라 예루살렘의 수장들에 의해 이뤄질 것이다. 게다가 예수님의 운명은 인간의 결정에 달려 있지 않고, 하느님의 계획과 예수님이 그것에 대해 항상 가졌던 자각에 달려 있기 때문이다. 그래서 루카는 어떻게 할지 긴 논의가 시작되었다는 표현으로 대치하는데, '의논하다'(디아랄레오 διαλαλέω)의 미완료형 디에랄룬(διελάλουν)을 사용하여 지속적인 의미를 드러냈다. 그들의 격노와 품은 의도는 '골이 잔뜩 나서'라는 표현에 함축되었다. 안식일에 치유와 병행한 예수님의 가르침을 율법학자들과 바리사이들은 결국 알아듣지 못하였다.

사실 단식 논쟁이나 안식일 논쟁은 바리사이들과 율법학자들이 예수님께 가르침을 받을 수 있는 아주 적절한 기회이다. 예수님께서는 그들이 충실하게 지키고 있는 율법을 계속 충실하게 지키고 의미를 살려나가도록, 하느님 뜻이 온전히 드러나도록 새롭게 설명하시며 본 의미를 채워주시는데 그들은 깨닫지 못한다. 가르침을 들어야 하는데, 그들은 대등하게 예수님과 논쟁을 하며 이기려 하고, 당해내지 못하니까 화를 내며 예수님을 해치려 한다. 루카복음서는 전반부에서 바리사이들과 율법학자들이 예수님을 진정으로 만날 수 있는 기회를 계속 가지는 상황을 제시하고 있다. 그 흐름 속에서 그들이 어떻게 생각하고 반응하며 행동하고 있는지를 보여준다. 이 내용은 유다이즘의 세계에 뿌리를 둔 당대 독자들이 진지하게 유다이즘의 가치들을 숙고하여 그리스도교의 가르침을 받아들이고, 회개하여 구원을 받도록 초대하는 기능도 한다.

(4) **열두 사도 선발** 6,12-16

예수님을 만나 치유받고 가르침을 듣고 해방을 체험하는 사람들이 점점 늘어나는 가운데, 그분의 가르침에 이의를 제기하고 시험하며 도전하는 바리사이들과 율법학자들의 기세도 점점 강해진다. 그들은 예수님과 논쟁하여 가르침에 압도되자 승복하지 못하고 분노하여 예수님을 어떻게 할까 서로 의논하였다고 한다. 그들은 이제 예수님을 전면으로 반대할뿐더러 해를 끼치려는 적대 세력의 모습을 드러내기 시작한다. 이 시점에 루카의 이야기는 예수님께서 제자 그룹을 형성하시는 모습을 보여준다.

갈릴래아 활동을 소개하는 4-6장에서 제자를 부르시는 장면은 세 번 나온다. 5,1-11은 시몬과 동료들을 부르시어 그들이 장차 사람 낚는 일을 하게 될 것을 보여주고, 5,27-32은 세리였던 레위를 부르심으로 회개와 구원을 체험한 이가 제자가 되는 모습을 보여준다. 이제

6,12-16에서는 예수님의 부르심에 이미 응답한 많은 사람 중에서 열두 명의 제자를 선택하시어 다른 특별한 역할을 맡기실 것임을 드러낸다.

6,12-16은 준비(기도), 위임, 명단으로 구성되어 있어서 비슷한 구조를 지닌 3,21-38과 비교해보면, 구조상 두 단락의 메시지가 상당히 비슷하여 연관이 있음을 드러낸다. 곧 예수님이 하느님의 아들로서 받는 사명이 열두 제자가 예수님의 사도로서 지니게 되는 사명에 반영되어 있다고 본다. 논쟁 기사 이후에 예수님께서 제자들을 그룹으로 공식화하시며 12명으로 구성된 사도단을 마련하신다.

6장	12절: 준비 과정 - 기도 13절: 위임식 14-16절: 명단 - 족보	3장	21절: 기도 - 준비 22절: 위임 23-38절: 족보

12절

"그 무렵에 예수님께서는 기도하시려고 산으로 나가시어, 밤을 새우며 하느님께 기도하셨다." 예수님께서 분명하게 기도할 목적으로 산으로 나가시고, 밤새도록 하느님께 기도하셨다. 광야와 더불어 '산' 역시 구약에서부터 하느님을 만나기 위한 장소로 알려져 있다. 북쪽 지방인 갈릴래아 지역에 계시다 보니 '산'이 한적한 곳으로 선택되었다. 루카복음서는 전체적으로 예수님께서 기도하시고 활동하셨으며, 활동을 하시고는 또 기도하신 것을 전해준다. 특별히 중요한 일들은 기도의 맥락에서 일어나는 것으로 소개를 하는데(3,21; 9,18.28-29; 11,1; 22,41), 밤을 새워 길게 기도하셨다는 기사는 여기에만 나온다. 이 밤샘 기도가 가리키는 것은 열두 사도 선발의 중요성과 의미다.

13절

"그리고 날이 새자 제자들을 부르시어 그들 가운데에서 열둘을 뽑으셨다. 그들을 사도라고도 부르셨는데…." 루카는 많은 제자 가운데에서 열둘이 선택되었다는 것을 명확하게 표현한다. 예수님께서 밤새워 기도하시고 난 뒤 결과물은 제자들 중 열둘을 뽑으신 것과 그들을 '사도'라 부르신 것이다. 원문에는 그들에게 사도라는 '이름을 주셨다'(오노마조 ὀνομάζω)고 표현되어 있다. 이 제자단의 정체성은 '사도'다. 사도, '아포스톨로스'(ἀπόστολος)는 동사 아포스텔로(파견하다)에서 파생되어, '사절, 대리자, 메신저'의 뜻을 지닌다. 어떤 임무를 받고 파견된 사람으로서, 그 이름에 신원과 역할이 함축되어 있다. '사도'는 예수님께서 사람들에게 파견하신 제자이며, 예수님의 말씀이나 행적, 구원의 기쁜 소식을 전하는 임무를 받은 사절이자 메신저이다. 예수님께서 그토록 진하고 강렬하게 기도하시고 선택한 호칭에 대한 각별한 인식이 필요하다. 훗날에 열두 사도 중에서 결원이 생겨 다시 뽑을 때 제시된 기준은 다음과 같다. "주 예수님께서 우리와 함께 지내시는 동안 줄곧 우리와 동행한 이들 가운데에서, 곧 요한이 세례를 주던 때부터 시작하여 예수님께서 우리를 떠나 승천하신 날까지 그렇게 한 이들 가운데에서 한 사람이 우리와 함께 예수님 부활의 증인이 되어야 합니다"(사도 1,21-22). 이 구절은 인간이 '사도'를 선발할 수 있는 기준이었을 뿐이다.

14-16절

"그들은 베드로라고 이름을 지어주신 시몬, 그의 동생 안드레아, 그리고 야고보, 요한, 필립보, 바르톨로메오, 마태오, 토마스, 알패오의 아들 야고보, 열혈당원이라고 불리는 시몬, 야고보의 아들 유다, 또 배신자가 된 유다 이스카리옷이다."

베드로(페트로스 Πέτρος)는 그리스도교 이전에 그리스어에서 이름으로 사용된 적이 없기 때문에 별다른 설명을 붙이지 않아도 이름 자체에서 그의 근본적인 역할이 드러난다. 페트로스의 아람어는 케파(כֵּיפָא)다(요한 1,42). 루카는 여기까지는 시몬이라는 호칭을 주로 사용했고, 이후는 베드로를 사용한다. 안드레아는 마르코가 배열한 순서에서 앞으로 옮기고 "그의 동생"을 첨가하여 5,1-11에서 생략된 내용을 보충한다. 안드레아는 유다인이 사용하던 그리스식 이름이다. 제베대오의 아들인 야보고와 요한은 이미 5,10에 나왔는데, 야고보는 야곱, 요한은 요하난의 그리스식 표기다.

필립보, 바르톨로메오, 마태오, 토마스는 마르코에 소개된 순서 그대로이다. 필립보는 유다인들이 자주 사용하던 그리스식 이름이고, 바르톨로메오는 아람어 바르 톨마이의 그리스식 표기다. 마태오는 마타티아스의 축약형이고, 토마스는 흔한 그리스식 이름이다. 제베대오의 아들 야고보와 구분하기 위해 '알패오의 아들'이라는 수식어가 또 다른 야고보에게 붙었다.

여기서 열혈당원(젤로테스 ζηλωτής)이라 번역된 이들은 기원후 66-70년경 민족 저항 운동을 하던 젤로테스(ζηλωτής)들과 구분된다. 예수님 시대에 이 젤로테스들이 존재했다고 보기는 어렵다. 예수님 시대의 젤로테스의 의미를 찾기 위해 마르코복음서와 비교해보면, 동일하게 "열혈당원 시몬"이라 번역되었으나 그리스어로는 '가나안인 시몬'(시모나 톤 카나나이온 Σίμωνα τὸν Καναναῖον)이라 표기되었다(마태 10,4에서도 같다). 그리스어 카나나이오스(Καναναῖος)는 '질투, 열성'이라는 아람어 '카나나'에서 온 단어로, 예수님 당대에 유다인들에게 크게 추앙받고 있던 피느하스(민수 25,11)와 엘리야(1열왕 19,10.14)의 열정과 관련이 있는 것으로 본다. 루카는 이 단어를 그리스어 젤로테스로 대체했다. 명단의 끝에 유다가 둘이 나오는데, 하나는 "야고보의 아들 유다"라고 표기한다. 뒤에 나오는 배신자 유다와 구분하기 위해서이다.

3. 갈릴래아 활동 2: 오실 분 6,17-8,56

예수님께서 사도들을 선발하시고 나서 갈릴래아에서 펼치시는 활동은 새로운 양상으로 두 번째 국면을 드러낸다. 가르치시고 치유하시는 활동 요소는 동일하나, 좀 더 포괄적이고 진전된 모습을 보여준다. 이제 예수님과 함께 다니는 제자들의 중심에는 명시적으로 사도라고 부르시는 제자들이 있으며, 가르침의 장은 회당에서 회당 밖인 들판, 거리, 고을들로 넓혀진다. 6,17-49에 들판에서 하신 평지 설교가 있고, 7,1-50에는 특정한 도시에서 하신 치유 활동이, 8,1-21에는 여러 고을을 다니시며 말씀을 선포하신 이야기가, 8,22-56에는 예수님께서 권능을 드러내시는 이야기들이 소개된다. 갈릴래아 활동 1 도입에 요약문 4,14-15이 있었다면, 갈릴래아 활동 2 도입에는 요약문으로 6,17-19이 있다.

자료 출처의 측면에서 볼 때도 이 단락은 앞뒤 단락과 구분이 된다. 6,20-8,3은 루카가 대폭 편집한 '작은 삽입'이라고 불리는 대목이다. 본문은 루카가 어록(Q) 자료와 고유(L) 자료에서 취한 구절들을 수정, 첨가하며 편집한 부분으로 이루어져 있다. 이 단락에서 예수님의 가르침을 믿고 따르는 사람들이 걸어야 할 길, 제자의 삶이 소개된다. 예수님의 제자가 되기 위해서는 그분이 선포하시는 복음을 받아들이고 실천해야 한다. 이 가르침과 치유에 응답한 이들이 제자로서 갈릴래아에서부터 예루살렘까지 예수님을 따르며 그분의 증인이 될 것이다.

1) 가르침 6,17-49

갈릴래아 활동 2: 6,17-8,56	
1) 가르침(6,17-49)	(1) 예수님께 모여드는 군중(6,17-19) (2) 행복과 불행(6,20-26) (3) 너희 아버지처럼(6,27-38) (4) 마음과 행동(6,39-49)
2) 치유와 해방(7,1-50)	(1) 백인대장의 병든 종을 고치시다(7,1-10) (2) 과부의 외아들을 살리시다(7,11-17) (3) 세례자 요한(7,18-35) (4) 죄 많은 여자를 용서하시다(7,36-50)
3) 하느님 말씀 선포와 응답 (8,1-21)	(1) 예수님의 제자들(8,1-3) (2) 씨 뿌리는 사람의 비유(8,4-15) (3) 말씀을 듣는 방식(8,16-18) (4) 말씀을 듣고 실행하는 이들(8,19-21)
4) 예수님의 권능에 대한 계시 (8,22-56)	(1) 풍랑을 가라앉히시다(8,22-25) (2) 마귀들을 쫓아내시다(8,26-39) (3) 야이로의 딸을 살리시고 하혈하는 부인을 고치시다(8,40-56)

첫 부분은 제자들에 대한 가르침으로 제시된 평지 설교인데, 루카복음이 강조하는 예수님의 사명과 연결된다. 그분은 가난한 이들, 잡혀간 이들, 눈먼 이들, 억압받는 이들에게 선교하기 위해 오셨는데

6,17-19이 이를 확인한다. 20절에서 예수님은 많은 군중을 이룬 제자들과 큰 무리를 이룬 온 백성에게 말씀을 시작하시고 49절까지 계속 가르치신다. 7,1ㄱ에 예수님께서 말씀을 모두 마치신다고 나온다. 6,17에서 시작된 단락이 여기서 마무리된다. 7,1ㄴ은 예수님께서 카파르나움으로 들어가셨다고 전하며 이어지는 이야기들은 치유 이야기다. 7,1은 단락을 마무리하며 새 단락을 시작하는 역할을 한다.

가르침의 대상	6,17-19	예수님께서 그들과 함께 산에서 내려가 평지에 서시니, 그분의 제자들이 많은 군중을 이루고, … 온 백성이 큰 무리를 이루고
말씀 시작	6,20-49	예수님께서 눈을 들어 제자들을 보시며 말씀하셨다.
말씀 마침	7,1ㄱ	예수님께서는 백성에게 들려주시던 말씀들을 모두 마치신 다음

(1) **예수님께 모여드는 군중** 6,17-19

17절

"예수님께서 그들과 함께 산에서 내려가 평지에 서시니, 그분의 제자들이 많은 군중을 이루고, 온 유다와 예루살렘, 그리고 티로와 시돈의 해안 지방에서 온 백성이 큰 무리를 이루고 있었다."

예수님께서 사도들과 함께 산에서 내려가 평지에 서셨다. 탈출기에 의하면, 산으로 오르는 것은 하느님을 만나기 위해서이고 내려오는 것은 하느님의 뜻을 백성에게 전하기 위해서다. 산(12절)과 평지(17절)가 이런 성경 묘사를 상징적으로 회상시키는 것으로 보기도 하나 지나친 확대 해석이라는 의견도 있다. '평지에 서시니'는 앉으심의 반대 표현이 아니라, 이 표현으로 자연스럽게 산에서 내려온 예수님, 사도들과 제자들 그룹 앞에 모여든 큰 군중, 이렇게 두 그룹이 마주하고 있는 상황을 연출한다. 좀 더 자세히 보면 산 아래 평지에 산에서 내려온 예수님과 제자들, 군중을 이룬 제자들, 그리고 사방에서 온 백성들 세 그룹이 모여 있다.

루카복음서의 신학적 구성 기획에 따라 예수님은 아직 갈릴래아 지방에서 활동하고 계시지만 그분의 가르침은 이미 팔레스티나 전 지역에 다 퍼진 상황을 전해준다. 남쪽 지방인 유다와 예루살렘은 물론 갈릴래아 북쪽의 티로와 시돈 해안 지방에서까지 온 백성이 큰 무리를 이루고 있다. 물론 사도 그룹에는 들어가지 않으나 일반 제자들의 무리도 군중을 이룰 만큼 많은 수다.

18-19절

"그들은 예수님의 말씀도 듣고 질병도 고치려고 온 사람들이었다."
"말씀도 듣고 (질병도 고치려고)"라는 루카 고유의 표현이 5,15에 이어 또 나타났는데, 말씀을 '듣는다'는 행위가 눈길을 끈다. "그리하여 더러운 영들에게 시달리는 이들도 낫게 되었다"(테라페우오 θεραπεύω)는 말은, 듣기도 하고 질병도 고치려고 와서는 더러운 영들에게 괴롭힘을 당하는 이들도 치유받게 되었다는 것이다. 즉 치유되는 과정에 말씀을 듣는 행위가 암묵적으로 포함되어 있다. 이와 더불어 이 표현에서 예수님이 억압받는 사람을 어떻게 해방시키시는지 잘 드러난다. 이제 군중이 듣고자 하는 말씀 내용은 20절 이하에 전개되며 큰 부분을 차지한다. 치유에 관한 것은 19절에서 간략하게 요약한다. "군중은 모두 예수님께 손을 대려고 애를 썼다. 그분에게서 힘이 나와 모든 사람을 고쳐주었기 때문이다." 예수님에게서 나오는 구원의 힘(뒤나미스 δύναμις)은 이미 5,17에서 주님의 힘(뒤나미스 퀴리우 δύναμις κυρίου)으로 병을 고치고 있다고 언급된 바 있다.

이 대목은 예수님의 말씀도 듣고 질병도 고치려고 온 사람들로 이뤄진 군중에게 가르침을 들려주시는 것이 주요 내용이다. 그런데 그런 목적으로 온 부마자도 낫게 되는(18ㄴ절) 예는, 말씀을 들으면서 구원의 길을 가는 법을 배우지만, 동시에 예수님의 말씀에는 사람을 치유하는 힘이 들어 있음도 암시한다. 더러운 영에 사로잡혀 시달리던 이에게 예수님의 말씀이 들리니, 더러운 영이 물러가고 말씀이 그에게 머무르면서 그 자신으로서 건강하게 살게 된다. 곧 건강한 사람으로서 들은 가르침에 따라 구원의 길을 걸을 수 있게 된다.

(2) 행복과 불행 6,20-26

예수님의 가르침에서 처음 다루는 주제는 행복과 불행이다. 복된 삶과 비탄스런 삶을 대조하며 가르치시고 경고하신다. 행복과 불행 선언 말씀은 하느님 앞에서 사는 삶의 기준이다. 가르침이 대폭 전해지는 부분의 첫 가르침이 행복 선언과 불행 선언인 것도 의미심장하지만 그 주제가 가난과 부라는 점도 아주 특별하다. 이 부분에 이어지는 주제는 사랑(6,27-42)과 실천(6,43-49)이 될 터인데, 단지 말이 아니라 행동하라는 요구로, 그리스도인 제자들의 삶 전체를 사랑이 지배해야 한다는 핵심 메시지를 위한 서언으로 기능하며 메시지를 분명하게 한다.

행복 선언은 고유한 내용을 고유한 구성으로 전달한다. 구약의 여러 축복문이나 저주문들과 양상이 다르다. 예컨대 신명기의 저주와 축복 대목(27,15-26; 28,1-6.15-19), 이사야서의 재앙 선포(5,8-23), 집회서의 행복한 상황 열 가지(25,7-10)와도 다르다. 구약이나 유다 문헌에서 행복 선언문은 여러 기능을 하는데, 지혜문학에서는 선한 길을 가라고 권장하는 기능을 수행한다(잠언 14,21; 28,14; 시편 41,2; 집회 31,8 등). 예언서들에서 행복 선언은 현재의 불행을 바로잡을 하느님의 개입이 있을 것이라는 확신을 준다. 근본적인 내용은 행복한 사람들이 누구이고, 행복한 상태가 무엇인지를 선포한다. 이 본문들을 참조하며 루카복음서의 행복 선언과 불행 선언의 의미를 추적해보자. 예수님의 선언으로 반전反轉될 혹은 반전되고 있는 것은 무엇인가를 보아야, 그분께서 변화시키는 가치들과 깨달음에 참여하고 도전할 수 있다.

① 행복 선언(6,20-23)

20절

"행복하여라, 가난한 사람들!(마카리오이 호이 프토코이 Μακάριοι οἱ πτωχοί) 하느님의 나라가 너희 것이다." 말씀도 듣고 질병도 고치려고 예수님께 모여든 이들이 '제자들'이라고 표현되어 있고, 예수님께서 눈을 들어 그들을 보시며 말씀하신다. 곧 예수님의 눈에 그들은 모두 제자인데, 그들에게 하신 첫 말씀이 가난한 사람들이 행복하다는 선언이다. 이유는 하느님 나라가 바로 그들의 것이기 때문이다. '너희의 것이다'(휘메테로스 에스틴 ὑμέτερος ἐστὶν). 그 누구도 몰랐던 가난한 이들의 특권이 선언되었다.

가난한 사람이 누구인가? 루카는 이 용어를 구체적이고 실제적인 의미로 사용한다. 가난, 주림, 애통함, 미움과 버림받음은 예수님께서 행복하다고 선언하신 제자들이 처한 실제 상태이다. '가난한 사람'은 먼저 물질적인 상황을 가리키는데 또한 제자들을 '가난한 사람', 혹은 '가난하게 된 사람'이라고 표현하는 데에서 영적 의미까지도 수용하고 있음을 볼 수 있다.

이 구절을 실질적으로 의미 있게 해석하기 위해, 고려해야 하는 루카복음서의 기조는 다음과 같다.

㉠ 루카복음서의 잠재적 독자들은 사회적으로 상류층에 속하는데 일반적으로 가난한 이가 아니기에 재산 문제로 고심하고 있다.

㉡ 루카복음서는 가난과 부를 대조시키며 지속적으로 다루는데, 신학적으로 최후 심판의 기회에 부자와 빈자의 운명이 정해진다는 종말론적 관점이 반영되어 있다.

㉢ 부와 가난의 문제는 구체적인 현실 상황에서 그리스도인으로서의 믿음과 헌신에 대한 기준으로 사용된다.

㉣ 하느님 나라의 상속자는 구체적으로 가난한 사람들이고, 동시에 그들을 닮는 것을 선택하는 이들이다. 가난을 지향하는 재산가들은 더 이상 그들의 부나 부가 주는 위로를 즐기려 하지 않고, 자신들의 관대함으로 다른 사람들에게 위로를 만들어주려고 한다(사도 2,44-45; 4,32.34-35 참조).

가난한 이들이 행복한 것은 그들의 가난 때문이 아니다. 예수님도 구약성경과 마찬가지로 가난을 부러워할 만하거나, 이상적인 조건으로 제시하지 않으신다. 사도행전도 나눔을 통해 공동체에 궁핍한 사람, 가난한 사람이 없기를 지향한다. 그러나 가난한 사람들은 하느님의 나라가 그들을 위하여 거기에 있다는 것을 알기 때문에 행복할 수 있는 것이다.

'하느님의 나라가 너희 것이기 때문이다'라는 말씀은 무엇을 의미하는가? 여기서 행복은 하느님의 종말론적 통치로 수여되는 모든 축복을 포괄적으로 가리킨다. 가난한 이들의 행복은 가난의 상황이나 효능에서 만들어져 나오는 것이 아니라, 신적 정의를 다시 세우려고 하시는 하느님께서 만드시는 것이다. 하느님은 머지않아 당신의 정의를 세우고 다스리실 것이고, 가난한 사람들의 사회적 복권이 전적으로 실현될 것이다. 그래서 '하느님 나라가 너희의 것이다'라는 말씀의 미래적 · 공동적 의미는 가난한 사람들은 권능으로 올 나라를 기다린다는 것이고, 현재와 종말론적 의미는 사도행전의 요약이 증언하듯이 재산의 분배가 이미 그리스도인들 사이에서 시작되었다는 것이며, 미래적 · 개인적 의미는 루카의 개인적 종말론에 의하면 가난한 사람들은 죽음 후에 즉각적인 위로를 희망할 수 있다는 것이다. 루카복음서에는 현재 상황이 반전되는 내용이 여러 곳에 묘사되는데, 이미 마리아의 노래에서도 선언되었고 여기 행복 선언과 불행 선언에도 나타난다.

21절

"행복하여라, 지금 굶주리는 사람들! 너희는 배부르게 될 것이다. 행복하여라, 지금 우는 사람들! 너희는 웃게 될 것이다." 굶주림과 울음은 가난과 분리된 것이 아니라 가난의 특징적 현상이다. 루카복음서가 이 세 가지 전통적인 상황으로 지금과 종말의 날에 하느님 구원의 행적을 제시한 것은, 현재 상황을 반영하면서 성경의 상징적 표현에도 상응하기 때문이다. 21절에서 반복하여 두 상황에 '지금'을 표현함으로써 가난의 현재성과 실제성이 드러나며 강조된다. 그들에게 예수님은 위로를 약속하시는데, 굶주림이 행복할 수 있는 이유는 배부르게 될 것이기 때문이고, 우는 자가 행복할 수 있는 이유는 웃게 될 것이기 때문이다. 울음은 일종의 억압으로 인한 슬픔을 가리키며, 웃음은 하느님의 나라가 인간의 삶에 가져다주는 기쁨으로 이해해야 한다.

22-23절

네 번째 행복 선언과 행복의 이유가 선언된 22-23절은 마태 5,11-12에서도 볼 수 있다. 두 복음서에서 이 부분은 둘 다 앞의 세 가지 행복 선언과 구조적 차이를 보인다. 앞의 세 가지는 현재 상태를 말하는데, 여기는 생겨날 사건들을 조건으로(~하면) 열거한다. 앞의 세 가지는 현재 상황의 이유를 제시하지 않지만, 여기는 예수님을 따른 이유로 생겨날 일이라고 제시한다. 이를 통해 행복 선언에는 보통 인간의 삶의 정황에서 오는 가난과 예수님을 따름으로 인해 오는 가난이 포함되었음을 알 수 있다.

"사람들이 너희를 미워하면, 그리고 사람의 아들 때문에 너희를 쫓아내고 모욕하고 중상하면…." 미움의 절정이 추방이다. 유다계 그리스도인들이 회당에서 축출된 경험을 반영한 것으로 보인다. 제자들이 예수님 때문에 박해를 받는 것은 예수님도 겪으신 가난이다. 미움, 소외, 모욕, 중상을 받으면 정서적, 사회적, 정신적 가난을 체험하며 고통을 느끼게 된다. '중상하면'은 그리스어 글자 그대로는 '너희의 이름을 악하다 하여 경멸하면, 혹은 퇴짜 놓거나 하면'이다. '너희의 이름'은 제자들 개인 이름이 아니라 '그리스도인'이란 이름을 가리킨다. '그날'은 기뻐할 날이라 하는데, 위의 절 '지금'에 상응하는 표현이다. 하느님 앞에서 상을 받을 것이기 때문이고 게다가 그 상은 크다. 곧 아주 풍요롭게 보상받는다.

② 불행 선언(6,24–26)

24절

"그러나 불행하여라, 너희 부유한 사람들! 너희는 이미 위로를 받았다." '그러나'는 이제 다른 상황, 다른 상태로 바뀌는 것을 표시한다. 바로 '불행하여라'로 번역된 우아이(οὐαὶ)와 여격인 인칭대명사 '너희'(휘민 ὑμῖν)와 '부유한 이들에게'가 이어진다. 우아이는 단죄가 아니라 몹시 불행하다는 느낌, 일종의 비탄이다. 이 '우아이', 비탄은 고전 그리스어가 아니라, 로마 시대 저서나 칠십인역 성경에서 발견된다. 아마도 히브리어의 '오이'(אוֹי)에서 왔을 것으로 본다. 애가 5,16의 '오이'가 칠십인역에서 '우아이'로 표기되고 "애통합니다"로 번역되었다. 1사무 4,7.8과 이사 6,5에서 히브리어 '오이'는 칠십인역 '우아이'로 표기되며 우리는 "망했다", 나는 "망했다"로 번역되어 있다. 그러니 '우아이'는 저주나 단죄를 가리키기보다 재난이 있을 것이라는, 화를 입을 것이라는 인식에서 나오는 비탄의 일종이다. 이 의미를 생각하며 이 구절들을 보아야 할 것이다.

24절	Πλὴν οὐαὶ ὑμῖν τοῖς πλουσίοις	ὅτι ἀπέχετε τὴν παράκλησιν ὑμῶν
	플랜 우아이 휘민 토이스 플루시오이스	호티 아페케테 텐 파라클레신 휘몬
20절	Μακάριοι οἱ πτωχοί	ὅτι ὑμετέρα ἐστὶν ἡ βασιλεία τοῦ θεοῦ
	마카리오이 호이 프토코이	호티 휘메테라 에스틴 헤 바실레이아 투 테우

'부유한 사람들'은 어근의 의미대로, 모든 것이 풍부하고 많은, 심지어는 과잉으로 소유한 사람을 가리킨다. 20절에서 '가난' 자체가 행복의 근원이 아니었던 것처럼, 여기서도 '부' 자체가 재난이나 화의 원인은 아니다. 그들이 불행한 이유는 그들이 이미 위로를 누렸기 때문이라는 것이다. 스스로도 받았음을 알고 있기에, 이미 충족되어서 하느님의 위로를 굳이 바라지 않는다. "너희는 이미 위로를 받았다"(호티 아페케테 텐 파라클레신 휘몬 ὅτι ἀπέχετε τὴν παράκλησιν ὑμῶν). 여기서 '위로'를 받았다에 사용된 '받다'(아페코 ἀπέχω)가 의미하는 것은 '너희의 행복은 너희의 소유물에 요약되어 있다'는 것이다. 아페코는 상업적 전문용어인데, '이미 지불되었다'이니 너희는 이미 종말론적 급여를 받고 영수증에 서명했다는 것이다. '위로'에 사용된 파라클레시스(παράκλησις)는 루카 16,25에서 사용된 어근이 같은 동사 '위로를 받다'(파라칼레오 παρακαλέω)와 연결되며 아브라함의 말을 반향한다.

"그래서 그는 이제 여기에서 위로를 받고 너는 고초를 겪는 것이다."
6,24과 16,25은 동일한 의미다.

우아이 휘민(불행하여라 너희들), 이 재난이나 화는 예수님의 말씀을 듣는 청중 가운데 특권층에 속하는 자들, 부유한 자, 걱정 없는 자와 칭찬을 받는 자들을 향한 것으로 그들이 지금 누리는 특권의 한계를 드러내며 경고한다. 그 한계는 그것이 '받은 것'이라는 점과 '이미' 여기서 다 받고 나면, 하늘 나라에서는 누릴 것이 없다는 점이다. 여기와 거기서 주어진 것이 명확하게 형평성을 이루고 있다. 그것은 본래 그들의 소유가 아니며, 그 상태는 한시적이다.

문제는 한시적으로 소유한 이 물질적 부로 인해 그들이 하느님과 이웃과의 관계를 왜곡한다는 사실이다. 부자는 자신의 사회적 · 경제적 지위에 따른 상태를 자신의 신원이라 믿는 착각에 빠지기 쉽기 때문이다. 예수님께서 그들에게 비탄하시며 경고하시는 이유를 알 수 있다. 하느님께서 창조하신 피조물인 인간은 동등하다. 그리고 피조물에 속하는 좋은 것, 재물은 모두 하느님께 속한 것으로 창조주 하느님께서 인간에게 사용하도록 허락하신 것이다. 이러한 전제와 하느님께서 이루시는 정의의 개념, 형평성, 공정의 맥락에서 엄연한 현실이 선언되는 것이다.

25절

"불행하여라, 너희 지금 배부른 사람들! 너희는 굶주리게 될 것이다.

불행하여라, 지금 웃는 사람들! 너희는 슬퍼하며 울게 될 것이다." 배부름과 웃음은 21절처럼 부유함과 분리된 것이 아니라 부유함을 드러내는 특징적 현상이고, 이 절 역시 역전되는 상황을 제시한다.

26절

"모든 사람이 너희를 좋게 말하면, 너희는 불행하다! 사실 그들의 조상들도 거짓 예언자들을 그렇게 대하였다." 행복 선언의 네 번째와 같이 예수님을 따르는 이로서 좋은 평판만 듣는다면, 참된 예언자일 수가 없다고 경고한다. 사람들은 현재 그들의 삶에 도전하는 말씀을 전하는 예언자를 좋게 대하지 않기 때문이다. 거짓 예언자들은 현실 상황을 불안하게 만드는 말을 하지 않기 때문에 사람들에게 그저 신분에 따른 칭송을 받았고, 오랫동안 많이 그래왔다. "우아이(불행하다!), 모든 사람이 너희를 좋게 말하면"(우아이 호탄 휘마스 칼로스 에이포신 판테스 호이 안트로포이 οὐαὶ ὅταν ὑμᾶς καλῶς εἴπωσιν πάντες οἱ ἄνθρωποι).

(3) 너희 아버지처럼 6,27-38

27ㄱ절

"그러나 내 말을 듣고 있는 너희에게 내가 말한다." 지금 예수님의 말씀을 듣고 있는 청중은 행복 선언과 불행 선언을 들었다. 말씀을 듣고 있는 제자 중에는 가난한 이도 부유한 이도 있다. 지금의 상태가 어떠하든, 양쪽 모두에게 두 선언은 충격적이고 놀라운 내용이었을 것이다. 그리고 가난해도 부에 대한 갈망과 욕심이 있을 수 있고, 부유해도 여전히 부족하다 느낄 수 있기에, 또 부 자체가 재앙이 아니기에 이제 그 말씀을 들은 제자들에게 처방 같은 가르침이 이어진다. 20-26절이 그들이 처한 상태에 대한 가르침이었다면, 이제 예수님은 그들 모두에게 행동에 대한 가르침을 주신다.

① 원수를 사랑하여라(6,27ㄴ-36)

27ㄴ-28절

"너희는 원수를 사랑하여라. 너희를 미워하는 자들에게 잘해주고, 너희를 저주하는 자들에게 축복하며, 너희를 학대하는 자들을 위하여 기도하여라." 여기에는 '사랑하라, 좋게 대하라, 축복해라, 기도하라'는 네 가지 행동이 나타난다. '원수를 사랑하여라'에서 원수(ἐχθρός)는 누군가를 적대적으로 대하는 이들을 가리킨다. '미워하는 이, 저주하는 이, 학대하는 이'가 이 범주에 속한다. '사랑하라'는 상당히 포괄적인 행위이고 자세이기에, 구체적으로 어떻게 하는 것인지를 가리키는 동사들이 이어지고 있다. '잘해주고, 축복하며, 기도하라.'

"원수를 사랑하라"는 명령은 당대에 완전히 놀랄 만한 새로운 가르침이었다. 유다이즘에서도 라삐 문학에서도 볼 수 없던 새로움이었다. 사실 부나 풍요에 대한 선언도 놀랍고 새롭기는 마찬가지였을 것이다. 물론 가난에 대한 행복 선언도 놀랍고 새로운 가르침이다. "너희를 저주하는 자들에게 축복하며, 너희를 학대하는 자들을 위하여 기도하여라." 당대 쿰란 공동체의 지침에 의하면, 같은 공동체 구성원은 빛의 아들로 축복하지만, 그들과 함께하지 않거나 그들에게서 이탈한 자는 어둠의 자식으로 저주하라고 한다(1QS 2,2-17). 그리고 22절과 함께 28절을 보면 원수가 하는 저주를 수동적으로 받아들이는 것이 능동적인 축복과 만나는 길이 된다.

29-30절

점점 세부적으로 들어가며 구체적인 사례가 제시된다. "네 뺨을 때리는 자에게 다른 뺨을 내밀고…." 아마도 예수님의 제자들이 모욕을 당하고 공격을 받는 처지에 대한 말씀일 것이다. 뺨을 때리는 것은 감정에 상처를 입히고 모욕을 주는 행위이고, 겉옷을 빼앗는 것은 법적 담보에 관계되는데, 겉옷의 용도로 볼 때 생활의 안정을 뒤흔들 만큼 손실을 입히는 행위다. 예수님은 여기에 대항하지 말고, 오히려 더 내주라고 하신다. 그러면 이런 예수님의 가르침은 어디에 기반을 둔 것인가? 강자의 미덕도, 공동체적 유대감도, 궁극적 유익을 위한 모략도 아닐뿐더러 자포자기도 아니다. 이 세상에 악은 없다는 사상에 근거하지도 않는다.

근거는 분명하다. 35-36절에서 말하듯이 하느님을 닮으라는 것이다. 이 대목에 루카에서 처음으로 예수님께서 제자들에게 하느님을 "너희 아버지"라고 표현하신다. "너희 아버지께서 자비하신 것처럼 너희도 자비로운 사람이 되어라." 너희 아버지라는 표현이 처음 나왔지만 이미 그것을 근본적으로 드러내는 족보(3,23-38)를 상기하게 한다. 그 족보는 예수님이 하느님의 아드님이심을 드러내는 보편적인 방법이었지만, 사실 거기서는 제자들의 족보, 제자가 될 모든 인류의 족보를 읽어낼 수 있다. 그래서 루카복음이 그려내고 있는 인간 됨, 제자 됨의 한 자락이 '너희 아버지'라는 말씀과 처음으로 여기서 만나고 있다. 이 관점으로 원수 사랑을 상당히 극적이고 구체적으로 실천에 옮기라고 이르시는 말씀을 바라보면, '다른 뺨을 내밀고 … 속옷도 가져가게 내버려두는 것'은 나에게 온 악한 행실이 나에게서 마감되게 하는 것이다. 즉 되갚는 행동이나 대항을 하지 않아 악의 영향이 이어지지 않게 되니, 악의 확산을 막고 소멸시킨 것이다. 이것은 자비에 바탕을 둔 사랑일 수밖에 없고, 하느님 아버지를 닮지 않고는 불가능한 일이다.

31절

"남이 너희에게 해주기를 바라는 그대로 너희도 남에게 해주어라." 바로 직전 27-30절의 말씀은 맞교환 관계를 완전히 거슬러 행동하라는 가르침이었는데, 31절은 일명 '황금률'이라고 하는 말씀으로 맞교환성을 바탕에 내포하고 있다. 직전 말씀과 바로 이어지는 말씀이 서로 모순된 것처럼 보인다. 사실 같은 말씀을 전하는 마태오도 황금률을 기록하고 있으나, 여기 가르침과 같은 맥락인 마태 5,38-48에 이어 싣지 않고 다른 문맥 마태 7,12에 기록하며 전체적인 조화를 이루게 했다. 따라서 루카 복음사가가 황금률을 이 자리에 배치하면서 이룬 내용의 조화를 살펴볼 필요가 있다.

우선 내용적인 면과 문법적인 면에서 31절은 윗부분과 다소 차이를 보인다. 29-30절에는 대상이 2인칭 단수로 표현된 반면, 31절은 2인칭 복수 형태이다. 29-30절은 내게 가해지는 모욕과 강탈과 심한 요구에 대응하는 자세인데, 31절은 적극적인 측면에서 내가 남에게 해야 할 행동에 대한 이야기다. 내게 가해지는 부정적인 행동에는 27-30절에서 주신 예수님의 가르침대로 상호 맞바꿈식으로 계산하는 법칙을 벗어나는 것이 36절에서 종합하는 '우리 아버지'를 닮아가는 길임에 틀림없다.

그런데 예수님의 제자들이 적극적으로 행동을 해야 하는 측면에서는 황금률을 적용해서 행동하라는 것이다. 기준은 "남이 너희에게 해주기를 바라는 그대로"이다. 사람은 상대방이 자신에게 행한 행동에 따라 그대로 행동하는 것이 아니다. 다른 이의 행동이 자신에게 미치는 영향이, 자신의 행동이 남에게 미치는 영향과 거의 동일하다는 것을 인식할 때, 어떤 행동이 자신에게 선하고 효과가 좋은 것인지 분별할 수 있고 그런 행동을 다른 이에게 할 수 있다. 그렇다면 31절은 위의 내용과 모순되지 않고 오히려 같은 내용이 다른 관점에서 강화, 보완되는 것이다. 흥미롭게도 이 황금률을 적용하고 실천하는 데에는 여전히 맞교환성을 넘어서는 것이 전제되어 있다.

32-34절

이 구절들 역시 상호성을 깨는 이야기다. 31절의 황금률을 실천하는 예가 되겠다. 실제로 세상 사람들의 삶에서 사랑과 관용의 범위를 결정하는 것은 상호 관계다. 그래서 예수님은 서로 주고받는 것이 무슨 인정을 받겠느냐고 반문하신다. 32-34절에 세 번 반복되는 문구가 '포이아 휘민 카리스 에스틴?'(ποία ὑμῖν χάρις ἐστίν;), '그러니 너희에게 무슨 신용(카리스)이 있겠느냐?'이다. 여기에 다른 이에게 받는 '호의, 은혜, 도움(보살핌), 신용, 인정' 등의 뜻이 있는 카리스(χάρις) 단어가 사용되었다. 여기서 카리스를 주시는 분은 35절에 의해 '하느님 아버지'로 상정되어 있다. 죄인들도 상호적인 그것은 한다고 하신다. 일반 보통 사람이라는 표현도 아니고 '죄인'(하마르톨로스 ἁμαρτωλός)이라도 그 정도는 한다는 말씀 역시 세 번이나 반복하신다(32.33.34절). 사랑하는 행동(32절), 잘해주는 행동(33절), 꾸어주는 행동(34)을 상호교환성을 넘어서 하라, 남에게 받기를 바라는 대로 해주라고 하신다. 맞교환적인 것은 죄인도 견지하는 신의라 하신다.

예수님은 사람들이 일반적으로 하는 행동이 아니고, 더더욱 죄인까지도 하는 상호 관계의 행동이 아니라 예수님의 제자들이기에, 하느님 말씀을 듣는 이들이기에 할 수 있는 행동에 대해 이야기하고 계시다. 죄인들도 자기를 사랑하는 이들은 사랑하고, 자기에게 잘해주는 이들에게는 잘해준다고 하신다. 이런 상호성을 깨는 것이 당연하고 마냥 쉽지만은 않기에 그분은 '포이아 휘민 카리스 에스틴?'이라고 하신다. 그러니 그렇게 하는 것은 인정받을 만한 공功이 된다는 말씀이시다. 이 가르침에 무엇보다도 가장 확실하게 군건한 배경은 하느님께서 카리스를 주시리라는 것이다. 질문에 이미 세 번이나 전제되었는데 35절에서 한층 분명하게 드러내신다.

35절

여기서 우선 전체를 종합하는 말씀이 다시 나타난다. "그러나 너희는 원수를 사랑하여라." 이 말씀은 27절에 처음 나타나 이 단락을 시작한 말씀이다. 27-30절에서는 '그에게 잘해주고'를, 32-34절에서 '아무것도 바라지 말고 꾸어주어라'를 선택하여 전체를 요약하였다. 그리고 상이 있다고 알려주신다. "그러면 너희가 받을 상이 클 것이다." 여기서 상, 보상(미스토스 μισθός)이 제시되었다. '무슨 카리스가 있겠느냐'와 상통한다. 그리고 상이 더 있는데 바로 "지극히 높으신 분의 자녀"가 되는 것이다. 자녀가 되는 그 이유는 하느님께서 은혜를 모르는 자들과 악한 자들에게도 인자하시기 때문이라고 하신다. 행실이 닮아서 하느님의 자녀가 된다는 놀라운 지적이다. 원수를 사랑하고 그에게 잘해주고 아무것도 바라지 말고 꾸어주는 것이, 실은 은혜를 모르는 자들과 악한 자들에게도 인자하신(크레스토스 χρηστός) 하느님을 닮는 것이며, 그분의 자녀임을 드러내는 것이다.

36절

이 모든 내용의 요약이 "너희 아버지께서 자비하신 것처럼 너희도 자비로운 사람이 되어라"이다. 위에서도 말했듯이 제자들과 하느님과의 관계를 언명하는 '지극히 높으신 분의 자녀', '너희 아버지'(호 파테르 휘몬 ὁ πατὴρ ὑμῶν)는 이 단락에서 처음 등장했다. 자연스럽게 예수님의 족보에서 끝에 있는 아담을 하느님의 아들로 표현했는데(루카 3,38), 여기서 '하느님의 모습에 따라 만들어진 사람(아담: 창세 1,26-27)으로서 자연스럽게 닮은 행위를 하는 자녀의 이미지로 그 의미를 드러낸다. 하는 행동이 아버지를 닮은 자녀들이다.

하느님을 닮는 것에 사용한 단어가 '자비'로 옮겨진 오이크티르몬(οἰκτίρμων)인데, 이 단어는 누군가의 불행한 상태나 고통에 대한 자비나 동정심을 가리킨다. 같은 단어가 쓰인 구약성경의 예는 "주님은, 주님은 자비하고 너그러운 하느님이다. 분노에 더디고 자애와 진실이 충만하며 천대에 이르기까지 자애를 베풀고 죄악과 악행과 잘못을 용서한다"(탈출 34,6-7)에서 볼 수 있다. 자비로우라는 초대는 원수 사랑에 대한 주제를 마무리하면서 '심판하지 말라'와 '주라'는 다음 주제를 준비한다.

② 남을 심판하지 마라(6,37-38)

37-38절

예수님은 다시 맞교환 관계의 원리를 사용하여 남에게 하지 않아야 할 행동을 말씀하신다. 먼저 '심판하지 마라'(메 크리네테 μὴ κρίνετε)인데, 이는 제도적 · 사법적 판단을 가리키는 것이 아니라, 이웃을 비판, 판단하고 흠을 잡으려는 성향을 가리킨다. '단죄하지 마라'(메 카타디카제테 μὴ καταδικάζετε)에서 카타디카조(καταδικάζω)는 남을 거슬러서 그가 불의하다고 이미 판단하는 것을 말한다. 두 단어가 큰 차이가 없으니, 동의어로 반복해서 말하는 데에는 '판단하는' 어떤 행위든 하지 말라는 강조의 의미가 있다. 단죄하지 말아야 너도 단죄받지 않을 수 있다.

예수님은 두 번째 행동 지침으로, 한 발 더 나아가 오히려 분명하게 무엇인가를 하여 심판받고 단죄받을 수 있는 처지에 놓인 사람일지라도 용서하라고 하신다. 용서한다는 것은, 누군가가 이미 행한 행동에서 발생한 결과에 대해 보상해야 하는 의무에서 그를 풀어주는 것이다. 그러시면서 그 상호성의 원리로 혜택을 입으라고 하신다. "그러면 너희도 용서받을 것이다."

세 번째 행동으로 예수님은 "주어라. 그러면 너희도 받을 것이다" 하고 이르신다. 그러나 이때 무엇을 주라고 하시는 것인지 목적어를 밝히지 않으신다. 줄 수 있는 것은 물질적인 것도 있으나 용서와 이해 같은 비형상적인 것도 있으니 38절의 내용과 바로 연결된다. 또한 곧장 이어 나오는 마지막 구절에는 정직하고 엄격하게 계산된 보상에 대한 말씀이 나온다. "너희가 되질하는 바로 그 되로 너희도 되받을 것이다." '되'는 양을 헤아리는 데 쓰는 그릇 혹은 헤아리는 단위를 나타내는데, 여기에 쓰인 그리스어는 메트론(μέτρον)으로 '치수, 되, 기준, 척도'의 뜻을 지닌 말이니, 판단한다는 단어와 나란히 놓고 사용할 수 있다. 그래서 이 두 요점을 함께 보면 사람을 대하는 태도에서 '후하게 주어야 하는 것'은 사랑, 자비, 용서와 같은 덕목을 가리킴을 알 수 있다.

마지막으로 이 세 번째에서도 주면 받는다고 상호 교환의 긍정적인 효과를 표현하는데, 여기서 매우 특별한 점은 갚아주는 상대가 내가 베푼 그 사람이 아니라 하느님이라는 사실이다. 이 세 번째는 앞의 둘을 종합하는 기능을 한다. 하느님이시니 확실하게 보상을 믿을 수 있다. 베푼 대로, 내가 행동한 대로 확실하게 받을 수 있을 뿐만 아니라 훨씬 더 후하게, "누르고 흔들어서 넘치도록 후하게 되어" 담아주실 것이다. 이 부분은 현재(오늘) 할 행동에 단순하게 충실해야 한다고 촉구하는 동시에 종말론적 구원에 희망을 두도록 권고한다.

(4) 마음과 행동 6,39-49

27-38절의 가르침은 비유에 이은 가르침으로 다시 보완된다. 39-42

절에서는 눈먼 이는 남을 인도할 수 없으며, 눈 속에 들보가 있기에 볼 수 없다고 하신다. 43-45절은 내면이 선해야 선한 말을 할 수 있다고 말씀하신다. 46-49절은 주님의 말씀을 실행하라고 하신다.

① 눈먼 이(6,39-42)

39-40절

"눈먼 이가 눈먼 이를 인도할 수야 없지 않으냐? 둘 다 구덩이에 빠지지 않겠느냐? 제자는 스승보다 높지 않다. 그러나 누구든지 다 배우고 나면 스승처럼 될 것이다." 비유로 말씀하신 이것은 어떤 실재를 가리키는 것일까? 우선 39절에 있는 첫 문장의 뜻은 분명하게 눈먼 이는 인도자가 될 수 없다는 것으로 눈먼 이와 인도자가 등장했다. 40절에 이어지는 문장에서 제자와 스승, 그리고 배움의 과정이라는 표현으로 미루어볼 때, 눈먼 이는 아직 배우는 과정에 있는 제자를 가리킨다.

41-42절

41-42절에 등장하는 사람은 형제들이다. 형제 사이에 "네 눈 속에 있는 티를 빼내주겠다"는 말은 상대가 바로 볼 수 있게 도와주겠다는 뜻이다. 형제들 사이에 다른 이의 흠이나 결점을 알려주거나 보완해주는 행동일 수 있고, 혹은 가르침을 주어 잘 보게 해주겠다는 제안

일 수 있다. 그러나 핵심은 자신의 장애가 훨씬 크다는 사실이다. 형제의 눈 속에는 '티'가 들어 있으나, 내 눈 속에는 '들보'가 있다고 하신다. 형제의 눈 속의 티는 '보이는 것'이나, 내 눈 속의 들보는 깨달아야 하는 것이다. "어찌하여 네 눈 속에 있는 들보는 깨닫지 못하느냐?"(티 우 카타노에이스 Τί οὐ κατανοεῖς;). 칸과 칸 사이의 두 기둥을 건너지르는 큰 나무라 할지라도 내 눈 속에 있는 그것은 보는(블레포 βλέπω) 것이 아니라, 카타노에오(κατανοέω) 해야 하는 것이다. 카타노에오는 관찰하거나 고려하거나 숙고하는 행위인데, 그렇게 해야 인식할 수 있고 깨닫게 된다. "어찌하여 깨닫지 못하느냐?"

게다가 예수님은 눈에 들보가 들어 있는 채로 형제의 눈 속에 있는 티를 빼내주겠다고 나선 이를 위선자라 하신다. 위선자의 그리스어 휘포크리테스(ὑποκριτής)는 '부당한(거짓의) 주장을 하는 사람, 사칭자, 혹은 본심을 드러내지 않는 사람'을 가리킨다. '부당한 주장을 하는 자야, 먼저 네 눈에서 들보를 빼내어라' 하신다. 그래야 네가 형제의 눈에 있는 티를 뚜렷이 보고 빼낼 수 있다는 것이다.

여기서 '형제의 눈 속에 있는 티를 보면서'(41ㄱ), '네 눈 속에 있는 들보는 보지 못하면서'(42ㄱ), '형제의 눈에 티를 보고'(42ㄹ)는 보는 것과 관련되고 39절에 언급된 '눈먼 이'와 연결되면서 같은 내용임을 시사한다. 40절을 중심으로 39절과 41-42절은 대구를 이룬다.

ㄱ	39	눈먼 이가 눈먼 이를 인도할 수야 없지 않으냐?
ㄴ	40	제자는 스승보다 높지 않다. 그러나 누구든지 다 배우고 나면 스승처럼 될 것이다.
ㄱ'	41-42	너는 어찌하여 형제의 눈 속에 있는 티는 보면서, 네 눈 속에 있는 들보는 깨닫지 못하느냐? … 먼저 네 눈에서 들보를 빼내어라….

그런데 "형제의 눈 속에 있는…"(41절)이라는 표현과 "아우야! 가만, 네 눈 속에 있는 티를 빼내주겠다"(42절)라는 말에서 드러나듯이, 이 상황이 전제하는 배경은 공동체 내 아주 친밀한 사이에서 벌어지는 일이다. 적대 관계에 있는 이들에게, 가까운 지인이나 가족 사이에서나 가능한 '눈 속의 티를 빼내주는 일'을 예로 들지는 않았을 것이다. 게다가 39절의 "예수님께서는 비유를 들어 그들에게 이르셨다"에서 '그들'은 아직 27절에서부터 '여전히 예수님의 말씀을 듣고 있는 제자들'이고, 예수님께 '주님, 주님' 하고 부르는 이들(46절)이다. 요지는 제자들, 믿는 이들끼리 서로 심판하고 단죄하지 말라는 것이다. '티를 빼낸다'는 이미지가 흠이나 결점을 수정한다는 의미로 연결되며 심판이나 단죄와 연결되고 있다.

그러니 먼저 자신을 돌아보고 생각과 행실에 주의를 기울여 가장 큰 것을 먼저 제거하고 스승께서 가르쳐주신 대로 하라는 것이다. 지금 말씀을 듣고 있는 이들은 제자이다. 제자는 스승만큼 알지 못하니 스승만큼 남을 인도할 수 없다. 그가 보지 못하는 측면이 있다. 보지 못하면서 못 보는 다른 이를 인도할 수는 없다. 그런데 언제까지나 그렇게 못 보지는 않을 것이다. 누구든지 다 배우고 나면 스승처럼 보고 인도할 수 있고, 스승처럼 눈에 있는 티도 빼내줄 수 있다. "그러나 누구든지 다 배우고 나면"의 의미를 그리스어로 보면 이 뜻이 명확하게 드러난다. '그러나 다 배우면'은 그리스어로 '개선하다, 적절한 상태로 두다'라는 뜻을 지닌 카타르티조(καταρτίζω)의 수동형 완료분사에 '이다' 동사의 미래형을 나란히 붙여서 표현한 어구로 '온전하게 된 이, 혹은 온전히 (다) 훈련된 이'를 가리킨다. 그러니까 제자들이 예수님에게 가르침과 훈련을 받아, 다 배우면 스승처럼 된다고 하시는 것이다. 제자들은 온전하게 되어가는 과정을 거쳐야 하는데, 이는 가르침을 실천함으로써 훈련되고 습득된다. 스승과의 관계 안에서, 하느님과의 관계 안에서 실천하며 형성되는 것이다. 아버지께서 자비하신 것처럼(카토스 καθὼς) 되어야 하고, 스승처럼(호스 ὡς) 되어야 하는데, 결국에는 될 것이다.

② 말은 마음에 있는 것(6,43-45)

43-44절

제자가 스승에게 가르침을 다 듣고 훈련받아 스승처럼 되었는지는 그가 하는 행실을 보면 알 수 있다. "나무는 모두 그 열매를 보면 안다. 가시나무에서 무화과를 따지 못하고 가시덤불에서 포도를 거두어들이지 못한다." 열매, 결과가 그 본질을 드러낸다는 것이다. 예수님께서 여기서 말씀하시는 것은 사람의 일상생활에서 실제로 드러나는 행동이나 몸가짐인 행실行實이 그의 사람됨이라는 것이다. 한자어에서도 움직일 행行에 열매 실實 자를 사용하고 있다. 어떤 나무인지가 그 맺히는 열매를 결정하듯이, 사람에게도 같은 원리가 작용된다고 말씀하신다. 가시나무에서 무화과를 절대로 딸 수 없고, 가시덤불에서 포도를 결코 거두어들일 수 없다. 이와 같은 자명함으로 예수님은 진정 가르침을 듣고 배웠다면 사람의 행실이 그 사실을 드러낼 것이라고 말씀하신다. 제자 됨의 기본 요건이라 하겠다. 이 단락 역시 ㄱ-ㄴ-ㄱ′ 대구법 구조로 의미를 강조하고 있다.

ㄱ	43	좋은 나무는 나쁜 열매를 맺지 않는다. 또 나쁜 나무는 좋은 열매를 맺지 않는다.
ㄴ	44	나무는 모두 그 열매를 보면 안다.
ㄱ′	45	선한 사람은 마음의 선한 곳간에서 선한 것을 내놓고, 악한 자는 악한 곳간에서 악한 것을 내놓는다. 마음에서 넘치는 것을 입으로 말하는 법이다.

45절

"선한 사람은 마음의 선한 곳간에서 선한 것을 내놓고"에는 형용사 '선한'(ἀγαθός)이 두 번 사용되어 사람, 곳간을 수식하고, 한 번은 명사로 '선한 것'이 사용되어 예수님이 윤리적인 행위에 대해 말씀하고 계심을 드러낸다. 마음의 선한 '곳간'이라는 말과, 마음에서 '넘치는 것' 이라는 말에서 시간을 통해 축적된 것의 이미지를 떠올릴 수 있다. 곳간이라 번역된 테사우로스(θησαυρός = treasure)는 보통 귀중품을 넣는 함이나 통을 가리킨다. 게다가 마음의 선한 곳간(아가토스 테사우로스 ἀγαθός θησαυρός)은 은유적인 표현으로 마음에 선한 귀중품 함이 있다고 하신다. 그곳에서 선한 것을 내놓는다. 선한 행위와 내적 성품 사이의 필연적인 연관성이 표현되었다. 선한 사람이어서 선한 것을 내놓는다는 의미일 수도 있고, 선한 것을 내놓는 것을 보니 선한 사람이라는 의미일 수도 있겠다. 선한 사람이 정해져 있다는 의미는 아니다. 선한 것이 나오는 것을 보면 그 마음이 선한 것을 알 수 있고, 그래서 그가 선한 사람, 곧 좋은 나무인 것을 안다. 이런 행실이 지속되면, 열매를 보고 그 나무가 무슨 나무인지를 아는 단계를 넘어서, 언제나 틀림없이 그 열매를 맺는 포도나무나 무화과나무임을 알듯이, 그렇게 '선한 사람'이라고 규정할 수 있게 되는 것이다.

사람이 사노라면 마음에는 많은 것이 쌓인다. 좋은 기억, 나쁜 기억, 좋지도 나쁘지도 않은 기억, 좋은 경험, 나쁜 경험, 좋은 느낌, 슬픈 느낌, 숱한 느낌이 있을 수 있고 좋은 원동력이 될 수 있는 것들과 아닌 것들도 있을 수 있다. 마음에 무수한 기억과 원동력이 있는데, 마음에서 좋은 것, 선한 것들이 모여 있는 부분이 있다고 알려주신다. 그 귀중품 함에 든 것을 꺼내어 쓰라는 말씀을 듣는다. 스승에게 배운 가르침, 깨달음 역시 그 안에 있을 것이다. 예수님께 배운 가르침으로 선한 곳간을 채운다. 사람이 살면서 어떤 행위를 하는 데는,

곧 가지고 있는 것 중에서 무엇인가를 내놓으려면 선택과 결정이 작용한다. 선한 사람은 마음의 선한 곳간에서 선한 것을 내놓는데, 사실 마음에서 넘치는 것을 입으로 말하는 법이라고 하신다. 많이 쌓인 것, 넘치는 것은 애쓰지 않아도 말로 나온다.

루카 6,37-45에 사용된 자료들은 어록(Q) 자료에서 온 것으로 개별적으로는 마태 7장과 12장에 있는 자료들과 일치한다. 그런데 루카는 고유의 문맥 안에 자료들을 배치하여 개별적인 자료의 메시지가 보존되면서도 서로 연결되는 가운데 더 확고한 메시지를 전달한다. 마음에서 넘치는 것이 말로 나오는 것은 심판하는 것, 단죄하는 것과 연결될 수 있다. 심판과 단죄는 먼저 말로 행해지기 때문이다. 눈먼 이와 인도자에 대한 비유 곧, 심판하지 말고 단죄하지 말라는 것은 남을 가르치려 들지 말라는 것이며, 제자로서 잘 배우고 다 배워서 마음에 차고 넘치는 선한 것이 나오게 하라는 것이다.

45절에는 아가토스(선한 것)에 관련한 권고도 있지만, 대조하여 같은 강세로 나온 포네로스(악한 것)에 대한 경고도 있다. 좋은 나무 이야기를 하는 43절에는 칼로스(καλός 좋은)와 사프로스(σαπρός 나쁜)가 사용되었다. 칼로스는 품질 좋고 잘생긴 것을 가리키는데 사프로스는 부패한, 썩은, 벌레 먹은, 부적합한 등을 뜻한다. 45절 '악한 자, 악한 곳간, 악한 것'에 세 번 사용된 포네로스(πονηρός)는 '불량한, 악한, 사악한, 타락한' 등의 뜻이다. 그래서 '나쁜 나무, 나쁜 열매, 악한 이,

악한 것이 쌓인 곳, 악한 것'들은 여러 가지 구실을 대면서 사랑하고 자비로우라는 가르침을 따르지 않으며 사람을 가려서 잘해주고, 자기들끼리만 주거니 받거니 하고, 판단하고 단죄하는 것을 의미한다. 마음에서 넘치는 것을 입으로 말하는 법이라는 것은 악한 이에게도 적용된다.

③ 실행(6,46-49)

그렇지만 말이 전부는 아니다. 그 말에는 행실이 따라야 한다. 말로는 예수님의 제자라 하고, 주님이라 부르며 신앙을 고백하면서 가르침대로 살지 않는 이들이 있다(46절). 먼저 이 사실을 전하고, 예수님은 그와 관련해서 가르침을 주시겠다고 하시고는(47절) 대조적인 두 양상을 소개하신다(48-49절).

46절

"너희는 어찌하여 나를 '주님, 주님!' 하고 부르면서, 내가 말하는 것은 실행하지 않느냐?" 예수님은 당신의 제자, 곧 믿는 이가 되기 위해 필요한 두 가지를 말씀하신다. 예수님을 주님이라 고백하는 것과 예수님의 말씀을 실행하는 것이다. 주님을 부르다(칼레오 καλέω = call)와 행하다(포이에오 ποιέω = do), 이 둘은 차이가 있어 하나가 다른 하나를 대치할 수 없으므로 서로 연결되어야 한다. 여기서 주님(퀴리에 κύριε)은 원래 히브리어의 라삐를 옮긴 것으로 보는데, 이 히브리어를 '디다스칼로스'(스승)가 아니라 '퀴리에'(주님)로 번역한 것은 후대 교회, 루카 복음사가 시대에 예수님을 주님으로 고백하는 이들에게 이 말씀을 적용하여 권면하기 때문이라는 해석이 있다. 루카복음에서 예수님이 전격적으로 주님으로 묘사되는 것은 7,13부터이다.

47절

종속절의 주어에 속한 동사는 모두 분사 형태로 세 개다: 나에게 '와서'(ἐρχόμενος), 내 말을 '듣고'(ἀκούων), 그것을 '실행하는'(ποιῶν) 사람. 이 행동들은 '예수님께 온다, 예수님 말씀을 듣는다, 그것을 행한다'로 모두 예수님과 연관된다. 예수님과 관계를 맺고, 그분과 함께하는 삶에는 이 세 가지 행동이 다 있어야 한다. 46절의 예수님 말씀이 이 점을 명백히 한다.

48-49절

루카복음서에 나온 표현은 마태오복음서에 나온 표현과 차이가 있다. 마태오의 기사는 팔레스티나의 기후와 지형이 더 적절하게 고려된 어록(Q) 자료를 사용한 것으로 보인다. 강한 바람을 동반하는 가을 폭우를 언급하면서, 예수님의 말을 듣고 실행하는 이는 쏟아져 내린 폭우로 생긴 급류에 휩쓸리지 않을 지반을 골라 집을 지은 슬기로운 사람과 같다고 한다.

마태 7,24	자기 집을 반석 위에 지은 슬기로운 사람과 같을 것이다.
마태 7,25	비가 내려 강물이 밀려오고 바람이 불어 그 집에 들이쳤지만 무너지지 않았다.
루카 6,48ㄱ	그는 땅을 깊이 파서 반석 위에 기초를 놓고 집을 짓는 사람과 같다.
루카 6,48ㄴ	홍수가 나서 강물이 집에 들이닥쳐도, 그 집은 잘 지어졌기 때문에 전혀 흔들리지 않는다.

그런데 루카의 본문에서 보이는 땅을 깊이 파서 반석을 발견한다든가, 그 위에 주춧돌(테멜리오스 θεμέλιος)을 놓는 기초 공사를 한다는 편집 부분은 팔레스티나의 지형 특징이나 가옥 건설 방식에 부합하지 않는다. 게다가 홍수가 나서 강물이 범람해 가옥을 덮친다는 것은 그 땅의 기후와 하천의 특징과는 다르다. 루카가 팔레스티나 땅 밖의 이방계 그리스도인들이 안전한 토대의 중요성에 관해 쉽게 알아들을 수 있도록 편집한 것으로 보인다.

6,17-18에서 제자들과 온 백성이 예수님께 몰려온 사실을 알린다. 예수님은 몰려온 그들에게 말씀을 들려주시고, 그들은 그 모든 가르침을 듣고 있다. 가르침에는 실행하라는 권고도 포함되어 있다. 사실 여기 루카복음에서는 '오고, 듣고'의 사실은 확인할 수 있다. 그러나 그들이 그 말씀대로 행동을 했는지 안 했는지는 전하지 않고 있다. 46절 "너희는 어찌하여 … 내가 말하는 것은 실행하지 않느냐?"를 보

면, 이미 예수님 당대에도 와서 말씀을 듣고 예수님을 주님이라 부르며 따라다니면서도 실제 생활에서는 다르게 행동하는 이들이 있었을 것이다. 이에 복음사가는 루카복음서의 독자들에게 들은 말씀대로 행동해라, 말씀을 실천하라는 강한 권고까지 이 단락에 배치하였다.

2) 치유와 해방 7,1-50

갈릴래아 활동 2: 6,17-8,56	
1) 가르침(6,17-49)	(1) 예수님께 모여드는 군중(6,17-19) (2) 행복과 불행(6,20-26) (3) 너희 아버지처럼(6,27-38) (4) 마음과 행동(6,39-49)
2) 치유와 해방(7,1-50)	(1) 백인대장의 병든 종을 고치시다(7,1-10) (2) 과부의 외아들을 살리시다(7,11-17) (3) 세례자 요한(7,18-35) (4) 죄 많은 여자를 용서하시다(7,36-50)
3) 하느님 말씀 선포와 응답(8,1-21)	(1) 예수님의 제자들(8,1-3) (2) 씨 뿌리는 사람의 비유(8,4-15) (3) 말씀을 듣는 방식(8,16-18) (4) 말씀을 듣고 실행하는 이들(8,19-21)
4) 예수님의 권능에 대한 계시(8,22-56)	(1) 풍랑을 가라앉히시다(8,22-25) (2) 마귀들을 쫓아내시다(8,26-39) (3) 야이로의 딸을 살리시고 하혈하는 부인을 고치시다(8,40-56)

백인대장의 병든 종을 치유한 이야기는 마태 8,5-13에도 나타나고, 내용은 다소 다르지만 동일한 요소를 요한 4,43-54 왕실 관리의 아들 치유 이야기에서도 발견할 수 있다. 학자들은 같은 사실을 다룬 이야

기가 어록(Q) 자료와 요한복음이라는 두 가지 다른 경로를 통해 전승되면서 차이가 생겼다고 말한다. 마태오복음서와 루카복음서에서는 무엇보다도 백인대장과 예수님 사이를 묘사하는 데 있어 차이를 보인다.

마태오복음서에서는 백인대장이 예수님께 다가와 대면하여 청을 드린다. 자신이 주님을 모실 자격이 없으니, 그저 한 말씀만 해주시면 종이 나으리라고 청하는 내용은 동일하다. 그런데 루카복음서에서 백인대장은 예수님을 한 번도 직접 대면하지 않는 것으로 나타난다. 그는 두 번 다 대리인을 통해 청을 드린다. 아마도 루카는 이런 식으로 예수님과 이방인의 대면을 피하게 한 것일 수 있다. 이 백인대장이 이방인인 것은 확실하나 예수님 시대에는 대체로 로마 군대가 갈릴래아 지역에 주둔하지 않았기에 로마인인지 시리아인인지는 확실하지 않다. 비유다인들로 구성된 헤로데 안티파스 군대의 일원일 수도 있다. 마태오가 백인대장의 믿음에 대한 선언에 이어 8,11-13에 기술한 내용이 루카에서는 다른 문맥인 13,28-29에 나타난다.

(1) 백인대장의 병든 종을 고치시다 7,1-10

1절

"예수님께서는 백성에게 들려주시던 말씀들을 모두 마치신 다음, 카파르나움에 들어가셨다." 이 구절은 윗 단락을 마무리하며 새로운 단락을 도입한다. 그리스어 플레로오(πληρόω)는 단순히 '마치다'라는 뜻만 아니라 예수님 선언('당신의 모든 말씀' πάντα τὰ ῥήματα αὐτοῦ)의 충만함을 드러내는 '가득 채우다, 수행하다, 완성하다'의 의미도 있다. '당신의 모든 말씀'은 6,47의 '내 말(을 듣고)'(ἀκούων μου τῶν λόγων)과 비슷한 말이다. 이 충만한 가르침은 이제 행동으로 표출된다. 루카는 예수님께서 움직여 다니시며 행동하신 에피소드들을 배치하여, 제자들에게 가르침을 마무리하시며 마음의 말을 하는 것도 중요하지만 실천하라고 권고하신 말씀과 짝을 이루게 한다.

이제 독자는 예수님께서 평지를 떠나 여러 곳을 다니시며 다양하게 활동하시는 모습을 볼 수 있다. 또한 각계각층의 사람들이 개인 혹은 단체로 예수님께 어떻게 응답하는지도 볼 수 있다. 노예가 치유되는 장면에서의 백인대장, 나인에서 과부의 외아들이 소생하는 장면에서의 사람들, 세례자 요한과 그의 제자들, 죄인이면서 예수님의 발에 향유를 바른 여인을 본 바리사이 시몬이 그러하다. 그들을 보며 독자는 자신의 응답을 선택하게 될 것이다.

이 대목의 구조는 다음과 같다.

예수님	예수님께서 … 카파르나움에 들어가셨다.
노예	백인대장의 노예가 병들어 죽게 되었는데, 그는 주인에게 소중한 사람이었다.
원로들 통해	이 백인대장이 유다인의 원로들을 그분께 보낸다.
칭찬(가치) + 청원	이들이 예수님께 다가와 백인대장을 칭찬한다.

예수님	예수님께서 그들과 함께 가셨다.
친구들 통해	백인대장이 친구들을 보내어 예수님께 아뢰었다.
무가치 + 청원	백인대장의 긴 전언
예수님의 감탄과 선언	예수님께서는 백인대장에게 감탄하시며, 당신을 따르는 군중에게 돌아서서 말씀하셨다.
노예	심부름 왔던 이들이 집에 돌아가 보니 노예는 이미 건강한 몸이 되어 있었다.

2-3절

여기서 예수님을 중심으로 주된 인물은 백인대장이다. 그에게 딸린 노예 중에 그가 소중하게 여기는 사람 하나가 병들어 죽게 되었다는 것이 모티브다. 이렇게 설정된 상황 속에서 그가 예수님께 사람을 보내어 두 번에 걸쳐 청한다. 그가 대리인들을 통해 한 말들이 핵심이다. 처음에 유다인 원로들을 보내서 하는 말은 "와서 자기 노예를 살려주십사" 하는 청원이다. 이 백인대장은 노예를 소중히 대하고 그의 병을 진심으로 걱정하는 성품의 소유자다. 게다가 유다인과의 관계가 원만하여, 인구ㅅㅁ에 회자하는 예수님의 소문을 들으며, 원로들과 친분이 있을뿐더러 청을 할 수 있을 만큼 돈독한 관계를 유지하고 있다.

4-5절

그래서 유다인 원로들이 예수님을 찾아와 청을 드린다. 원로들이 나서서 동족도 아닌 이방인을 위해 청을 하는 모습을 통해 백인대장을 다시 보게 된다. 원로들의 말에 의하면 “그는 선생님께서 이 일을 해주실 만한 사람”이다. 백인대장은 도움을 받을 자격이 있다(ἄξιός ἐστιν)는 것이다. “그는 우리 민족을 사랑할 뿐만 아니라 우리에게 회당도 지어주었습니다.” 유다인에 대한 그의 사랑은 회당 건축 봉헌으로 증명되었다. 학자들은 백인대장을 예수님 시대와 초기 그리스도교 시대에 선교에 중요한 역할을 하던 ‘하느님을 두려워하는 사람’들 중의 하나로 추정한다. 그들은 이방인이지만 유다이즘과 유다교의 도덕적인 가치에 호감을 갖고, 그들의 민족과 나라에 등 돌리지 않기 위해 할례는 받지 않으나 유다교 전례를 따르고, 율법을 배워 주요 규정들을 따르고 있었다. 초기 그리스도교 선교사들은 그들 사이에서 빠르게 효과적으로 선교의 성공을 거두었다. 혹자는 루카도 그들 중 하나일 가능성이 있다고 보는데, 루카가 그들에게 지대한 관심을 보이기 때문이다.

6-8절

그리하여 예수님께서 그들과 함께 가신다. 백인대장의 집에서 그리 멀지 않은 곳에 이르셨을 때, 다시 백인대장의 친구들이 와서 그의 말을 전한다. 그는 예수님께서 자신의 집으로 오고 계시다는 소식을 들은 것이다. 그리고는 친구들을 보내어 다시 말씀을 드리는데, 백인대장은 간접적이나마 자신의 말로 예수님께 청원을 드린다. 그의 말에서는 자신에게 자격이 없다는 말을 반복해서 표현한다는 것이 두드러진다. 6절 “(저는 주님을 제 지붕 아래로 모실) 자격이 없습니다”(οὐ γὰρ ἱκανός εἰμι), 7절 “(제가 주님을 찾아뵙기에도) 합당하지 않다고 여겼습니다”(οὐδὲ ἐμαυτὸν ἠξίωσα). 원로들은 그가 마땅히 대접받을 만한 가치 있는 인물임을 강조하며 치유해주시기를 청원하였는데, 백인대장은 자신이 주님을 찾아뵙기에도, 자기 집에 모시기에도 다 부당하고, 부족하다고 고백한다. 이 말에서 그가 원로들이나 친구들을 보내 청을 하는 이유를 알 수 있고, 이 친구들 역시 유다인 친구들이라고 짐작할 수 있다.

“주님, 수고하실 것 없습니다. … 그저 말씀만 하시어 제 종이 낫게 해주십시오.” 백인대장은 말씀을 통한 원격 치료를 요청한다. 그리고 비유로 자기 요청의 정당성을 설명한다. 백인대장은 처음에는 예수님이 오셔서 노예를 살려주시기를 청했다. 그런데 뒤늦게 직접적인 대면을 정중히 사양한다. 그리고 한 말씀만 해주시어 치유해주시기를 큰 믿음으로 청한다. 이런 변화는 무엇에 기인한 것일까? 병에 걸린 노예는 백인대장의 내적 자세를 드러낼 수 있는 실마리로 작용하였다. 백인대장은 병자가 노예임에도 소중히 여기고 그의 치유를 위해 최선을 다하며, 이방인이면서도 유다인인 예수님을 믿고 원로들을 통해 청하는 자세를 보이더니, 막상 예수님이 다가오시니 자신이 주님을 가까이 할 자격이 없다는 것을 고백하며 말씀으로 치유해주시기를 청하는 모습을 보였다. 그는 예수님과 간접 청원을 통해 연결되고 그분이 오시고 있다는 소식, 곧 청원에 응답받았다는 소식을 들으면서 변화를 겪는다. 그리고 예수님을 지극히 존중하며 자신의 말로 다시 청한다. 원로들의 말과는 아주 대조적으로 자신은 주님을 모실 자격이 없다고 겸손하게 청원한다. 그리고 자신이 가진 제한된 권한에서도 가능한 일이라고 예를 들면서 그저 말씀만 하시어(명령을 내리시면) 자신의 종이 낫게 해달라고(종의 병이 나을 것이라고) 말씀드린다.

9절

예수님께서는 그의 말을 듣고 감탄하신다. 그리고 돌아서서 당신을 따르고 있는 군중에게 말씀하신다. "나는 이스라엘에서 이런 믿음을 본 일이 없다." 이방인인 백인대장이 지금 믿음에 있어서 이스라엘인들을 능가했다. 백인대장이 주님의 은혜를 받을 자격이 있는지 없는지에 대한 진실은 예수님이 선언하셨다. 백인대장의 가치는 그의 믿음으로 드러났다. 그 결과, 심부름 왔던 이들이 집에 돌아가 보니 노예는 이미 건강한 몸이 되어 있었다고 말한다. 백인대장의 청이 받아들여진 것이다. "그저 말씀만 하시어 제 종이 낫게 해주십시오"라는 청에, 예수님은 그 노예가 병에서 나으리라고 직접 말씀하시지도 않았다. 그저 백인대장의 믿음을 인정하고 감탄하시고, 군중 앞에서 그의 큰 믿음을 선언하셨을 뿐이다.

복음서는 이 이방인은 예수님을 개인적으로 만나지 않고도 메시아의 은혜를 받으리라고 희망할 수 있을 만큼 충분한 믿음을 가졌다고 이야기한다. 루카 복음사가는 이런 방식으로 예수님 시대의 이방인들이 첫 세대의 유다인이나 그리스도인들과 비교해 열외로 취급되지 않았다는 것을 선언한다. 그리고 루카의 독자들이 선교사들을 통해 예수님과 믿음의 소통이 가능하고 충만한 응답을 받으리라고 격려하며 기대할 수 있게 한다. 또한 예수님이 감탄하실 만큼 놀라운 이방인의 믿음에 관한 이 기사는, 초기 교회가 이방인들을 교회에 받아들이는 데에 유용한 논거가 되었을 것이다.

10절

"심부름 왔던 이들이 집에 돌아가 보니 노예는 이미 건강한 몸이 되어 있었다." '심부름 왔던 이들'은 그리스어로 호이 펨프텐테스(οἱ πεμφθέντες)이니, '보내졌던 이들'로 친구들을 가리킨다. 바로 이들이 백인대장의 믿음이 응답 받았음을 확인한다. 이렇게 이방인인 백인대장은 그에게 감탄하고 칭찬하시는 예수님을 통해 완전한 응답을 받은 사람으로 증언되었다.

(2) 과부의 외아들을 살리시다 7,11-17

① 7,1-50의 문맥 안에서 11-17절

예수님이 나인에서 과부의 아들을 소생시킨 이야기는 루카복음서에만 나타난다. 루카 고유의 자료를 7,1-50의 구조에 맞추어 이곳에 배열했다고 본다.

예수님께서 나자렛 회당에서 주님의 은혜로운 해가 실현되었다고 선언하신 후에(4,14-30) 활동을 시작하셨고, 4,31-6,16에서 1차로(갈릴래아 활동 1) 가르침과 치유 그리고 부르심의 내용이 실현되는 양상을 소개했다. 이제 6,17-8,56에서 실현의 두 번째(갈릴래아 활동 2) 국면이 이야기되고 있는데 그중 7,1-50은 6,17-49의 가르침에 이어 치유와 해방을 다룬다. 그 사실들이 세례자 요한과 제자들과의 관계에서 메시아 오심의 증거로 제시된다. 7,1-10에서 예수님께서 말씀으로 죽어가는 이를 살리신 이야기를, 7,11-17에서는 나인에서 죽은 자를 살리시는 이야기를 전하며 자연을 초월하는 큰 능력을 지니신 분임을 드러낸다. 이어서 세례자 요한이 다시 등장하는데, 감옥에 있는 요한은 제자들을 보내어 예수님께 여쭘으로써 자기가 알려야 하는 분을 명시적으로 다시 증언하는 효과를 낸다. 예수님은 실제로 그 일이 일어났음을 보고 들은 대로 전하라고 하신다. "요한에게 가서 너희가 보고 들은 것을 전하여라. 눈먼 이들이 보고 다리 저는 이들이 제대로 걸으며, 나병 환자들이 깨끗해지고 귀먹은 이들이 들으며, 죽은 이들이 되살아나고 가난한 이들이 복음을 듣는다"(7,22). 이 구절은 "오늘 이 성경 말씀이 너희가 듣는 가운데에서 이루어졌다"(4,21)는 말씀의 맥을 잇는 답변이다. 이 맥락에서 과부의 외아들 소생 이야기는 이 예언 실현의 절정을 이루는 사건으로 소개된다.

② 죽은 이가 되살아나다(7,11-17)

11절

예수님은 카파르나움에서 백인대장과의 일을 마무리하신 후에, 바로 나인으로 발길을 옮기신다. 예수님께서 나인으로 가시는데 "제자들과 많은 군중도 그분과 함께 갔다." 그들은 이제 벌어질 일의 목격 증인들이 되어, 앞으로 벌어질 일이 온 유다와 그 둘레 지방으로 퍼져 나가게 할 것이다. 여기 '갔다'에 사용된 동사는 '여행하다, 가다'라는 뜻의 포레우오(πορεύω)인데 이 동사는 특히 출발지나 목적지가 지정된 지역으로의 이동이나 여행을 의미한다. 나인은 두루 여러 곳을 다니시다가 우연히 들른 고을이 아니라, 예수님이 가시고자 했던 목적지였다. 7,6에서 백인대장의 집을 향해 가신다고 표현할 때도 이 동사(ἐπορεύετο)가 쓰였다.

12절

나인은 당시 성벽과 성문이 있던 도읍으로 소개된다. 예수님께서 그 고을(폴리스 πόλις) 성문 가까이 이르셨을 때, 사람들이 상여를 메고 나온다. 이 절에 사용된 '죽은 이', '외아들'(모노게네스 휘오스 μονογενὴς υἱὸς), '어머니', '과부'라는 단어 네 개가 모든 상황을 단번에 소개한다. 고을 사람들이 그녀를 동정하여 큰 무리를 지어 장례 행렬에 동행하고 있다는 사실이 과부에게 조금이나마 위로가 되기는 하겠지만, 그 과부는 이제 혼자 남겨져 고되고 고통스런 삶을 마주하게 될 것이다.

13절

"주님께서는 그 과부를 보시고 가엾은 마음이 드시어…." 여기서 주님께서 보셨다는 것은 과부의 이러한 처지를 다 아셨다는 뜻이다. 그래서 예수님은 주님(호 퀴리오스 ὁ κύριος)으로서 과부를 불쌍히 여기시고, 혹은 동정심을 느끼신다(스플랑크니조마이 σπλαγχνίζομαι). '주님' 호칭이 7,6에서는 백인대장의 입에서 나오고, 여기 13절에서는 화자話者가 말한다. 11절 한글 번역에는 '예수님'이란 단어가 명기되어 있으나, 그리스어 원문에는 명시적인 주어가 생략되어 있고 '여행하다, 가다'라는 뜻의 포레우오(πορεύω) 동사가 3인칭 단수로 표현되어 그 분임을 가리킨다(12.14.15.17절에서도 마찬가지다). 11-17절 단락에서 예수님이란 호칭은 나타나지 않으며, 그 대신 '주님', '큰 예언자', 그리고 '하느님'이란 호칭이 관련되어 사용된다.

'주님'이라는 호칭은 초기 교회에서 하느님에게 높이 들리신 분으로서의 예수님을 가리킬 때 사용하였는데, 루카가 18-23절에서 밝히는 "오실 분"의 권능과 신원이 증명되는 사실과 부합하는 호칭이다. 주님께서 그녀를 가엾이 보시고 권위 있게 말씀하신다. "울지 마라." 아들에 앞서 주님의 자비를 제일 먼저 입는 이는 어머니다.

14-15 절

예수님이 앞으로 나아가 관에 손을 대시니, 관을 메고 가던 자들이 멈추어 섰고, 그분은 "젊은이야, 너에게 말하노니, 일어나라"(네아니스케, 소이 레고, 에게르테티 νεανίσκε, σοὶ λέγω, ἐγέρθητι) 하고 이르신다.

주님의 말씀	과부 어머니에게	울지 마라.
	외아들 죽은 이에게	젊은이야, 내가 너에게 말한다. 일어나라.

"울지 마라"라는 주님의 말씀은 네 의지의 힘으로 울음을 그쳐라가 아니라, 그가 울고 있는 이유를 제거해주시어, 울 이유가 없게 된다는 것이다. 관 속에 눕힌 죽은 이가 청년임을 아시고 "젊은이야" 하고 부르시고, 이어서 "네게 말하노니" 하시는 주님의 말씀에는 힘과 권위가 가득 담겨 있다. "네게 말하노니" 들어라(순명해라), 곧 "일어나라" 하신다. 그러자 죽은 이가 일어나 앉아 말을 하기 시작한다. 주님의 권능이 온전히 드러난 순간이다. "일어나라"는 에게이로(ἐγείρω) 동사의 명령법 원과거 수동형 2인칭 단수다. 이 동사는 일어나거나 일으켜진 결과로 삶, 생명의 상태로 들어가는 것을 뜻한다. 예수님께서 "일어나라"라고 말씀하셨을 때, 그가 바로 일어나 앉을 수 있었던 것은 우리 관습에서 쓰이는 뚜껑이 굳게 닫힌 관이 아니라 들것 비슷한 것에 눕혀 있었기 때문이다. 일어나 앉은 것, 말을 하는 것은 그가 실제로 온전히 소생했음을 드러낸다. 이야기의 흐름은 "예수님께서

는 그를 그 어머니에게 돌려주셨다"를 부각한다. 외아들을 잃고 우는 홀어머니에게 아들을 돌려주시어, 그녀는 잃었던 아들, 희망, 생명을 찾았고 울지 않을 수 있게 되었다. 이것이 가능했던 이유는 바로 주님께서 죽은 이를 소생시키셨기 때문이라는 사실이 전체 맥락에서 가장 중요하다.

이 에피소드는 사렙타 과부의 아들 이야기(1열왕 17,11-24)와 형태가 유사하다. 이것은 나자렛 회당에서 담화하시는 중에 엘리야 시대를 언급하시며 그가 사렙타의 과부에게만 파견되었던 예를 든 것(루카 4,26)을 상기시켜 주님의 은혜로운 해 선포를 부각한다.

16절

"사람들은 모두 두려움에 사로잡혀 하느님을 찬양하며, '우리 가운데에 큰 예언자가 나타났다', 또 '하느님께서 당신 백성을 찾아오셨다' 하고 말하였다." 죽었다가 소생한 외아들을 두고 주변에서 보인 반응이 이렇게 묘사되었다. 여기서 '사람들'은 과부와 함께 장례 행렬을 이루었던 '고을 사람들'과 예수님과 함께 온 '제자들과 많은 군중' 모두를 가리킨다. 그 많은 사람이 모두 두려움에 사로잡혀 하느님을 찬양한다. 놀라운 신적인 일을 체험한 사람들이 두려움에 사로잡히는 것은 당연한 반응인데, 이 사실로 이 일이 틀림없이 하느님이 하신 일이라고 증명된다. 루카복음서에서 하느님이 하신 일에 대한 두려움은 이미 여러 군데에서 나타났다(1,12.65). 이 두려움과 함께 '하느님을 찬양하는' 행위가 수반되는 5,26처럼 7,16에서도 사람들이 하느님을 찬양한다. 그리고 사람들은 그 일이 자신들 가운데에 큰 예언자가 나타난 일이거나 하느님께서 당신 백성을 찾아오신 일이라고 표현하는데, 이것은 루카 1장의 예언 말씀이기도 한 찬가들을 기억하게 한다(1,68.78-79). 그중 예언자라는 표현은 이야기의 요소들이 사렙타 과부의 아들 이야기(1열왕 17,11-24)를 닮은 영향으로 본다. 16-17절에 나타난 정서가 구약성경의 세계와 유사하고, 무엇보다도 사람들이 예수님께서 하신 일을 하느님께서 당신 백성에게 하신 일로 인식한다는 것이 중요하다.

17절

"예수님의 이 이야기가 온 유다와 그 둘레 온 지방에 퍼져 나갔다." 이 구절의 원문은 "그분에 관한 '호 로고스'가 퍼져 나갔다"이다. 4,14의 "소문"(페메 φήμη)이나 4,37의 "소문"(엑코스 ἦχος)으로 표현하지 않고, 말, 이야기 등의 의미를 지닌 호 로고스(ὁ λόγος)라고 표현한 것은 유의해서 볼 만하다. 이것은 다음 단락에서 예수님께서 요한의 제자들에게 하신 말씀 "너희가 보고 들은 것을 전하여라"(7,22)와 관련하여 의미를 갖는다. 즉 증언하기 위해 보고 들은 것을 전할 때에는 소문, 소식, 명성이 아니라 들은 '로고스'를 전하는 것이다.

(3) 세례자 요한 7,18-35

7장에서 백인대장의 종 치유와 과부의 외아들 소생 이야기(1-17절), 그리고 죄 많은 여인이 용서받은 이야기(36-50절) 사이에 세례자 요한 관련 이야기(18-35절)가 실려 있다. 루카복음서에서는 이야기가 배치된 위치가 내용만큼이나 중요하다. 18-23절은 이 위치에서 세례자 요한이 "나보다 더 큰 능력을 지니신 분이 오신다"(3,16)고 선포하였던 그분이 예수님이시며 바로 오실 분이라는 사실을 확인하는 역할을 한다.

예수님은 죽어가는 종을 치유하시고(1-10절) 죽은 이를 살리셨다(11-17절). 그리고 죄인을 용서하셨다(36-50절). 21절에 삽입된 요약문은 "질병과 병고와 악령에 시달리는 많은 사람을 고쳐주시고, 또 많은 눈먼 이를 볼 수 있게 해주셨다"이다. 루카는 이렇게 요한의 제자들이 전할 수 있는 내용을 완성하였다. "요한에게 가서 너희가 보고 들은 것을 전하여라. 눈먼 이들이 보고 다리 저는 이들이 제대로 걸으며, 나병 환자들이 깨끗해지고 귀먹은 이들이 들으며, 죽은 이들이 되살아나고 가난한 이들이 복음을 듣는다."

1-2장에서 루카는 하느님의 계획으로 이루어지는 일들의 초기 이야기를 들려주었다. 그것은 세례자 요한과 예수님이 탄생하기 전 부모들이 주님을 체험하며 태어날 아기들의 사명을 전해 듣는 이야기와

아기들을 낳은 후 체험한 기이한 일들을 소개한 것이다. 세월이 흐르고 하느님 계획 안에서 두 사람이 각기 활동을 하였는데, 이제 제자들의 증언을 통해 둘이 간접적으로 만나며, 두 활동이 통합되어 하나의 사실을 전한다. 곧 예수님께서 하신 이 모든 일이 예언의 성취임을 밝히는 것이다.

세례자 요한의 질문에 대한 예수님의 답변(18-23절), 요한에게서 드러난 하느님의 뜻(24-30절), 요한의 태도와 예수님의 태도의 일치점을 깨닫는 지혜의 자녀들(31-35절)은 한 단락을 이루며 예수님에 대한 증언을 공고히 한다.

① 세례자 요한의 질문과 예수님의 답변(7,18-23)

18절

"요한의 제자들이 이 모든 일을 요한에게 전하였다." 이 모든 일이 가리키는 것은 최소한 7,1-10의 일과 11-17의 일이다. 넓게 잡으면 6,17-49의 일도 포함시킬 수 있을 것이다. 세례자 요한은 감옥에서 제자들이 전해주는 예수님과 관련된 일들 이야기를 들었다. 그러자 그는 제자 둘을 주님께 보내어 질문을 한다.

19절

"오실 분이 선생님이십니까? 아니면 저희가 다른 분을 기다려야 합니까?" 요한이 제자들을 '주님께' 보내는 것으로 묘사되어 있다. 마태오는 병행구인 11,2에서 루카의 '모든 일' 대신에 '그리스도께서 하신 일'이라 하고, 11,3에서는 루카의 '주님께' 자리에 '그분께'라고(《성경》에서는 생략) 기록했다. 루카의 맥락에서 주님이신 예수님께서 하신 일은 놀라운 권능을 드러내는 일이었다.

세례자 요한은 회개의 세례를 선포하다가 헤로데 안티파스에 의해 투옥되었다. 감옥에서 하는 그의 질문은 엘리야를 떠올려준다. 엘리야는 이스라엘에 삼 년 육 개월 동안의 가뭄을 선언하고(루카 4,25; 1열왕 17,1 참조), 카르멜산에서 바알 예언자들과 대결하여 승리하고 그들을 처단하고 비를 내리고도(1열왕 18,20-46), 이제벨에게 쫓기며 죽기를 간청하고 절망해 있다가 주님의 천사의 도움으로 호렙산에 가서 주님을 뵙고, 이스라엘의 상황을 두고 절절하게 하느님께 토로하였다. 비슷하게 요한은 감옥에서 주님께 답을 듣기를 바라며 질문을 한다. 엘리야와 같은 열정을 지닌 예언자로서 하느님의 계획에 대한 열망이 컸던 그로서는 예수님이 하신 모든 일을 듣자, 자신보다 더 큰 능력을 지닌, 곧 하느님의 힘을 느끼며 당사자에게 확언을 듣고 싶지 않았을까? 구약성경에서 엘리야가 결국 이스라엘에 희망이 있다는 주님의 계획을 들은 것처럼(1열왕 19,1-18) 세례자 요한은 그분이 오셨다는, 즉 예언 말씀이 이루어졌다는 답을 듣게 된다. 이렇게 요한은 자기가 선언한 오실 분에 대해 마무리를 한다. 자신이 가리킨 분, 자기 뒤에 오실 분이라고 했던(루카 3,16) 분과의 연결점을 예수님의 선언을 통하여 밝히는 것이다.

20절

19절과 20절, 붙어 있는 두 절에 같은 말이 반복해서 실려 있다. 그 이유는 제자들이 예수님께 한 질문이 바로 세례자 요한에게서 비롯한다는 것을 두드러지게 하며, 요한이 선언한 '오실 분'과 '예수님'이 같은 분이라는 것에 강세를 두기 위해서다. 요한이 선언한 분은 이사야 예언자가 말한 메시아이며, 요한은 그분에 앞서 온 예언자라는 것이 확인된다.

21절

사실 20절 다음에는 22절 예수님께서 대답하셨다는 내용이 연결되는 것이 자연스러운데 21절이 삽입되어 있다. "그때에 예수님께서는 질병과 병고와 악령에 시달리는 많은 사람을 고쳐주시고, 또 많은 눈먼 이를 볼 수 있게 해주셨다." 예수님께서 세례를 받으신 이후 갈릴래아에서 활동하신 일들을 요약한다.

22절

예수님의 답변은 간단한 구문 형태로 이사야가 전한 메시아 관련 예언(이사 26,19; 29,18; 35,5-6; 61,1)의 집약처럼 나타난다. "눈먼 이들이 보고 다리 저는 이들이 제대로 걸으며, 나병 환자들이 깨끗해지고 귀먹은 이들이 들으며, 죽은 이들이 되살아나고 가난한 이들이 복음을 듣는다." 그동안의 활동들을 통해 예수님이 자비로운 메시아, 치유하고 살리는 생명의 메시아이심을 드러낸다. 이 답변은 그들 눈앞에서 벌어진 이 일들을 구원의 때가 왔다는 증거로 제시하고 동시에 그것을 행하시는 분이 바로 오실 분이라는 사실을 보여준다.

이 구절에서 제일 마지막 부분에 "가난한 이들이 복음을 듣는다"는 어구가 나타난다. 이는 공생활 초기 예수님의 사명 선포(4장)의 첫 자리에 나타난 "가난한 이들에게 기쁜 소식을 전하고"(4,18)와 반복 구문을 이루어 구조적으로 그 의미를 부각한다. 예수님께서 열거하신 사건들의 초점은 하느님의 심판이 아니라 하느님의 은혜에 맞춰져 있다. 이사야서를 인용할 때도 관련된 심판의 본문들은 전혀 인용하지 않았다. 예수님의 사명에 심판의 주제가 없지 않고, 루카복음에서도 앞으로 첨예하게 다룰 것이나, 여기 22절에서 드러내는 하느님의 계획에는 요한이 생각했던 것보다 훨씬 더 큰 은혜가 있고, 예수님은 바로 이 점을 요한에게 전달하도록 하셨다.

23절

"나에게 의심을 품지 않는 이는 행복하다." 19절에서 "오실 분이 선생님이십니까?"라고 물으니 '그렇다'라고 답변하신 다음 그 질문과 연관하여 하신 말씀이다. 원문의 뜻은 '나로 인해 걸려 넘어지지 않는 이는 행복하다'이다. 예수님께서 답변을 하시고는 사람들이 긍정적인 응답을 하기에 힘겨운 요소가 있음을 아신다는 것을 드러낸다. 스칸달리조(σκανδαλίζω)는 걸려 넘어진다는 뜻인데, 걸려 넘어지는 요소는 '메시아'가 아니라 바로 '나에게'(엔 에모이 ἐν ἐμοί) 있다. 그들이 보는 지상의 실재인 인간 예수님을 넘어서 그분이 이루신 일과 말씀을 통해 메시아를 볼 수 있어야 한다.

이어지는 7,24-35에서 그 말씀의 뜻이 명확하게 드러난다. 예수님에게 걸려 넘어지지 않으려면, 예수님에 대한 태도 이전에 세례자 요한에 대한 태도에서부터 시작되어야 한다. 요한의 말을 듣고 세례를 받은 이들은 하느님의 의로우심을 받아들이지만, 요한을 거부하고 세례를 받지 않은 이들은 결국 자기들을 위한 하느님의 뜻을 물리치게 된다. 그들은 광야의 삶을 사는 요한의 삶에 태도에 시비를 걸며 걸려 넘어지더니, 요한과는 정반대로 사람들 속으로 들어가 함께하시는 예수님의 삶의 태도를 두고도 시비를 걸고 걸려 넘어진다. 그런가 하면 세례자 요한과 예수님 안에서 일어나는 일들에서 하느님의 뜻을 보고 받아들이는 이들이 있다. 이들은 또한 지혜의 음성을 듣는 이들이고 그에 따라서 자신의 삶을 살아가는 지혜의 자녀들이다.

가	23절	나에게 의심을 품지 않는 이는 행복하다.
나	29-30절	요한의 설교를 듣고 … 하느님께서 의로우시다는 사실을 받아들였다. 그러나 요한에게서 세례를 받지 않은 … 들은 자기들을 위한 하느님의 뜻을 물리쳤다.

나'	33절	세례자 요한 … 빵을 먹지도 않고 포도주를 마시지도 않자, '저자는 마귀가 들렸다.'
	34절	사람의 아들이 와서 먹고 마시자, '보라, 저자는 먹보요 술꾼이며 세리와 죄인들의 친구다.'
가'	35절	그러나 지혜가 옳다는 것을 지혜의 모든 자녀가 드러냈다.

② 자기들을 위한 하느님의 뜻에 대한 태도(7,24-30)

24-27절

요한의 심부름꾼들이 돌아가자 예수님께서 군중에게 요한에 대해 말씀하신다. "너희는 무엇을 구경하러 광야에 나갔더냐?" 예수님은 사람들이 광야로 요한을 찾아갔던 일을 알고 계신다. 그들이 광야로, 요한에게 간 이유는 그를 예언자라고 여겼기 때문임을 상기시키시며, 맞다고 증언해주신다. 구약에서 예언자들이 하느님의 말씀을 전하고, 하느님의 계획을 백성에게 전달하는 일을 하였다. 그리고 예수님은 말라키서를 인용하시며 그가 메시아의 선구자이기에 예언자보다 더 중요한 인물이라고 알려주신다. 그가 전하는 하느님의 계획과 해야 할 하느님의 일은 바로 구원자이신 예수님 직전에 파견되어 그 길을 닦는 일이었다. "보라, 내가 나의 사자를 보내니 그가 내 앞에서 길을 닦으리라. 너희가 찾던 주님, 그가 홀연히 자기 성전으로 오리라. 너희가 좋아하는 계약의 사자, 보라, 그가 온다"(말라 3,1).

이 말씀은 루카 7,27에서 하느님이 예수님에게 주신 말씀으로 표현되어 있다. "보라, 네 앞에 나의 사자를 보낸다. 그가 네 앞에서 너의 길을 닦아 놓으리라." '네 앞에'(프로소푸 수 προσώπου σου), '네 앞에서'(엠프로스텐 수 ἔμπροσθέν σου), '너의 길을'(텐 호돈 수 τὴν ὁδόν σου) 하고 3중으로 강조된 2인칭 단수 '너'(σύ)는 예수님을 가리킨다. 요한은 준비하는 자로서 자신의 역할을 충실히 수행하였다.

28-30절

요한은 하느님의 계획에 따라 광야에서 살며, 자신의 삶으로 주님의 오심을 준비하고 선포했다(27절 참조). 그의 사명은 고귀했고, 그는 자신의 사명을 완수했다. 그런데 이제 사람들은 예수님의 가르침을 따라 예수님께서 선포하시는 하느님 나라를 받아들이고, 하느님 나라의 원리를 살아야 한다. 요한은 인간 역사 전체를 통하여 가장 큰 인물이지만 하느님 나라는 모든 인간 역사를 초월한다. 그러므로 예수님은 "하느님의 나라에서는 가장 작은 이라도 그보다 더 크다"라고 말씀하신다. '더 큰 인물', '가장 작은 이'라는 은유적 용어는 특정한 개인을 가리키는 말이 아니라 공동체의 구성원을 가리키는 말이다. 그러니까 인간 공동체("여자에게서 태어난 이들 가운데")이거나 새로운 거주지와 새로운 정체성을 부여받는 하느님의 나라 공동체에 속한 이들을 가리키는 말이다. 모든 인간은 첫 공동체인 인간 공동체에 속한다. 두 번째 공동체에 받아들여지기 위해서는 '듣고 고백하는' 절차가 필요하다. 인간 공동체와 하느님 나라 공동체 사이에서 어디에 속하는가에 대한 주제는 29-30절 이야기에 명시된다.

"요한의 설교를 듣고 그의 세례를 받은 백성은 세리들까지 포함하여 모두 하느님께서 의로우시다는 사실을 받아들였다." 29절이 우리말 《성경》에는 '요한의 설교를 듣고'라고 나와 있으나 그리스어로 이 본문은 백성이 들은 말씀이 '예수님의 말씀'인지 '세례자 요한의 말'인지 뚜렷하게 드러나지 않는데, 현재 학계에서의 번역은 주석에 따라 두 갈래로 나뉜다.

예수님의 말씀으로 보는 번역
요한의 세례를 받은 모든 백성과 세리들은 이 말씀을 듣고 하느님께서 의로우시다고 하였다.
(NRSV, NIV, CEI, TOB, SACRA PAGINA)

세례자 요한의 말로 보는 번역
요한의 설교를 듣고 그의 세례를 받은 백성은 세리들까지 포함하여 모두 하느님께서 의로우시다는 사실을 받아들였다. (우리말 성경, 앵커바이블 누가복음)

'예수님의 말씀을 듣고'라고 해석하는 입장에서 보면, 단순히 요한에 대한 예수님의 증언을 듣는 것으로 생각할 수 있다. 그들은 예수님이 요한이 보낸 제자들에게 답변하시고 선구자로 온 요한의 위치를 설명하시는 말씀을 들었다. 28절은 하느님 나라 공동체를 언급하고 이어지는 29절은 그 나라에 속한 이들을 밝힌다. 요한의 세례를 받은 이들이 바로 이러한 예수님 말씀을 듣고 하느님 나라에 속하게 된다. 29-30절을 통틀어 이 말씀을 들은 백성은 자기들을 위한 하느님의 뜻을 알아듣고 받아들인다는 것을 표현한다.

반면에 '요한의 말을 듣고'로 보는 입장에서는, 요한이 설교하고 세례를 베푼 목적이 사람들을 회개시켜 예수님께로 인도하는 일이었으니, 요한의 세례를 받은 백성이 세리들까지 포함하여 모두 예수님의 말씀을 듣고 하느님께서 의로우시다는 사실을 받아들였다는 것이다. 즉, 그들은 예수님께서 바로 오시기로 되어 있는 메시아임을 믿고 받아들임으로써 자기들을 위한 하느님의 뜻을 받아들인 것이다.

그러나 예수님께서 오시기로 되어 있는 메시아임을 받아들이지 않고 걸려 넘어지는 이들이 있다. 바로 "요한에게서 세례를 받지 않은 바리사이들과 율법 교사들"이다. 그들은 요한을 알아보지 못하여 그를 통해 예수님께로 가는 첫발을 떼지 못한 탓에 예수님도 알아보지 못하여 '자기들을 위한 하느님의 뜻을 물리치는'(30절) 우를 범하고 만다. 세례자 요한과 예수님, 약간의 시간 차이로 파견된 두 분은 하나이고 같은 하느님의 구원 계획에 속해 있다. 요한의 세례를 거부하면서 이스라엘의 지도자들은 종말론적 시간인 구원의 때를 알지 못했다. 이어지는 31-35절은 바로 이 잃어버린 기회, 결정적인 시간 카이로스를 알지 못한 이들에 대해 말한다.

③ 지혜의 자녀들(7,31-35)

31-35절은 요한도 예수님도 수용하지 않으려는 그 세대 사람들에 대해 비유로 말씀하신다. 동시에 지혜를 통하여 두 분이 다른 양태로 같은 것을 드러내고 계시다는 사실을 알려주신다. 세례자 요한의 태도와 예수님의 태도의 일치점은 하느님의 구원 계획이다.

31-32절

"그러니 이 세대 사람들을 '무엇에 비기랴?'(티니 운 호모이오소 Τίνι οὖν ὁμοιώσω) 그들은 '무엇과 같은가?'(티니 에이신 호모이오이 τίνι εἰσὶν ὅμοιοι)." 동사 호모이오(ὁμοιόω)는 '비교하다'라는 뜻이고, 호모이오스(ὅμοιος)는 '~같은'이라는 형용사이다. 예수님은 그들을 장터의 아이들과 같다(호모이오이 ὅμοιοί)고 하신다(32절). 호모이오 어근을 세 번이나 거듭 사용하며 드러내려는 것은 이 세대 사람들의 행동이 정말 이 아이들의 행동과 비슷하다는 점이다. 이 아이들은 무엇을 해도 트집만 잡고 동조하지 않는다. 핵심은 이 세대가 주어진 신호들을 놓치고 응답하지 않고 있다는 것이다.

33-34절

흥겹고 즐거운 놀이든, 정반대의 슬픈 장례 놀이든 어느 장단에도 동조하지 않고 반감을 드러내는 이 아이들처럼, 바리사이와 율법 교사들은 요한의 삶의 태도에도 예수님의 삶의 태도에도 반감을 드러내며 트집을 잡는다. 잔치의 흥겨움과 애도의 슬픔이, 예수님께서 사람들과 어울리며 취하시는 자유로운 행동과 요한의 금욕적인 극기 생활에 대응하는 것으로 묘사되었다. 세례자 요한의 삶의 양식은 완전히 금욕적인 생활이다. 삶의 기본 욕구인 빵도 먹지 않고, 삶을 조금 부드럽게 하는 포도주도 마시지 않는다. 안 먹고 안 마시니까 '마귀가 들렸다'고 했다. 예수님만 미쳤다는 소리를 듣고(마르 3,21) 마귀와 연관이 있다는 소리를 듣는 것(루카 11,15)이 아닌가 보다. 요한의 금욕적 삶은 하느님의 종말론적 개입을 회개로 준비해야 하는 절박한 필요성을 보여주는 표징이었는데, 지도자들은 그의 삶을 마귀 들린 이의 자기 파괴 행위로 여겼다. 세례자 요한의 특징적인 활동이 그것이었다. 그러다가 예수님이 오셔서 사람들과 어울리시며 먹고 마시자 "보라, 저자는 먹보요 술꾼이며 세리와 죄인들의 친구다"(34절)라고 했다. 예수님은 지속적으로 축하할 만한 일이 있는 사람처럼 행동하시는 모습으로 묘사되는데(루카 5,33-34 참조), 이 축하 잔치 자리를 세리들과 죄인들과 함께하셨다. 예수님께서 죄인들과 함께 식사하신 것은 하느님의 은혜와 죄 사함을 받아들인 이들이 참여하는 종말론적인 잔치를 미리 보여주는 표지이다(루카 5,29 참조). 예수님은 종말론적인 구원의 때가 도래했음을 다양한 방식으로 알리신다. 루카복음에 자주 등장하는 '사람의 아들'(5,24; 6,5.22; 7,34; 9,22.26.44.58 등)은 권세와 사명을 가지고 인류의 미래를 짊어진 이를 지칭하는 신비로운 명칭이다.

35절

"그러나 지혜가 옳다는 것을 지혜의 모든 자녀가 드러냈다." 이 구절은 본래 따로 존재하던 어록이 결론으로 연결되며 편집된 것이다. 마태오는 "그러나 지혜가 옳다는 것은 그 지혜가 이룬 일로 드러났다"(마태 11,19)라고 말하는데, 루카는 32절의 아이들(파이디온 παιδίον)이란 단어와 조합하여 자녀(테크논 τέκνον)라는 말을 넣은 것으로 본다. 지혜는 의인화된 하느님의 속성 중 하나로, 특별히 선택된 백성을 향한 선하심 안에 깃든 신성을 나타낸다. 그리고 의로우심은 그의 충실한 지지자들, 곧 '그의 자녀들'에 의해 드러났다. 구원의 전 역사를 통해 하느님의 의로움을 인식하고 선포한 이들은 항상 이 자녀들이었다. 전승 자료와 루카의 편집은 '모든 자녀'에 세례자 요한과 예수님을 포함시키고 있다.

루카의 맥락에서 35절은 29-30절에 근거하여 해석하는 것이 적절하다. '하느님의 뜻'은 '지혜'의 동의어라고 할 수 있고, 하느님의 의로우심이 드러났다는 것은 지혜가 옳다는 것이 드러나는 것과 짝을 이룬다. 그렇다면 옳다는 것을 드러내는 것은 지혜의 자녀들의 행위로 이해된다. 이들이, 요한과 예수님 안에서 일어나고 있는 일에서 지혜의 음성을 듣고, 하느님의 뜻을 깨닫고, 깨달은 대로 살아감으로써 지혜의 자녀임을 드러낸다.

그러니까 32-34절은 아이들이 고집부리고 무엇이든 반대하는 것처럼, 바리사이들과 율법 교사들이 요한의 삶의 양상과 예수님의 삶의 양상 모두에서 트집을 잡고 거부하면, 요한이 전하는 것도 예수님이 선포하시는 것도 다 놓치고 만다는 것이다. 두 사람의 삶은 둘 다 지금 다가오고 있는 하느님의 나라의 시작을 알리는 표징이었는데 지도자들은 알아보지 못하였다. 그러나 지혜의 자녀들, 하느님의 뜻을 받아들인 이들(29-30절 참조)은 이 두 사람의 삶이 대척점에 있는 듯 보여도 같은 하느님의 뜻을 표현하고 있음을 안다. 삶의 두 양태를 통해 드러내는 하느님의 구원 계획에서는 이 둘이 온전히 일치하고 있음을 안다. 합리를 넘어서는 지혜의 자녀다운 통찰이다. 요한과 예수님의 활동 배후에는 하느님의 지혜가 있다. 하느님의 지혜에 마음의 문을 연 이들이 요한과 예수님 안에서 하느님의 지혜로운 뜻이 이루어져 가고 있음을 깨닫는다.

(4) 죄 많은 여자를 용서하시다 7,36-50

이 대목은 루카가 편집한 작은 삽입의 한 부분으로, 세례자 요한이 "오실 분이 선생님이십니까?"라는 질문을 통해 예수님이 과연 오실 그분이시며, 그분께서 지금 하시는 일들이 주님의 은혜를 온전하게 드러낸다고 말하는 맥락의 마지막 이야기다. 주님의 은혜가 드러나는 해방과 회복, 사람을 살리는 여러 이야기 중에서 용서로 내적 영적 치유를 하시며 사람을 살리신다는 내용이다. 한편 이 이야기를 7,29-30을 증명하는 극단적 예로 보기도 한다.

① 죄인인 여자가 예수님을 찾아오다(7,36-38)

36-37절

예수님께서 바리사이의 식사 초대를 받으시고, 그 집에 들어가셔서 식탁에 앉으셨다. 예수님이 초대된 식탁 자리에 초대받지 못한 여인 하나가 등장한다. 그 여인의 신원은 처음부터 그 고을(폴리스 πόλις)에 알려진 죄인(하마르톨로스 ἁμαρτωλός)이라고 공개된다. 모두에게 공인된 죄인인 여자인데, 처음부터 예수님이 그 집에서 식사하고 계신 것을 알고 왔다. 여인의 손에 들린 향유가 든 옥합은 그녀가 사실을 알고 예수님을 뵙기 위한 목적으로 준비하고 왔다는 것을 드러낸다. 옥합(알라바스트로스 ἀλάβαστρος)은 연고나 향수를 보존하기에 적합한 고가의 부드러운 설화석고雪花石膏로 만들어진 용기다.

38절

여인은 예수님 뒤쪽 발치에 서서 운다. 이 표현을 볼 때 예수님께서 보통 유다인 만찬의 식탁 자리에서 머리를 식탁 쪽으로 하고 발을 식탁에서 멀리 두며 비스듬히 옆으로 앉으셨다는 사실이 드러난다.

여인이 식탁 자리를 방해하지 않으며 발치 쪽으로는 접근이 가능했던 것 같다. 가옥 구조와 식탁 손님 등 당시의 삶은 현대보다 훨씬 개방적이었기에, 꼭 초대받은 사람이 아닐지라도 식탁 근처에 쉽게 접근할 수 있었다. 사실 그런 환경이어서 세리가 베푼 잔치에서 예수님께서 세리들과 식탁에 함께 계실 때도 바리사이들과 율법학자들이 그것을 보고 투덜거리는 일이(루카 5,29-32) 가능했다. 그렇게 예수님 발치에 서서 눈물을 흘리니 눈물이 예수님 발에 떨어졌다. 발을 적실 정도로 눈물을 많이 흘린 것이다. 눈물로 발을 적셨는데, 남의 집이기도 하고 당황스럽기도 하고 죄송해서 얼른 닦으려니 무릎을 꿇었을 것이고 자기 머리카락으로 닦았을 것이다. 예상된 행동은 아니라고 본다. 그렇게 접촉을 하다 보니 마음속에서 우러나온 감사의 표현으로 발에 입을 맞추게 되었고, 애당초 유다 관습대로 머리에 바르려고 했던 향유를 그 발에 바른 것이다. 한편 상황에 따른 돌발만이 아니라 감히 예수님의 머리까지 다가가지 못한 낮춤의 자세도 추정해 볼 수 있다. 예수님 옆에 죄인인 여자가 등장하여 예수님께 손을 대고 있는 것이다.

② 바리사이와 예수님의 대화(7,39-47)

39절

여인이 하는 행동을 예수님께서 수동적으로 받아들이고 계시다. 그것을 보며 초대한 바리사이가 속으로 말한다. "저 사람이 예언자라면, 자기에게 손을 대는 여자가 누구이며 어떤 사람인지, 곧 죄인인 줄 알 터인데." 주인인 시몬의 눈에 보인 것은 두 가지다. 하나는 죄인인 여인과 그의 행동, 다른 하나는 그 여자가 자기에게 손을 대는 것을 허용하고 있는 예수님, 그래서 두 가지 질문이 담긴 생각을 속으로 하는 것이다. '저 사람은 예언자인데 죄인인 것을 못 알아보는가? 그리고 예언자라면 왜 죄인의 손이 닿는 것을 허용하는가?'

40절

예수님께서 당신을 초대한 바리사이의 이름을 부르시며 말씀을 건네신다. "시몬아, 너에게 할 말이 있다." 이에 시몬은 답한다. "스승님, 말씀하십시오." 여기서 시몬은 예수님을 디다스칼레(ὁ διδάσκαλε 선생님)라고 불렀다. 디다스칼레는 제자가 아닌 사람들, 주로 바리사이들이 예수님을 부를 때 사용한 것으로 나타나는데(8,49; 9,38; 10,25; 11,45; 12,13; 19,39; 20,21.39), 단순히 사회적 지위와 역할을 보여주는 호칭이다. 루카복음에서 제자들은 예수님을 주님, 혹은 에피스타타(ἐπιστάτα 마스터, 대장, 주인님 등의 뜻)라고 부른다(8,24; 9,33.49). 물론 제자들이 예수님을 디다스칼레라고 부른 경우도 있고(21,7), 예수님께서 자신을 디다스칼로스라고 표현하신 경우(22,11)도 있다.

여태껏 침묵하신 채 여인의 행동을 내버려두시던 스승님께서 시몬의 이름을 부르시며 엄중하게 할 말이 있다고 하신다. 시몬의 주의를 그가 받아야 할 가르침으로 온전히 집중시키신다. 이 장면에서 가르침을 듣는 주인공은 예수님을 초대한 바리사이인 시몬이다.

41-42절

예수님께서 현재 상황과 대칭을 이루는 이야기 하나를 들려주시며 질문을 하신다. 직설적으로 이야기를 하면 실패할 수 있으나 비유로 이야기하면 의사소통이 가능하다. 예수님은 비유적 언어를 선택하여 설득력 있게 말씀하심으로써 바리사이를 직접 건드리지 않으며 그 스스로 상황을 보도록 이끄신다. 이 이야기는 시몬이 직관했어야 하는 예수님과 죄인인 여자 사이에 형성된 새로운 실재 관계를 보여주는 역할을 한다.

예수님은 채무자 둘을 예로 드셨다. 한 채권자에게 500데나리온을 빚진 자와 50데나리온을 빚진 자가 있다. 하루 임금으로 1데나리온을 받는 노동자에게는 큰 액수이다. 아우구스투스 황제 시대에 로마 상류층 공직자들의 연봉이 2,500-10,000데나리온, 키케로의 1년 지출은 150,000데나리온이었다고 한다. 로마인이 아닌 속주 유다 지방의 일반 시민들의 생활수준을 고려하면 적지 않은 액수이다. 빚이 많은 데다가 빚을 갚을 길이 없다는 사실은 이들이 진정 곤란한 처지에 놓인 가난한 사람들임을 드러낸다. 이 사람들에게 빚 탕감은 정말 큰 은혜이고 감사한 일이다. 이 이야기에서 탕감해주는 일은 간단히 묘사되고 초점은 탕감받은 이의 태도에 맞춰져 있다. 예수님이 물으신다. "그러면 그들 가운데 누가 그 채권자를 더 사랑하겠느냐?" 탕감받은 이가 채무를 탕감해준 채권자에게 가지는 마음의 정도에 대한 질문이다. 여기서 사랑이라는 단어는 문맥상 감사하는 마음이 우러

나오는 사랑을 말한다. 예수님은 이것을 기점으로 현재 상황에서 무슨 일이 일어났는지를 알려주려 하신다. 실제로는 감사를 표현하는 이 여인의 행동에서 더 많은 빚을 탕감해주신 분의 사랑을 볼 수 있기를 바라신다. 사랑은 받은 사랑에 대한 응답이다. 또한 채권자(하느님)는 지금 채무를 탕감해주고 계시며, 탕감받지 못할 절대적인 채무란 없다는 것을 알려주신다.

43절

시몬의 답변에서 그의 판단이 드러난다. "더 많이 탕감받은 사람이라고 생각합니다." 예수님께서 말씀하신다. "옳게 판단하였다." 시몬이 비유 이야기의 정황에 대해 올바르게 판단했다. 이제 스승님은 비유가 아니라 현실을 직시하도록 하신다.

44-46절

이제 예수님은 바리사이 시몬에게 여인이 한 행동의 실재를 보도록 초대하신다. 그래서 그 여자를 돌아보며 말씀하신다. "이 여자를 보아라"(44절). 그리스어로는 의문문으로 '블레페이스 타우텐 텐 귀나이카?'(βλέπεις ταύτην τὴν γυναῖκα;)이다. '보다' 동사의 직설법 현재형을 써서 '이 여자를 보고 있느냐?' 하고 물으신다. 시몬이 하나도 보지 못하고 지나친 것들이 나열된다. 시몬은 여인에 관한 평판만 기억하였을 뿐, 그녀의 행동도 못 보았고, 자신이 한 행동도 못 보았다. 예수님의 말씀에서 주님을 대하는 두 사람의 태도가 뚜렷하게 대비된다. 여인은 기본 예의를 넘어 차고 넘치게 예수님을 환대하며, 주님 앞에서 자신이 죄인임을 인식하며 마음 아파하였다. 그러나 시몬은 보통의 예의를 갖추어 예수님을 대하였으나 주님을 알아보지 못하였기에 물론 자신도 보지 못하였다.

내가 네 집에 들어왔을 때	
너 (바리사이 시몬)	이 여자 (죄인)
너는 나에게 발 씻을 물도 주지 않았다.	이 여자는 눈물로 내 발을 적시고 자기의 머리카락으로 닦아주었다.
너는 나에게 입을 맞추지 않았지만,	이 여자는 내가 들어왔을 때부터 줄곧 내 발에 입을 맞추었다.
너는 내 머리에 기름을 부어 발라주지 않았다.	이 여자는 내 발에 향유를 부어 발라주었다.

47절

"그러므로 내가 너에게 말한다. 이 여자는 그 많은 죄를 용서받았다." '예언자라면 저 여자가 누구이며 어떤 사람인지, 곧 죄인인 줄 알 터인데.' 그렇다. 예수님은 그녀가 누구인지 어떤 여자인지 아신다. 곧 죄인임을 아신다. 이에 더하여 그녀의 회개도, 새로이 살고픈 마음도, 감사도 아신다. 온몸으로 드러내는 마음과 그녀의 존재를 아시고 수용하신다. 그녀를 죄인이라고 생각하는가? "이 여자는 그 많은 죄를 용서받았다. 그래서 큰 사랑을 드러낸 것이다." 이 여인이 보이는 사랑은 죄 사함이 이미 이루어졌다는 표징이다. 깊은 애정과 감사를 담은 여인의 행동은 그녀가 자신의 도덕적 채무의 짐에서 자유로워졌다는 것을 분명하게 보여주는 표지라고 선언하신다.

질문이 하나 제기된다. 예수님께서 이 시점까지 아직 표현하지 않은 용서를 이 여인이 경험하고 있음을 알아차리셨다면(47절), 이 용서는 누가 한 것인가? '용서받았다'(아페온타이 ἀφέωνται – 용서하다: 아피에미 ἀφίημι) 동사의 직설법 완료 수동태의 신적 수동태가 드러내듯이, 이 용서는 분명히 하느님의 용서이며 그분의 종말론적인 활동이다. 이것은 이미 세례자 요한의 세례에서 예견되고, 지금은 예수님의 존재와 인격 안에서 이뤄지고 있다. 이 여인의 죄 사함은 예수님의 오심에 기반을 두고 있다. 용서는 예수님께서 오셨기 때문에 또 그녀가 이에 응답하였기 때문에 주어졌다.

루카는 이미 1장에서부터 즈카르야가 요한이 예수님의 오심을 준비하는 사명으로 '죄를 용서받아 구원됨'을 주님의 백성에게 깨우치리라고(1,77) 노래했다고 전한다. 그녀는 죄의 용서를 위한 회개의 세례를 선포한(3,3) 요한을 통해 용서를 받았기에 예수님을 환대하며 영접할 준비를 한 것이다. 이제 여인은 예수님을 친밀히 만나면서 그 용서가 전적으로 더욱 깊이 자신에게 이루어졌음을 체험한다. 그것은 '그분께서 자기 백성을 찾아와 속량하시는' 일이다(1,68 참조). 그러니 이 여인이 한 행동의 실체는 감사의 표현이다. 예수님은 그녀가 죄인이라면, 그래서 하느님께 더 많이 빚을 진 이라면 그녀의 행동은 그 많은 빚을 사해주신 분에게 큰 감사와 사랑을 드리는 것이라고 선언하시며 시몬이 무엇을 놓쳤는지 가르쳐주신다.

③ 평안히 가거라(7,48-50)

48절

예수님께서는 이제 여인을 향해 명시적으로 선언하신다. "너는 죄를 '용서받았다'(아페온타이 Ἀφέωνταί)." 예수님은 자신의 권능을 바탕으로 여인이 용서받았음을 다시 확인해주신 것이다. 이 여인은 용서받는다는 것이 의미하는 바를 매우 깊이 알고 있다. 이 대목은 여자가 받은 용서와 예수님 오심 사이의 관계를 드러내고 있는데, 이 말씀이 명시적으로 그것을 확인했다.

49절

그러자 식탁에 함께 앉아 있던 이들이 "속으로, '저 사람이 누구이기에 죄까지 용서해주는가?' 하고 말하였다." 이 질문에 대한 답변은 그리스도가 죄를 용서하실 수 있다는 것이다. 그러니 그리스도이신 예수님이 죄를 용서하신 것이다. 이는 용서에 대한 그리스도론적 근원을 말한다. 우선 48-49절은 중풍 병자 치유 때 나왔던 의문("저 사람은 누구인데 … 하느님 한 분 외에 누가 죄를 용서할 수 있단 말인가?": 5,21)

의 결론을 제공한다. 예수님의 정체성에 대한 그리스도론적 관심은 점점 깊어질 것이다. "이 사람은 누구인가?"라는 질문을 헤로데가 다시 던지게 될 것이다(9,7-9). 예수님께서 "군중이 나를 누구라고 하느냐?"라고 직접 질문을 던지시고, 군중의 견해가 소개되고(9,18-19) 베드로의 고백이 이어질 것이다(9,20).

50절

"네 믿음이 너를 구원하였다. 평안히 가거라." 주연인 여인이 스승님의 마지막 말씀을 듣는 것으로 이야기는 마무리된다. 주님과의 관계에서 사랑과 용서는 이제 믿음과 구원이라는 다른 명칭과 통하게 되었다.

"네 믿음이 너를 구원하였다"에서는 죄에서 구원으로의 움직임이 나타나고, "평안히 가거라"에서는 구원에서 그리스도인 삶으로의 움직임이 보인다. 이런 의미에서 이 두 쌍은 같은 가치를 지닌다. '죄를 용서받아 구원됨'에 관한 말씀은 이미 1,77에서 예고되었고, 용서와 구원은 1,79에서 다시 '평화의 길로 이끌어주시는 것'으로 표현된다. "평안히 가거라"(포레우오우 에이스 에이레넨 πορεύου εἰς εἰρήνην)는 유다인들이 흔히 사용하는 인사말 '러키 러샬롬'(판관 18,6; 1사무 1,17; 20,42; 1열왕 22,17; 사도 16,36; 야고 2,16)이지만, 여기서는 종말론적 구원의 도래라는 맥락에서 더 깊은 의미를 가진다.

3) 하느님 말씀 선포와 응답 8,1-21

갈릴래아 활동 2: 6,17-8,56	
1) 가르침(6,17-49)	(1) 예수님께 모여드는 군중(6,17-19) (2) 행복과 불행(6,20-26) (3) 너희 아버지처럼(6,27-38) (4) 마음과 행동(6,39-49)
2) 치유와 해방(7,1-50)	(1) 백인대장의 병든 종을 고치시다(7,1-10) (2) 과부의 외아들을 살리시다(7,11-17) (3) 세례자 요한(7,18-35) (4) 죄 많은 여자를 용서하시다(7,36-50)
3) 하느님 말씀 선포와 응답 (8,1-21)	(1) 예수님의 제자들(8,1-3) (2) 씨 뿌리는 사람의 비유(8,4-15) (3) 말씀을 듣는 방식(8,16-18) (4) 말씀을 듣고 실행하는 이들(8,19-21)
4) 예수님의 권능에 대한 계시 (8,22-56)	(1) 풍랑을 가라앉히시다(8,22-25) (2) 마귀들을 쫓아내시다(8,26-39) (3) 야이로의 딸을 살리시고 하혈하는 부인을 고치시다(8,40-56)

예수님은 이제 열두 제자와 동행하시며 순회 선교를 하신다. 예수님의 말씀을 듣고, 치유를 받은 여자들이 예수님 일행의 시중을 든다.

8,1은 5,1과 7,11의 문장 첫머리에 사용된 것과 거의 같은 용어를 사용하여 새로운 대목을 시작하고 있음을 드러낸다.

5,1	Ἐγένετο δὲ ἐν τῷ τὸν ὄχλον
7,11	Καὶ ἐγένετο ἐν ⸀τῷ⸀ ἑξῆς
8,1	Καὶ ἐγένετο ἐν τῷ καθεξῆς

2-3절은 예수님이 앞서 하신 활동을 요약한다. 그래서 1-3절은 작은 삽입 단락(6,20-7,50)을 끝내고 새로운 대목을 시작하는데, 마르코 자료에서 온 8,4 이하로 조화롭게 연결시키며 8,1-21이 속해 있는 8,1-56 단락의 전체 틀을 소개한다. 이 윤곽 안에서 들음과 믿음의 견지에서 하느님의 말씀에 대한 다양한 응답이 나타나고, 행동하고 인내하는 믿음에 의해 이루어진 하느님 백성의 성격이 드러난다.

여자들이 자기들의 재산으로 예수님의 일행에게 시중을 들었다는 것은 함께 생활하면서 재물을 공유하며 섬기고 나누는 갈릴래아의 믿는 이들의 모습을 대표한다. 예수님은 하느님의 말씀을 듣고 실행하는 사람들이 당신의 어머니고 형제라고 하신다. 루카는 예수님을 통해 치유되고 회복된 하느님의 백성이 예수님 주위에 어떻게 형성되는지 보여주기 시작한다. 여기에서 제자 됨과 더불어 예수님이 누구이신지 더욱 분명하게 드러난다.

(1) 예수님의 제자들 8,1-3

1절

이 절은 두 가지를 말하고 있다. 예수님께서 도시와 마을들을 두루 다니시며 하느님 나라를 선포하시고 복음을 전하시는 순회 선교를 하셨다는 것과 열두 제자가 예수님과 함께 다녔다는 것이다. 예수님에게 적용된 동사는 세 개다. 먼저 '두루 다니다'에는 디오데우오(διοδεύω)의 직설법 반과거형을 통해 '두루 다니시곤 했다'며 반복해서 행하셨던 일을 묘사한다. 여기에 두 개의 동사가 현재 분사형으로 결합되어 있다. '선언하다, 선포하다'의 케뤼소(κηρύσσω)와 '기쁜 소식을 전하다'의 에왕겔리조(εὐαγγελίζω) 동사이다. 적용된 목적어는 하느님 나라이니, '예수님은 하느님 나라의 기쁜 소식을 선포하고 전하며 고을과 마을을 두루 다니시곤 하셨다'이다. 앞에서도 비슷한 내용을 말씀하신 바 있다. "나는 하느님 나라의 기쁜 소식을 다른 고을에도 전해야 한다. 사실 나는 그 일을 하도록 파견된 것이다"(4,43). 5,1-6,16의 단락에서 예수님의 제자들이 선발되고 사도들이 세워졌다. 루카는 이제 그들이 예수님이 지속하신 그 순회 선교 사명에 함께하고 있다고 말한다.

2-3절

예수님의 순회 선교에 열두 제자 외에 함께 있었다고 전해지는 다른 사람들은 예수님께 치유받은 여인들이다. 악령과 병에 시달리다가 낫게 된 몇몇 여인과 다른 여자들도 많이 있었다고 한다. 거명되는 사람들은 마리아 막달레나, 요안나, 수산나이다. 이들은 사연과 출신이 유명했는지 그것도 전하고 있다. "일곱 마귀가 떨어져 나간 막달레나라고 하는 마리아, 헤로데의 집사 쿠자스의 아내 요안나, 수산나"가 그들이다. 이들과 다른 여자들은 자기들의 재산으로 예수님 일행을 시중들었다고 한다. 예수님과 협력하는 두 부류의 사람들이 있는데, 이 여인들은 공동체의 삶을 돌보며 봉사하고, 열두 제자는 복음 선포를 확장한다.

루카는 여기에서 예수님께 응답하고 뒤따르는 제자들을 소개할 때 열두 제자와 여인들, 곧 남자와 여자들을 병렬로 배치한다. 앞에서도 즈카르야와 마리아(1장), 사렙타의 과부와 나아만(4장), 더러운 마귀의 영이 들린 자와 시몬의 장모(4장), 백인대장과 나인 고을의 과부(7장)가 나란히 나왔다. 그가 이런 문체를 자주 사용하는 것은 전체를 균형 있게 다루려는 의도로 보인다.

사도가 되는 조건은 "주 예수님께서 우리와 함께 지내시는 동안 줄곧 우리와 동행한 이들 가운데에서, 곧 요한이 세례를 주던 때부터 시작하여 예수님께서 우리를 떠나 승천하신 날까지 그렇게 한 이들 가운데에" 속해야 한다고 한다(사도 1,21-22). 이런 사도들처럼 이 여자들은, 예수님의 공생활 동안 함께 있을 것이고, 예수님의 십자가 아래에 있을 것이며(23,49), 예수님이 무덤에 묻히심을 증언할 수 있는 목격자들이고, 예수님께서 다시 살아나셨다는 메시지를 받은 유일한 사람들이며(24,4-8), 부활하신 예수님을 만날(24,23.33.36-49) 제자들이다. 이 여자들은 예수님의 일행을 섬기는 데 있어 당시로서는 놀랄 만한 일을 한 것이다. 훗날 이들은 먼저 믿은 다른 사람들과 함께 약속하신 성령을 기다리며 '한마음으로' 기도한다(사도 1,14). 당대 사회 조건에서 이 여자들은 복음 선포의 사도적 증언을 받쳐주는 역할을 한다.

(2) 씨 뿌리는 사람의 비유 8,4-15

예수님께서 하느님 나라의 기쁜 소식을 전하고 선포하시는 데 사용한 방법 중 하나가 비유다. 루카복음에서 비유 이야기는 갈릴래아를 떠나 예루살렘으로 향하시는 여정(9,51-19,27) 중에 아주 집중적으로 나타난다. 그런데 루카 고유의 대목에 속하지 않으면서 전형적인 비유가 8,4-15에 나타난다. 씨 뿌리는 사람의 비유라 불리는 이 이야기는 공관복음서에 공통적으로 나타난다.

하느님의 말씀인 씨는 모든 곳에 뿌려진다. 모두에게 말씀을 들을 기회가 주어진다. 믿음은 '들음'에서 시작하지만 믿는 행동이 따라야 열매를 맺는다. 씨 뿌리는 사람의 비유 이야기에서 믿음은 충실과 인내를 뜻한다.

4절

예수님은 당신을 헌신적으로 믿고 따르는 사람들과 함께 두루 다니시는데, 많은 군중이 모이고 각 고을에서 온 사람들이 다가온다. 많은 무리가 예수님 말씀을 들으러 모이다 보니, 말씀을 듣고 믿고 실천하는 양상이 각양각색으로 나타날 소지가 있다. 4절은 이어지는 비유의 배경을 형성한다.

5-8절

씨 뿌리는 사람이 있고, 뿌려지는 씨앗, 그리고 씨앗이 떨어지는 다양한 토양이 소개된다. 우리에게는 다소 생소하지만, 고대 팔레스티나의 토양에는 돌이 많이 섞였고 비유에 소개된 파종 방법도 그 시대에 활용되던 방법이다. 길에 떨어진 씨앗에서 길은 밭과 따로 뚜렷하게 구획되어 있던 길이 아니라, 들판에 있는 밭이지만 사람들이 다녀 다져지며 길이 난 밭의 가장자리 부분을 가리킨다. 또 밭에 드러난 좁은 면적에 해당하는 부분만 돌인 듯하나 밑으로 큰 바위가 있을 수도 있었다.

당연히 길, 바위, 가시덤불 아래 떨어진 씨는 열매를 맺지 못한다. 여기서 강조점은 8절에 있다. "그러나 어떤 것은 좋은 땅에 떨어져, 자라나서 백 배의 열매를 맺었다." 좋지 않은 여건들이 공존하지만 대부분의 땅, 더 넓은 영역이 좋은 땅이었을 것이다. 그리고 거기 떨어진 것은 백 배의 열매를 맺었다고 한다. 마르코나 마태오와 달리 루카는 서른 배, 예순 배는 생략한다. 결실의 풍요로움을 강조한다.

예수님께서는 이 말씀을 하시고, "들을 귀 있는 사람은 들어라" 하고 외치셨다. 들을 내용은 무엇일까? 그것은 토양의 여러 종류라든가 씨앗의 성장을 막는 장애물의 종류가 아니다. 여러 상황이 어려움을 주지만 좋은 땅이 더 많고, 그 땅에서 백 배의 결실이 나온다는 것이다. 예수님의 이 비유는 말씀을 듣고 믿어 좋은 땅으로서 결실을 맺으라는 초대의 말씀이다.

9-10절

제자들이 예수님께 비유의 뜻을 묻는다. 예수님은 답을 주시기 전에 제자들이 하느님의 말씀을 깨닫는 특권을 받았음을 알려주신다. 제자들과 백성을 '너희'와 '다른 이들'로 구분하시어 제자들, 넓게는 그리스도인들이 하느님 나라의 신비, 곧 말씀을 깨닫는 데 있어서 특별한 위치에 있다고 말씀하신다. 제자들은 이어지는 비유의 설명(11-15절)에서 질문에 대한 답을 들을 터인데, 10ㄱ절은 이렇게 예수님이 보시기에 불가피하게 전제되는 제자 됨의 가치를 제시한다.

하느님 나라의 신비란 폐쇄적인 특정 집단에게 주어지는 신비적 영지靈智가 아니라, 하느님 나라가 인간의 삶에서 가지는 역할과 관련한 지식인데, 제자들은 이미 믿음을 가졌기에 비유를 듣고 깨달아 경험하게 된다는 뜻이다. 이러한 이해는 부활하신 주님을 통해(루카 24,25-27; 사도 1,3), 성령을 통해 더욱 온전하게 될 것이다.

10ㄴ절은 '다른 이들'이 회개하지 못하도록 예수님께서 의도적으로 비유로만 말씀하셨다는 뜻이 아니다. 주절과 종속절 사이에 있는 접속사 히나(ἵνα)는 목적절과 결과절을 모두 이끌 수 있는데, 여기서는 결과를 나타내는 절로 보는 것이 적절하다. 비유로 말하였는데 '저들은 보아도 알아보지 못하고 들어도 깨닫지 못하고 있다.' 바로 위의 비유와 연결시키며 8절을 감안해보면 더 명확해진다. 또한 9절에서 제자들, 곧 들을 귀 있는 이들이 듣고도 이해하지 못해서 비유의 뜻을 묻는 것 자체도 이에 부합한다.

11-15절

씨는 하느님의 말씀이고, 공중의 새는 마귀를, 가시덤불은 세상에서 볼 수 있는 세 가지 유형의 방해(걱정, 재물, 쾌락)를, 네 가지 유형의 밭은 청중의 네 가지 유형을 나타낸다. 구원의 믿음을 갖지 못하는 사람들(12절), 시련을 당할 때 돌아서 배반하는 이들(13절), 인생의 걱정과 재물과 쾌락에 숨이 막혀 열매를 맺지 못하는 이들(14절), 그런가 하면 이와는 달리 착한 마음으로 말씀을 듣고 간직하여 인내로써 열매를 맺는 이들(15절)이다.

5-8절 설명에서 이미 제시하였듯이 강조점은 15절에 있으며, 풍요롭게 열매를 맺는 사람들을 격려하고 이런 이들이 더욱 많아지게 하는 데 있다. 네 유형의 사람들이 다 말씀을 듣기는 한다. 듣고 기쁘게 받아들이기까지도 한다. 말씀을 듣는 것 다음의 과정이 중요하다.

들은 말씀을 빼앗기지 말고(12절) 간직하는 것이 필요하다. 간직하여 시간 속에서 시련의 때가 와도(13절), 인생의 걱정과 재물과 쾌락의 유혹이 닥쳐와도(14절) 꿋꿋한 끈기로 간직한 말씀대로 살아야 한다. 바르고 착한 마음으로 말씀을 오래도록 간직하고 따르는 데는 인내가 필요하다. 인내(휘포모네 ὑπομονή)는 시련에 견디는 '꿋꿋함', 시간 속에 이어가는 '내구성'과 '끈기'를 의미한다. 열매를 맺는 일은 한순간에 일어나지 않고 긴 시간 속에서, 곧 삶에서 일어나기 때문이다.

"바르고 착한 마음으로" 말씀을 듣는 기쁜 일이 마음, 곧 사람의 더 진정한 곳에 가 닿는다. 마음으로 듣는다고 할 때 이것은 하느님이 바라시는 공동체 내에서의 인격적이고 책임 있는 신앙을 말한다. 마음을 수식한 '바르고 착한', 곧 칼레(καλή)와 아가테(ἀγαθή)는 그리스의 이상을 요약하는 단어로 아름다움과 선함을 겸비한 마음을 가리킨다. 영어로는 "with a noble and good heart"(NIV), "in an honest and good heart"(NRSV)가 있고, 이탈리아어로는 "con cuore integro e buono"(CEI)로 번역되어 있다. 모든 일은 하느님의 은혜 없이 일어나지 않는다. 그런데 여기서 백 배로 수확하게 되는 일을 온전히 인간의 일로 표현하였기에, 사람이 지녀야 하는 지속적인 책임감이 필수적 역할을 하게 된다.

루카는 이미 복음서 첫머리에 예수님과 관련한 모든 일과 말씀을 듣고, 곰곰이 생각하고 간직하는 인물, 예수님의 어머니 마리아를 제시하였다. 마리아는 말씀을 듣고 곰곰이 생각하고(1,29), 마음속에 간직하고 곰곰이 되새기고(2,19), 모든 일을 마음속에 간직한다(2,51). 그리고 예수님은 하느님의 말씀을 듣고 실행하는 이가 자신의 어머니와 형제들이라고 말씀하신다(8,21). 말씀을 듣고 마음속에 간직하는 일은 실행과 연관되며 열매를 맺는 일로 귀결된다.

(3) 말씀을 듣는 방식 8,16-18

8,16-18에는 세 가지 말씀이 들어 있다. 16절은 등불을 켜는 이유가 등경 위에 올려놓고 빛을 발하게 하기 위함이라는 것, 17절은 같은 맥락에서 숨기거나 감춘 것일지라도 반드시 드러나게 되어 있다는 것이다. 18절은 '그러므로'라는 접속사를 사용하여 마무리하는 내용인데 "어떻게 들어야 하는지 잘 헤아려라" 하고 말씀하신다. 16-18절은 위 비유와 연결되어 말씀을 듣는 방식에 대하여 이야기하심을 알 수 있다.

16-17절

"아무도 등불을 켜서 그릇으로 덮거나 침상 밑에 놓지 않는다. 등경 위에 놓아 들어오는 이들이 빛을 보게 한다." 등경 위에 놓여 빛을 발하는 등불은 말씀을 듣고 응답하여 열매를 맺은 이들을 가리킨다. 씨앗이 밭에 뿌려지는 이유는 싹을 틔우고 자라나 열매를 맺기 위함이다. 말씀을 듣고 결실을 맺는다는 것은 말씀대로 행하는 실천의 삶을 가리키니, 결국 불을 밝힌 등불과 같이 말씀이 눈에 보이는 형태로 드러나게 되는 것을 말한다. 제자들은 하느님에게서 하느님 나라의 신비를 아는 지식을 받았으니, 등불을 켜서 등경 위에 놓듯 이를 널리 전파해야 한다. 바르고 착한 마음을 지닌 그리스도인은 하느님의 말씀을 간직하고 있고, 자신의 인내가 있기에 다른 이에게 빛이 될 수 있다. 그렇게 말씀을 듣고 간직하며 인내로써 실행하는 이는 숨겨질 수가 없다. 열매는 드러나기 마련이다. 그래서 예수님은 하느님 말씀을 어떻게 들어야 하는지 잘 헤아리라는 말씀으로 '좋은 땅'의 유형에 속한 이가 되어 말씀을 듣고 열매를 맺도록 촉구하신다.

18ㄴ절

"정녕 가진 자는 더 받고, 가진 것이 없는 자는 가진 줄로 여기는 것마저 빼앗길 것이다." 이유를 나타내는 접속사(가르 γάρ)가 드러내는 대로 이 문장 역시 하느님의 말씀과 연관하여 해석해야 한다. 하느님을 믿고 하느님과의 활발한 관계에 도달한 이는 말씀대로 살아 자신을 풍요롭게 하여 가진 이로 사는데, 마지막에 하느님께 더 받아 더 풍요롭게 된다. 성숙한 태도로 말씀을 듣고 실천하여 더욱 성장하게 된다는 뜻이며 11-15절의 내용과 16-17절을 요약하고 있다.

그런데 "가진 것이 없는 자는 가진 줄로 여기는 것마저 빼앗길 것이다." 여기서 실제로 가진 자와 가진 것이 없는 자가 대조되고, 나아가 가진 것이 없는 자는 가졌다고 믿는 것마저 빼앗기게 된다. 예수님이 전하는 말씀과는 상관없이 살면서 하느님께 의탁할 수 있는 자신들만의 자산이 있다고 믿을 때, 그 자산은 환상이다. 그들에겐 아무것도 없음을 알게 될 것이다.

(4) 말씀을 듣고 실행하는 이들 8,19-21

이 단락은 파종되는 씨에 비유한 하느님의 말씀을 듣는 이들에 대한 결론 부분이다. 하느님 말씀을 어떻게 들어야 하는지를 18절까지 마무리하고는, 그다음에 그 일이 어디까지 다다르는지를 알려준다. 혼자 열매를 맺는 일로 끝나는 것이 아니라 그 일로 예수님과 인격적인 관계를 형성하게 된다고 말씀하신다.

"내 어머니와 내 형제들은 하느님의 말씀을 듣고 실행하는 이 사람들이다." 예수님의 말씀은 가족과의 관계를 부인하지 않으면서, 혈육 관계를 넘어 말씀으로 맺어지는 관계를 알려준다. 21절은 예수님을 찾아온 어머니와 형제들을 통해, 8절과 15절에서 표현된 '좋은 땅', '바르고 착한 마음으로' 하느님의 말씀을 듣고 간직하여 열매를 맺는 이들이 어떤 사람들인지 다시 한번 제시한다. 그들은 하느님의 말씀을 듣고 실행하는 이들로 예수님의 어머니요 형제가 된다. 예수님과의 진정한 관계는 그분이 전하는 하느님의 말씀을 삶의 규범으로 받아들여 실행하는 일에서 시작된다. 하느님 말씀을 듣고 실행하는 이들은 어머니와 형제처럼 예수님과 가장 내밀한 관계가 형성된다.

4) 예수님의 권능에 대한 계시 8,22-56

갈릴래아 활동 2: 6,17-8,56	
1) 가르침(6,17-49)	(1) 예수님께 모여드는 군중(6,17-19) (2) 행복과 불행(6,20-26) (3) 너희 아버지처럼(6,27-38) (4) 마음과 행동(6,39-49)
2) 치유와 해방(7,1-50)	(1) 백인대장의 병든 종을 고치시다(7,1-10) (2) 과부의 외아들을 살리시다(7,11-17) (3) 세례자 요한(7,18-35) (4) 죄 많은 여자를 용서하시다(7,36-50)
3) 하느님 말씀 선포와 응답 (8,1-21)	(1) 예수님의 제자들(8,1-3) (2) 씨 뿌리는 사람의 비유(8,4-15) (3) 말씀을 듣는 방식(8,16-18) (4) 말씀을 듣고 실행하는 이들(8,19-21)
4) 예수님의 권능에 대한 계시 (8,22-56)	(1) 풍랑을 가라앉히시다(8,22-25) (2) 마귀들을 쫓아내시다(8,26-39) (3) 야이로의 딸을 살리시고 하혈하는 부인을 고치시다(8,40-56)

8,22에서 예수님이 제자들과 함께 배를 타고 호수 저쪽으로 가시는 어느 날로 배경이 바뀐다. 이렇게 이 단락은 말씀으로 가르침을 주시던 위와 달리 새로운 상황을 설정하여 예수님의 행위를 소개한다. 39

절까지 예수님은 제자들과 동행하며, 풍랑을 가라앉히고, 한 남자에게서 많은 마귀를 쫓아내어 그를 평온하게 하는 등 초자연적인 권능을 행사하신다. 그리고 40절에서 예수님은 되돌아와 군중을 만나신다. 22-39절의 에피소드와 40-56절의 에피소드의 공통점은 죽어가는 사람에게 생명을 다시 주시는 예수님의 놀라운 권능을 드러낸다는 것이다. 결국 예수님이 누구이신지를 드러내는 이 행적들로, 9장에 나올 "군중이 나를 누구라고 하느냐?"라는 직접적인 질문과 이에 대한 결정적인 대답을 준비한다

(1) 풍랑을 가라앉히시다 8,22-25

22-23절

"호수 저쪽으로 건너가자." 군중을 떠나 예수님이 제자들과 배를 타고 호수 건너편으로 가시던 때에 일어난 일이다. 23절은 당시 배 안의 상황을 묘사한다. 제자들은 노를 젓고 있고, 예수님은 잠이 드셨다. 돌풍이 호수로 내리 몰아쳤고, 물이 배 안으로 차 들어왔다. '돌풍'(라이랍스 아네무 λαῖλαψ ἀνέμου)에서 라이랍스는 회오리바람, 폭풍, 허리케인 등을 뜻하는데 '바람'을 의미하는 아네모스(ἄνεμος)와 함께 쓰여 맹렬한 바람을 뜻한다. 요르단 대협곡에 위치한 겐네사렛 호수는 해발 209m이며 주변이 해발 1,000m에 이르는 골란 고원 등으로 둘러싸여 있어서 가끔 찬 돌풍이 계곡을 타고 내려와 따뜻한 호수의

공기와 부딪칠 때 파고가 2m가 넘는 파도를 동반한 폭풍이 일기도 하는 지형적 특징을 지닌다. 호수는 둘레가 53km, 남북으로 21km, 동서로 11km 크기의 제법 큰 담수호인데 폭풍의 영향을 받아 배가 전복될 수도 있다. 수심의 평균 깊이는 26m인데 가장 깊은 곳은 43m나 된다.

24절

이 위험 앞에 제자들은 도움을 청하기 위해 주무시는 예수님을 깨운다. 이때 '목적을 가지고 가까이 다가간다'라는 뜻을 지닌 프로세르코마이(προσέρχομαι) 동사를 사용하여 청하는 자세를 좀 더 섬세하게 표현했다. "스승님, 스승님, 저희가 죽게 되었습니다." 에피스타타(ἐπιστάτα,), 곧 주님(Master)이라는 의미가 있는 호칭을 사용하여 생명에 대한 예수님의 권한을 암시하며, 동시에 다급하게 두 번 부르는 것으로 제자들이 자신들의 문제를 예수님께 급히 가져오는 상황을 표현했다. "그러자 예수님께서 깨어나시어 바람과 물결을 꾸짖으시니, 곧 잠잠해지며 고요해졌다." 예수님의 움직임은 아주 빠르고 간결하게 진행되고 위기 상황은 종료된다. 바람과 물결이 예수님의 목소리를 듣고 순종했다.

이 구절들은 이제 말씀 선포와 전파에 더하여 말씀 자체가 지닌 힘에 대하여 말한다. 이러한 권능은 제자들을 구원하고 보호하기 위해 사용된다. 예수님은 유혹을 받으시던 때(4,3)에 자신의 생존과 안위를 위해 사용하기를 거부하셨던 권능을 제자들과 대적하는 자연의 힘이나 악의 세력을 제압하시는 데, 곧 구원하시는 데는 사용하신다.

25절

"너희의 믿음은 어디에 있느냐?" "왜 겁을 내느냐? 아직도 믿음이 없느냐?"(마르 4,40) 하시며 책망하는 분위기와 달리 루카복음에서 예수님은 가볍게 제자들의 믿음을 챙기신다.

제자들은 예수님께서 보여주신 권능에 두려워하고 놀란다. 루카복음에서 제자들이 보인 두려움과 놀람은 그들 믿음의 부족함보다 하느님의 현존과 활동에 대한 반응으로 묘사된다. 그래서 제자들은 그간 알게 된 것을 더 넘어서는 예수님의 정체성에 관심을 기울인다. "도대체 이분이 누구시기에 바람과 물에게 명령하시고 또 그것들이 이분께 복종하는가?" 그들은 바람과 물을 다스리시는 분이 주 하느님이심(시편 104,6-7; 106,9; 107,24-25)을 알고 있으니 예수님의 참된 신원에 점점 접근하는 것이다. 제자들은 예수님께서 하시는 일 속에서 하느님을 만나고 있다. 예수님의 권능이 드러나는 행위를 체험하면서 제자들은 예수님의 현존 자체에 점점 더 깊은 믿음을 가지게 될 것이다.

(2) 마귀들을 쫓아내시다 8,26-39

26절

"그들은 갈릴래아 맞은쪽 게라사인들의 지방으로 저어 갔다." 같은 이야기를 전하는 마태오는 가다라인들의 지방이라 하고, 마르코는 게라사인들의 지방이라 한다. 게라사(Γερασηνός) 지방에 대해서는 루카가 전하는 정보에 근거하여 보면, 갈릴래아 호수에서 배를 타고 저어가 도달한 '맞은쪽' 지역이니 당연히 갈릴래아 호숫가에 위치했을 것이다. 또한 나중에 돼지 떼가 호수를 향해 비탈을 내리 달려 물에 빠지려면, 시간 경과에 따른 호숫가의 지형 변화를 감안한다 하여도 호수에 근접한 도시여야 한다. 그래서 오늘날 호숫가의 쿠르시 같은 비그리스 도시 이름을 그리스식으로 애매하게 음역하면서 게라사가 생겨났다고 추정한다. 여기서 지방(코라 χώρα)은 행정 지역, 혹은 도시(폴리스)와는 대조되는 것으로 경계가 없이 트인 비교적 넓은 지역을 가리킨다(루카 15,13-15: 먼 '고장'으로 떠났다; 요한 11,55: 파스카 축제 전에 '시골'에서 예루살렘으로 올라갔다; 사도 8,1: 모두 유다와 사마리아 '지방'으로 흩어졌다). 루카는 그리스식 지방 이름을 제시하여 무엇인가 그리스 배경이 있는 지역을 추정하게 한다. 물론 명시적으로 이방인 지역이라고 말하지는 않으나 그러한 지정학적 상황을 가리키며, 전통적으로 그런 종류의 횡단이 지니는, 항상 위험할 수 있는 항해, 보호와 방어가 어려운 도시 밖에서의 위험한 만남을 함축한다. 유다인들이 꺼리는 돼지를 치고 있는 상황도 이곳이 이방인 지역임을 가리킨다.

27절

"예수님께서 뭍에 내리시자, 마귀 들린 어떤 남자가 고을에서 나와 그분께 마주 왔다." 유다인 고을과는 다른 많은 것을 함축하고 있는 게라사 지방에서 땅에 발을 딛자마자 마귀 들린 남자가 마주 온다. 고을(폴리스)에서 나와 그분께 마주 온다. 예수님께서 마귀 들린 이를 마주치는 곳은 도시 밖이고, 사람 자체도 인간 사회와 정신 밖에 있는 사람이다. 그는 벌거벗었고, 무덤에서 지내던 사람이다. "그는 오래전부터 옷을 입지 않았을 뿐만 아니라, 집에 있지 않고 무덤에서 지냈다." 게다가 마귀가 들린, 곧 마귀를 지닌 사람이다(ἔχων δαιμόνια). 그는 이런 상태에 놓인 지 오래 되었다.

예수님은 게라사인들의 지방에 있는 마귀 들린 어떤 남자, 인간의 정신을 위협하는 악을 대면하신다. 예수님께서 제자들과 함께 배를 타고 호수 저쪽으로 가자(22절)고 하신 이유는 당신을 절실히 필요로 하는 이 제자를 만나기 위함이었음이 22-39절의 맥락에서 드러나고 있다. 예수님은 그를 구마하신 후 "배에 올라 되돌아가셨다"(37절). 예수님의 권능이 완전히 초자연적인 영역에서 드러나고 있다. 배를 타신 후 풍랑을 가라앉히시고, 게라사인들의 지방에 내리셔서 마귀 들린 남자를 해방시켜 주신 후에 배를 타고 다시 돌아가신다.

28-29절

그가 예수님을 보고 고함을 지르고서 그분 앞에 엎드려 큰 소리로 말하였다. "지극히 높으신 하느님의 아들 예수님"이라고 하며 그분이 누구신지 알아보지만 회개하지 않는다. '지극히 높으신'(ὁ ὕψιστος)은 유다 전승(칠십인역)에서 잘 사용하지 않아, 이 지역이 이방인 지역임을 드러내는 단서이다. 마귀는 자기들을 능가하는 예수님의 힘을 알고 있으며, 정복당할지언정 회개하지 않는다. 여기에 실제적으로 힘겨루기를 하지는 않고, 마귀는 가능하다면 고통 없이 항복하고자 하는 협상을 시도한다. "당신께서 저와 무슨 상관이 있습니까? 당신께 청합니다. 저를 괴롭히지 말아 주십시오." 마귀는 그분과 절대로 관계를 맺고 싶어 하지 않는다.

29절은 화자話者인 루카의 설명이다. 예수님은 이미 마귀에게 '그 사람에게서 나가라고 명령'하셨다. 여기서 예수님이 지니신 구원의 의도가 드러난 것이다. 그것이 구원 행위의 시작이고 이야기가 전개되는 활력이다. 또 중요한 것은 '마귀 들린 남자'로 표현된 한 존재가 예수님에 의해 '그 사람'과 '더러운 영'으로 분리되어 나타났다는 사실이다. 예수님만이 그 남자와 그에게 들러붙은 합당하지 않은 것을 구분해서 보시며 그것이 분리되도록 명령하시고 떨어내신다. 게라사인들은 '마귀 들린 사람'인 그를 제어하고자 쇠사슬과 족쇄로 묶고 감시하였으나 정작 그를 제어한 것은 더러운 영이었다. 더러운 영이 그가 쇠사슬과 족쇄를 끊고 광야로 뛰쳐나가도록 몰아댄 것이다. 그런데 예수님은 '마귀 들린 이'가 아니라 더러운 영을 제압하고 그는 자유롭게 놓아주신다.

30-31절

예수님께서 더러운 영에게 물으신다. "네 이름이 무엇이냐?" 이미 그에게서 나가라고 하셨기에 그 남자를 사로잡지 못한 마귀는 분리된 상태이고, 그 마귀에게 이름을 물으신 것이다. 그가 '군대'(레기온 λεγιών)라고 대답한다. 많은 수의 마귀가 들어가 있었음을 드러내는 이름이다. 레기온은 로마군의 조직인 레기오(legio)라는 라틴어에서 왔는데 '연대聯隊'를 가리키며 고대에는 6천 명 규모였으나 제2차 세계대전 이후 3천 명으로 구성된다.

31절에서 마귀들은 지하로 물러가라고 말씀하지 마시라고 예수님께 청한다(파라칼레오 παρακαλέω). 파라칼레오는 28절에 쓰인 청하다(데오마이 δέομαι)와 달리 감히 요구하며 청하는 것이다. 루카는 마귀가 두려워하는 곳을 '지하'(아비/뷔소 ἄβυσσος)라고 명시한다. 아비/뷔소라는 용어는 신학적으로 풍요로운 의미를 지닌다. 유다 묵시사상에 의하면 그곳은 사탄을 비롯하여 하느님의 원수들이 형벌을 받기 위해 던져지는 지하다(묵시 20,1.3 참조). 이곳은 항상 부정적인 장소로 유다인들의 상상에 의하면 바다와 연관되어 있다. 루카 시대에는 잠긴 장소, 영들의 감옥을 상징하였고, 죄수들, 무엇보다도 반反그리스도인들이 무장 해제되어 갇히는 곳으로 알려져 있었다.

32-33절

마귀들은 그 산에서 방목하는 돼지 떼들 속으로 들어가게 해달라고 청한다. 예수님께서 허락하신다. "마귀들이 그 사람에게서 나와 돼지들 속으로 들어갔다. 그러자 돼지 떼가 호수를 향해 비탈을 내리 달려 물에 빠져 죽고 말았다." 물속에 빠져 죽은 마귀 들린 돼지들은 사탄의 세상을 관장하는 주님의 권능을 확인시켜준다. 마귀 들린 돼지들이 물속에 빠져 죽었다는 것에서, 마귀들은 이제 지하에서 감옥에 갇혀 그곳에 남아 있다고 판단할 수 있다. 이것은 아마도 마귀 들렸던 자의 마음을 평안케 하고 그를 붙들고 있던 것이 영원히 사라졌다는 가시적 표징이었을 것이다.

34-39절

이 기적에 대한 반응이 34-35절에 소개된다. 그 일을 목격한 돼지 치던 이들이 도시(폴리스 πόλις)와 시골 마을들(아그로스 ἀγρός)에 알린다. 많은 돼지 떼가 있었으니 돼지를 치는 이들도 많았을 것이고, 그들이 모두 자기가 속한 동네로, 혹은 주인에게로 가서 알렸을 것이다. 사람들은 무슨 일이 일어났는지 보려고 나왔다지만, 그들이 예수님께 와서 볼 수 있는 것은 치유된 이, 해방된 이, 곧 마귀가 떨어져 나간 사람뿐이다. 그러나 그가 오랜 세월 마귀 들린 이로 알려져 있기에 그가 달라진 것은 알아볼 수 있었을 것이다.

그 남자에 대한 묘사는 처음 부분과 대조적이다. 그는 옷을 입고 있고, 조용하게 제정신으로 앉아 있다. 그것도 예수님 발치에. '제정신으로'라고 번역된 그리스어는 소프로네오(σωφρονέω)인데, 건전한 정신, 바른 정신을 뜻한다. '정신이 온전하다'라고 번역된 곳도 있다(2코린 5,13). 그토록 많은 마귀에 사로잡혀 분열되고 자신과 사회로부터 소외되어 있던 이를 예수님께서 권능으로 해방시키시어 온전한 정신과 삶을 돌려주셨음을 볼 수 있다. 정상적인 것과 구원은 상호 배타적이지 않다. 그렇다고 구원이 일반적인 것으로만 축소되지는 않는다. "예수님 발치에" 앉아 있다는 말은, 해방된 남자가 말씀을 듣는 이로서 예수님 가까이에 있다는 뜻이며, 제자가 되어 하느님 나라를 위한 양성 과정에 들어갔음을 암시한다. 그는 물러가, 예수님께서 자기에게 해주신 일을 온 고을에 두루 선포하게 될 것이다.

사람들은 이것을 보고는 겁을 낸다. 그들은 예수님께서 하신 일을 듣고 두려움을 느끼나 예수님을 믿는 데에는 도달하지 못한다. 그 일을 본 사람들이 "마귀 들렸던 이가 어떻게 구원받았는지 알려주었음"(36절)에도 불구하고, "게라사인들의 지역 주민 전체가 예수님께 자기들에게서 떠나주십사고 요청하였다"(37절). 말씀의 씨앗이 뿌려져도, 말씀을 들어도 바로 빼앗겨버린 것이다. 루카는 기적을 본다고 하여 모두가 믿음에 도달하는 것은 아니라는 사실을 여기에서 보여준다.

그래서 예수님은 배를 타고 되돌아가신다. 예수님은 그를 구원하러 오셨던 것이 틀림없다. 그때 해방되어 예수님 발치에 앉아 있던 이가 예수님과 함께 있겠다고 청한다. 예수님은 그에게 집으로 돌아가, "하느님께서 너에게 해주신 일을 다 이야기해주어라" 하고 말씀하신다. 아직 믿음을 못 가진 동향 사람들을 위하여 그에게 사명이 주어졌다. 예수님께서 자기에게 해주신 일을 온 고을에 두루 선포하는 일이다. 그는 증언하는 사람, 선교하는 사람이 된다.

알.가.유.소. 8 》 데카폴리스와 게라사

지도6 | 데카폴리스

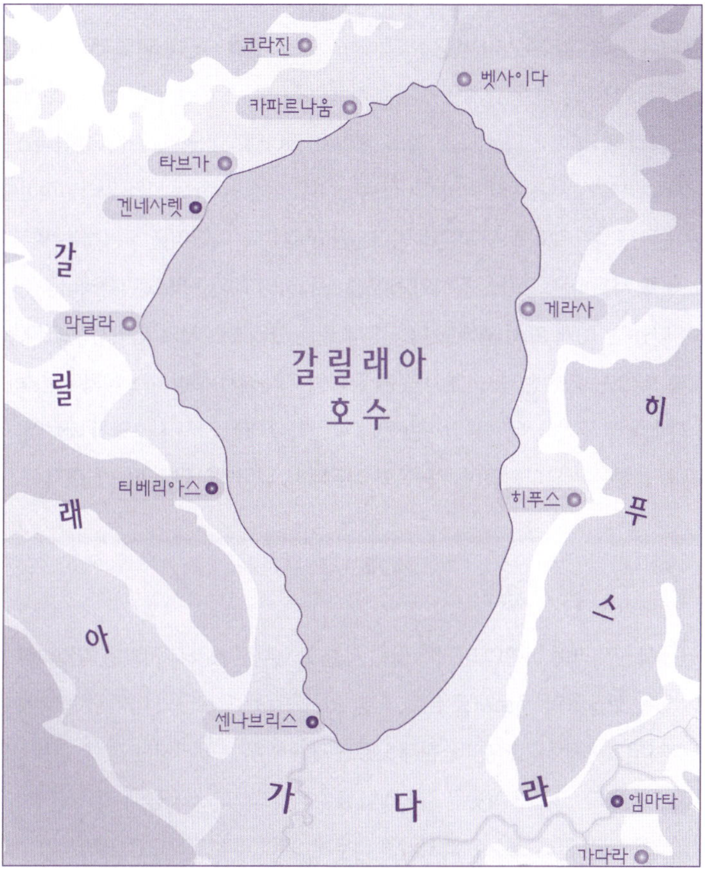
코라진
벳사이다
카파르나움
타브가
겐네사렛
갈
막달라
게라사
갈릴래아
호수
릴
히
티베리아스
히푸스
래
푸
스
아
센나브리스
가
다
라
엠마타
가다라

지도7 | 게라사

데카폴리스(Decapolis)

팔레스티나 땅에 그리스인이 세운 10개(데카)의 도시(폴리스)인데 갈릴래아 호수 남쪽, 요르단강 유역 양쪽, 곧 동서에 있었다. 데카폴리스(10개 도시)는 스키토폴리스(벳 스안), 히푸스, 가다라, 라파나, 디온(디움), 펠라, 게라사, 필라델피아(암만), 카나타, 다마스쿠스이다. 가장 북쪽 도시가 시리아의 다마스쿠스이고 가장 남쪽 도시가 필라델피아(암만)인데, 이 두 도시가 그리스 도시들의 방어선을 구축했다. 아람어를 사용하는 세계에서 그리스어를 사용하고 그리스 문화와 제도를 도입하여 데카폴리스는 헬레니즘 문화의 중심이 되었다. 10개 도시 외에도 이 지역에 많은 그리스 도시가 흩어져 있었다. 로마의 폼페이우스는 기원전 63년에 이곳을 유다인 지배에서 해방시켜 시리아 총독(코메스)의 지배 아래 두었다. 데카폴리스는 면세 특권이 주어진 자치 지구였기 때문에, 이곳 주민들의 생활상은 유다인들이나 남쪽의 이두매아, 나바태아인들과는 달랐다.

게라사

예수님께서 군대라는 이름의 마귀가 들린 자를 고쳐주신 게라사 지방은 갈릴래아 호수 근처에 있는 오늘날의 '쿠르시'로 본다. 다른 의견으로는 요르단의 야뽁강 북부에 위치한 '제라시'라고 추정하기도 한다. 현재 요르단에 속해 있는 제라시는 정치·경제적으로 큰 로마 도시였다. 그런데 이곳은 갈릴래아 호수에서 약 55㎞ 지점에 위치하기에 돼지들이 비탈을 내리 달려 호수로 빠지기엔 너무 먼 거리이다. 그러므로 제라시가 게라사라는 견해는 타당성이 거의 없다.

(3) 야이로의 딸을 살리시고 하혈하는 부인을 고치시다 8,40-56

① 회당장의 청원(8,40-42)

예수님의 권능이 소개되는 맥락에서 세 번째 이야기인데, 두 개의 에피소드가 하나로 엮여 있다. '딸', '열두 해(살)', '믿음과 구원'이라는 공통 요소를 통해 두 개의 에피소드를 하나로 엮어 메시지를 강화하며, 예수님이 질병과 죽음을 주관하시는 분임을 드러낸다.

열두 해	40-42절	열두 살쯤 되는 외동딸, 그 아이가 죽어가고 있었다.
	43절	여자, 열두 해 동안 하혈
예수님 옷자락	44-47절	예수님에게서 힘이 나감. 하혈이 즉시 멈추었다.
믿음 - 구원	48절	"딸아, 네 믿음이 너를 구원하였다."
	49-53절	"믿기만 하여라. 아이는 구원을 받을 것이다."
예수님 말씀	54-56절	"아이야, 일어나라." 아이의 영이 되돌아와서 아이가 일어섰다.

40절

예수님께서 되돌아오시자 군중이 그분을 맞아들였고, 모두 그분을 기다리고 있었다. 40절에서 이야기는 예수님께서 배를 타기 전의 상황으로 연결된다. "많은 군중이 모이고 또 각 고을에서 온 사람들이 다가오자 예수님께서 그들에게 비유로 말씀하셨다"(4절). 군중이 너무 많아서 "예수님의 어머니와 형제들이 예수님을 찾아왔지만, 군중 때문에 가까이 갈 수가 없었던" 상황이다(19절). "군중이 그분을 맞아들였다. 모두 그분을 기다리고 있었던 것이다"(40절).

41-42절

그 가운데서 회당장이 예수님 발 앞에 엎드려서 자기 집에 가주시기를 청한다. 유다 사회 주류 집단의 일원으로 안정적인 지위와 위엄을 지닌 회당장이 아버지로서 예수님께 간청하는 것이다. 발 앞에 엎드린 자세도 시선을 집중시키고. 딸이 죽어가고 있다는 사실, 그 딸이 열두 살쯤 되는 어린 외동딸이라는 사실이 야이로의 절박한 사정과 청원의 분위기를 고조시킨다. 그래서인지 예수님이 그리로 가시는데, 흥분과 기대에 찬 군중이 바짝 붙어서 떼로 몰려 따라가고 있다. 42절은 간단히 말한다. "군중이 그분을 밀어댔다."

② 하혈하던 여인의 믿음과 구원(8,43-48)

43-44절

군중 가운데 "열두 해 동안이나 하혈하는 여자가 있었다. 그 여자는 의사들을 찾아다니느라 가산을 탕진하였지만, 아무도 그를 고쳐주지 못하였다." 공교롭게도 여인은 죽어가는 소녀가 살아온 햇수만큼이나 하혈을 했고, 치료받으려고 스스로 의사들을 찾아다녔으나 아무도 고쳐주지 못하였고 가산도 탕진했다. 더구나 정결법에 저촉되니 자연히 공동체로부터도 소외되었을 것이다. 아버지가 치료해주려고 애를 쓰는 회당장 딸과는 아주 대조적으로, 여인은 아픈 데다가 가난하고 외롭기까지 하다.

그래도 예수님 소문을 듣고 길을 나섰다. 여인은 하느님께서 자신을 낫게 해주시리라는 희망으로 용기를 내었고 예수님께 다가갔다. 감히 앞에 나서지 못하고, "그가 예수님 뒤로 가서 그분의 옷자락 술에 손을 대자…." 그리스어로 보면 '옷자락 끝 또는 술을 만졌다'(흽싸토 투 크라스페두 투 히마르티우 아우투 ἥψατο τοῦ κρασπέδου τοῦ ἱματίου αὐτοῦ)라고 한다. 그러자 즉시 하혈이 멎었다. 많은 군중이 밀쳐대며 몰려가는 북새통에 뒤에서 예수님 옷단에 조심스레 와닿는 손이 있고, 그 순간 12년간이나 지속된 괴로움과 고통이 멈춘다.

45-46절

이 일을 여인만 아는 것이 아니라 예수님이 알아채신다. 예수님께서 "누가 나에게 손을 대었느냐?" 하고 물으셨다. 둘레에 있던 많은 이가 모두 자기는 아니라고 말한다. 무슨 일이 일어났는지 모르나 베드로가 상황을 합리적으로 이해시키려 한다. "스승님, 군중이 스승님을 에워싸 밀쳐대고 있습니다." 그러나 예수님은 밀쳐대다가 우연히 닿은 것이 아니라 누군가가 의지를 가지고 자신에게 손을 댔다는 것을 확인하시며 당신에게서 힘이 나간 것까지 안다고 하신다. 이런 사실을 아시는 분이 누가 그렇게 했는지 못 알아내실 리가 없다. 그런데도 이렇게까지 물으시는 것을 보면 그 고백을 통해 예수님이 주시려는 가르침이 있는 듯하다.

47-48절

여인은 "더 이상 숨어 있을 수 없음을 알고 떨며 나와서 예수님 앞에 엎드렸다." 사실 예수님 앞에 엎드릴 수 있는 것도 은총이다. 그분의 부름에 여인은 예수님 앞에 나설 수 있었다. 그리고 "자기가 무슨 까닭으로 예수님께 손을 대었으며, 또 어떻게 즉시 병이 나았는지 온 백성 앞에서 아뢰었다." 온 백성이 여인의 증언을 들었다. 그리고 여인은 자기 마음의 생각으로 한 일을 말로 표현하여, 예수님에 대한 자신의 믿음과 바람을 드러내었고, 자신에게 일어난 일을 확인했다.

사실 유다법에 의하면 하혈을 하는 상태이면 대중 앞에 나설 수도 없고 다른 이와 접촉하면 안 된다. 다른 이들마저 부정하게 만들기 때문이다(레위 15,25-27 참조). 예수님은 이것을 넘어 여인의 행위에서 믿음만을 보셨고 "네 믿음이 너를 구원하였다"고 말씀하신다. 이 말씀은 초기 그리스도교 공동체에 널리 알려진 전형적인 문구이다. 예수님은 레위 15,31의 경고와 달리 이런 종류의 부정한 이에게 죽음으로 위협하지 않으신다. 오히려 그 반대로 그분에게서 치유력이 흘러나와 생명을 회복시킨다.

44절과 47절에 반복된 즉각적인 치유('즉시')가 하느님의 동의와 믿음의 새로운 정의를 확인한다. 그런데 이 이야기의 절정은 그 즉각적 기적에 있는 것이 아니라 예수님이 확증해주신 말씀, 환대의 말씀에 있다. "딸아, 네 믿음이 너를 구원하였다." 예수님은 여인이 손을 댄 대담함을 믿음의 행위라고 알려주시고 그 믿음을 받아들이신다.

예수님이 연만한 부인에게 '딸아'라고 부르시는 것이 이상할 수도 있으나 유다 라삐들이나 그리스도이신 메시아의 권위의 시각에서는 자연스런 일이다. 도입 이야기에서 아버지 야이로가 자신의 딸에 대한 절절한 부성애를 드러냈는데, 예수님은 열두 해나 고생하다 나은 여인에게 '딸아' 하고 불러주시는 자비와 사랑을 통해 그녀의 몸뿐 아니라 고되고 외로웠던 마음도 치유하셨다. 딸이라는 용어를 쓰신 것은 그녀가 이스라엘의 일원임을 나타내신 것이기도 하다.

예수님은 여기서 믿음과 연관되어 일어난 구원을 말씀하신다. 여인은 믿음으로 구원받았고 평안히 가라는 축복을 받는다. "평안히 가라"(포레우 에이스 에이레넨 πορεύου εἰς εἰρήνην). 가서 평안하게 살라는 말씀이다. 이것이 예수님께서 누가 나에게 손을 대었느냐고 굳이 물으신 이유다. 그 사람이 한 행동이 지닌 의미를 그 사람이 알게 하시고, 또 군중도 알게 하시기 위해서이다. 곧 예수님에게서 힘이 나간 일은 마술적인 힘이 아니라, 믿음에 응답으로 주어진 구원이라는 사실이다.

③ 회당장의 딸 구원(8,49-56)

49절

42절에서 회당장이 가졌던 희망이 사라진 듯 보이는 구절이다. 그의 집에서 어떤 이가 와서 "따님이 죽었습니다. 그러니 스승님을 수고롭게 하지 마십시오"라고 전한다. '괴롭히다', '조르다'라는 뜻의 스퀼로(σκύλλω)를 현재 명령형으로 쓰고 부사 '더 이상'을 사용하여 '이제는 더 이상 그에게 ~해달라고 조르지 말라'고 말한다. 게다가 단순하게 선생이라는 호칭 디다스칼로스(διδάσκαλος)를 사용하였다. 결국 이 문장은 야이로에게 딸의 회복을 위해 조르며 수고롭게 하지 말라고 하여 선생을 배려한다기보다, 선생에게 주목하고 무엇을 청할 필요가 없다고 말하는 것이다. 말투로 보아 회당장 집에서 소식을 전하러 온 '어떤 이'는 종은 아닌 듯하다. 사소한 소식이 아니라 딸의 사망 소식을 전하러 온 정황상, 딸의 회복을 위해 굳이 능력 있는 치유자를 찾아 나섰던 아버지 회당장을 위로하고 진정시킬 수 있는 관계에 있는 누군가였을 것이다. 그는 분명히 말한다. '당신의 딸은 죽었소'(테트네켄 헤 투가테르 수 Τέθνηκεν ἡ θυγάτηρ σου·). 죽다(트네스코 θνῄσκω) 동사의 직설법 완료형 테트네켄(Τέθνηκεν')은 상황이 종료되었음을 분명하게 표현한다. '죽었다.' 인간적 차원에서 이제 그 어떤 것도 소용없다. 죽은 딸의 소식을 전한 이는 예수님께 아무런 기대도 하지 말라고 회당장에게 권한다.

50절

이 말씀을 들으신 예수님께서는 이에 응수하여 바로 다른 권고를 회당장에게 말씀하신다. 먼저 그 소식에 놀란 회당장을 진정시키신다. '두려워하지 마라'(메 포부 Μὴ φοβοῦ), 다음 권고가 이어진다. '오직 믿기만 하여라'(모논 피스테우손 μόνον πίστευσον). 그러면 '아이는 구원을 받을 것이다'(소테세 타이 σωθήσεται). 구원받다의 미래 수동태로 아이에게 일어날 일을 명시하신다.

스승님을 수고롭게 하지 말고 기대를 버리라는 말은 스승님이 딸을 살릴 것이라고 믿지 말라는 말을 우회적으로 표현한 것이다. 그러나 예수님은 회장당에게 '당신이 믿기만 하면'(피스테우손 πίστευσον, 2인칭 단수 명령형), 아이가 구원되고 살아난다고 하신다. 바로 앞에 삽입된 하혈하던 여인의 치유 이야기에서 예수님은 이미 믿음과 치유가 연합되어 있음을 밝히셨고, 그것이 곧 구원임을 드러내셨다. 그래서 지금 믿는 자에게 주어지는 구원을 회당장에게 보증해주신다. 구원을 목격하고도 악화된 상황 때문에 믿음을 저버릴 것인지, 다시 굳게 믿고 한 발 나아갈 것인지 선택의 기로에 서 있는 야이로에게 믿음을 촉구하신 것이다. 회당장의 믿음이 관건이 되는 이 장면이 이야기의 절정이다. 이 이야기는 기적 자체보다 예수님의 권능에 대한 믿음으로 이루어지는 구원에 초점이 맞춰져 있다.

51-53절

회당장은 예수님의 말씀에 힘입어 그만두지 않고 계속 스승님과 함께 가는 것을 택한다. 예수님은 그 집에 가셔서 세 제자와 아이의 부모만 데리고 방으로 들어가신다. 사람들이 울며 가슴을 치는데, 예수님께서 "울지들 마라. 아이는 죽은 것이 아니라 자고 있다" 하고 말씀하시니, 그들이 예수님을 비웃는다. "그들은 아이가 죽은 것을 알고 있었으므로 예수님을 비웃었다." 그들은 죽음 앞에서는 더 이상 어떤 일도 할 수 없다는 것을 알고 확신한다. 그래서 '아이가 자고 있다'며 죽은 사실도 모르는 듯한 예수님을 업신여긴다. 이 구절은 49절의 뜻을 더 확실하게 드러낸다. 그들이 아이가 죽었다는 사실을 그렇게나 확신하고 있으니 그 죽음에서 아이가 일어나게 될 때 바로 그들 자신이 그 사건의 명백한 증인이 될 것이다. 예수님께서 "자고 있다"고 하신 말씀은 아이가 안 죽었다는 의미가 아니라, 당신이 다시 일으키실 것이기에 아이의 상태가 마치 잠든 것처럼 한시적이라는 뜻이다.

54-56절

예수님께서는 아이의 손을 잡고 말씀하셨다. "아이야, 일어나라." 손을 잡는다는 것은 돕는다는 뜻이 담긴 성서적 표현이다. 예수님은 아이에게 생명을 되돌려주시기 위해 행동과 말씀, 비언어적인 것과 언어적인 것 둘 다 사용하신다. 중요한 사항은 아니나 앞 이야기에서는 부정한 이(하혈하던 여인)가 예수님께 손을 대었고, 이 이야기에서는 예수님께서 부정한 것(시체)에 손을 대는 점이 대조를 이룬다.

"그러자 아이의 영이 되돌아와서 아이가 즉시 일어섰다." 루카의 고유한 이 말 뒤에 깔려 있는 당시의 사고방식에 따르면, 죽은 이의 영혼은 대략 사흘 정도 남아 있다 죽은 이들의 세계로 영원히 내려간다고 믿었다. "아이가 즉시 일어섰다"는 것은 하혈하던 여인 이야기의 "즉시 하혈이 멎었다"(44절)와 대칭을 이룬다. 루카는 마르코처럼 여기서 부활을 말하는 동사 두 개를 다 사용한다. 54절에서 '일어나라'는 에게이로(ἐγείρω, wake up) 동사의 현재 명령형(에게이레 ἔγειρε)으로, 55절 아이가 즉시 '일어섰다' 할 때는 아니스테미(ἀνίστημι, get up) 동사의 직설법 원과거(아네스테 ἀνέστη)로 표현하였다.

그리고 이 기적을 확인하는 일이 이어진다. "예수님께서는 아이에게 먹을 것을 주라고 지시하셨다"(55절). 예수님께서 소생시킨 생명은 유령이 아니라 온전한 생명이고 삶이다. 아이의 부모가 몹시 놀란다. 여기서 세 제자의 반응은 소개되지 않았다. 아무리 믿었다 할지라도 죽은 이가 다시 살아나는 일은 놀랄 만한 일이다. 50절에 의하면 아이의 아버지는 믿었고, 딸은 구원받았다.

하느님에 대한 신앙, 예수님에 대한 믿음으로 여인과 소녀는 하느님께서 주시는 구원의 힘을 체험하고 유다인 그리스도인과 이방인 그리스도인 공동체의 모범적 인물이 된다.

비유 이야기

8,4-15	씨 뿌리는 사람의 비유
10,25-37	착한 사마리아인의 비유
12,15-21	어리석은 부자의 비유
12,35-48	깨어 있어라 충실한 종과 불충실한 종
13,1-9	열매 맺지 못하는 무화과나무의 비유
13,10-21	등 굽은 여자 치유 겨자씨의 비유 누룩의 비유
14,1-11	식사 초대: 수종 병자 치유 끝자리에 앉아라
14,15-24	혼인 잔치의 비유
15,1-10	되찾은 양의 비유 되찾은 은전의 비유
15,11-32	되찾은 아들의 비유
16,1-8	약은 집사의 비유
16,19-31	부자와 라자로 비유
17,7-10	쓸모없는 종
18,1-8	과부의 청을 들어주는 불의한 재판관의 비유
18,9-14	바리사이와 세리의 비유
19,11-27	미나의 비유
20,9-19	포도밭 소작인의 비유

알.가.유.소. 9 〉〉 비유

비유는 실제 세계를 반영하는 요소를 적어도 하나는 지닌 가상의 이야기다. 비유(parable)는 그리스어 어근 파라(para)와 볼레(bole)에서 온 말인데, 각각 '나란히'와 '자리 잡은'(혹은 사용된)을 뜻하여, '어떤 한 가지가 다른 것과 나란히 놓이다'라는 뜻이 어원에 들어 있다. 두 개를 나란히 놓는 목적은 그 둘 중 하나를 더 분명히 드러나게 하려는 것이다. 어떤 실제 옆에 허구를 놓아서 실제가 더 명료해지기를 기대하는 것이다.

예수님의 비유 이야기를 읽을 때 고려해야 하는 요소들이 있다. ① 비유를 이해하려면 기원후 30년 팔레스티나의 사회적·정치적·종교적 세계를 잘 알아야 한다. 루카의 비유들은 1세기 팔레스티나 유다인의 삶을 반영한다. ② 실제 세계를 비추도록 주어진 가상의 이야기에는 범례처럼 따라야 할 가상의 도덕적 본보기가 들어 있다. ③ 예수님은 비유를 통해 군중이 옳고 그름을 판단하도록 초대하는 질문을 하신다. 그래서 예수님의 비유에는 청중이 자신의 경험을 통해 옳고 그름을 판단하리라는 예수님의 기대가 들어 있다. ④ 본질적으로 비유에는 오류가 없다는 것을 인식해야 한다. 즉 청중이 그 가상의 이야기에서 아무런 오류도 발견할 수 없어야 한다. 오류가 있거나 세부 사항들이 일어날 수 없는 일이거나 청중의 경험 밖의 것들이라고 생각되면, 그 가상의 이야기는 실제 옆에 놓일 수 없기 때문이다.

마지막으로 비유 이야기를 읽을 때 주의할 것은, 기원후 30년에 예수님께서 비유를 통해 주신 가르침과, 기원후 85년에 루카가 그 비유에서 끌어내려고 의도한 가르침 사이에는, 시대와 문맥에 따른 차이가 있을 수 있다는 사실이다.

4. 갈릴래아 활동 3: 하느님의 그리스도 9,1-50

제1부 예언	1. 예언과 성취: 1,1-2,52
제2부 공생활	1. 예수님의 공생활 준비: 3,1-4,13
	2. 갈릴래아 활동 1: 주님의 은혜의 해 실현 4,14-6,16
	3. 갈릴래아 활동 2: 오실 분 6,17-8,56
	4. 갈릴래아 활동 3: 하느님의 그리스도 9,1-50
제3부 예루살렘 여정	1. 예루살렘 여정 1: 9,51-16,31
	2. 예루살렘 여정 2: 17,1-18,14
	3. 예루살렘 여정 3: 18,15-19,27

이 대목은 갈릴래아에서 펼치시는 활동의 세 번째 부분이며, 제2부 예수님의 공생활을 마무리하는 부분이다. 이제 여기서 예수님의 고백을 통해 당신이 하느님의 그리스도이심이 명시적으로 드러나고, 예수님의 제자들은 같은 일을 하도록 파견받는다. 아울러 제자들의 길도 제시된다.

1) 예수님의 신원 9,1-22

예수님은 새로운 하느님의 백성을 이끌어나갈 열두 제자를 파견하신다. 그들은 예수님과 같은 일을 하며, 사람들이 그들의 권위를 받아들인다. 그리고 예수님의 치유와 설교에 더하여 오천 명을 먹이시는 기적을 통해 풍요로운 식탁 봉사가 연결된다. 이어지는 수난 예고, 베드로의 그리스도 고백, 제자 직분의 대가에 대한 말씀과 변모 이야기는 제자 됨에 대한 이해를 높이며 예수님의 신원을 드러낸다.

갈릴래아 활동 3: 9,1-50	
1) 예수님의 신원 (9,1-22)	(1) 열두 제자 파견(9,1-6) (2) 이 사람은 누구인가?(9,7-9) (3) 오천 명을 먹이시다(9,10-17) (4) 하느님의 그리스도(9,18-21) (5) 수난과 부활의 첫 번째 예고(9,22)
2) 제자의 길 (9,23-50)	(1) 예수님을 따르기(9,23-27) (2) 거룩한 변모: 그의 말을 들어라(9,28-36) (3) 더러운 영에 들린 아이 치유(9,37-43ㄱ) (4) 수난과 부활의 두 번째 예고(9,43ㄴ-45) (5) 제자들 가운데 가장 작은 사람(9,46-48) (6) 반대하지 않는 이(9,49-50)

(1) 열두 제자 파견 9,1–6

이 단락은 게라사의 마귀 들린 이의 치유, 하혈하는 여인 치유와 야이로의 딸 치유 이야기와 밀접한 연관 속에서 해석되어야 한다. 그 이야기들은 열두 제자가 행할 일들의 모범이다. 세 이야기가 공통적으로 구원을 명백하게 이야기하고 믿음과 연결하며 하느님 나라 선포를 초점으로 삼고 있기에, 복음을 전하는 열두 제자의 사명과 깊이 연관된다. 그러면서 동시에 이 파견 이야기는 루카복음서의 맥락에서 기적 이야기를 끝맺는 역할을 하며 예수님에 관한 이야기로 자리매김된다.

1절

"예수님께서는 열두 제자를 불러 모으시어…." 루카복음서에서 열두 제자는 그룹으로 등장한다. 그들은 예수님에게서 파견되기 전에 먼저 그분께 소집된다(쉰칼레오 συγκαλέω). 그리고 예수님께서는 열둘에게 "모든 마귀를 쫓아내고 질병을 고치는 힘과 권한을 주셨다." 루카는 마르코와 달리 루카 8장의 맥락에 따라 '마귀를 쫓아내는 것'이라 표현하며, 권한에 더하여 '힘'(뒤나미스 δύναμις)도 주셨다고 표현한다. 예수님은 이 선물로 그들이 선교를 할 수 있는 능력을 갖추게 하신 다음 파견하신다.

2절

"그리고 하느님의 나라를 선포하고 병자들을 고쳐주라고 보내시며" 사명을 주신다. 파견의 목적은 명확하게 하느님 나라를 선포하고(케뤼소 κηρύσσω) 병자들을 치유하라(이아오마이 ἰάομαι)는 것이다. 열두 제자는 예수님께 부름 받은 후(6,12-16) 예수님과 계속 동행하였고, 가르침(6,17-49)과 치유로 계속되는 하느님의 활동을 목격하고 다양한 개인이나 무리가 예수님을 받아들이는 장면에서도 함께였다. 그리고 예수님께서 행하시고 가르치신 일을 통해 주님의 오심을 보았고, 하느님의 나라가 다가왔음을 보았다(7,1-8,21). 하느님 나라의 비밀을 아는 은혜도 받았다(8,10). 예수님이 지니신 권한과 힘도 보았다(8,22-56). 그들이 선물로 받은 힘은 치유를 하는 데에, 권한은 마귀를 쫓아내는 데에 사용될 것이다.

루카 고유의 표현이 '하느님 나라를 선포한다'이다. 이것은 사도 28,31에도 나타난 표현과 같은 맥락이다. "그는 아무 방해도 받지 않고 아주 담대히 하느님의 나라를 선포하며 주 예수 그리스도에 관하여 가르쳤다." 루카 4,43에서 "나는 하느님 나라의 기쁜 소식을 다른 고을에도 전해야 한다. 사실 나는 그 일을 하도록 파견된 것이다"라고 하셨는데, 여기에는 예수님의 설교와 부활 이전 복음 내용이 포함된다. 여기서 하느님 나라 개념은 종말론적이 아니라 그리스도를 통해서 지금 여기서 이루어지는 일들과 연관되어 있다. 루카복음서에서 지금까지 메시아를 치유자의 이미지로 제시한 것처럼 그렇게 그분이 보내는 이들도 사람들을 돌보고 치유해야 한다. 예수님은 하느님의 이름으로 오시어 활동하시는데, 이제 그들은 예수님의 이름으로 말하고 행동함으로써 구원의 전달자가 될 것이다. 예수님의 활동을 특징지은 것이 열두 제자(후에 일흔두 제자도)의 행동을 결정할 것이다.

3절

예수님께서 선교 장비와 자세에 대해 일러주시는 내용으로 여행과 체류에 관한 것이다. 3절에서 파견 목적에 방해가 되는 것은 지니지 말라고 하시는데, 이는 가난을 강조하신다기보다 하느님의 인도하심에만 의지해야 한다는 사실을 일러주시는 말씀이다. 우선 기본적인 규칙은 아무것도 지니지 말라는 것이고 소지 금지 물품이 다섯 개(지팡이, 여행 보따리, 빵과 돈, 여벌 옷) 있다. 예수님은 제자들이 인간적 수단 없이 하느님의 도움과 현존에 대한 확신으로 떠나게 하신다. 개인 소유 재물들을 거절하면서 제자들은 공동체에 의존하게 될 것이다.

"길을 떠날 때에 아무것도 가져가지 마라"(메덴 아이레테 에이스 텐 호돈 μηδὲν αἴρετε εἰς τὴν ὁδόν). 이 문장을 그리스어 글자 그대로 보면 '길로(에이스 텐 호돈) 아무것도 들고 가지 말라'는 뜻이다. 길을 가는데, 길 밖의 것을 '길 안으로 들이지 말라'는 말씀이시다. 길에서, 길 위에서 일어나고 생기는 일들은 위험이든, 필요한 것이든 다 길에서 취하라 이르신다. 길을 갈 힘도 길에서 얻게 될 것이다. 길을 가면서 그 길의 사람들과 하느님께만 의지할 때 온전히 파견된 자로 머물 수 있을 것이다.

4절

"어떤 집에 들어가거든 … 거기에 머물러라." 옮겨 다니지 마라, 거기 머물러라. 체류 장소에 관한 것인데, 숙박 장소를 바꾸는 것은 질투를 불러일으킬 수도 있고, 선교사가 개종자 누군가를 편애한다는 인상을 줄 수도 있기 때문이다. 또한 더 편안한 곳을 찾는 인간 본성의 경향에 대한 경고이기도 하다. 그 당시에 '집'이 그 지역 공동체의 모임 장소(교회)였던 것을 감안하면(로마 16,5; 1코린 16,19 참조), 같은 지역에 여러 교회가 생길 경우 교의에 대한 의심을 받을 수도 있었다.

5절

"사람들이 너희를 받아들이지 않으면, 그 고을을 떠날 때에 그들에게 보이는 증거로 너희 발에서 먼지를 털어버려라." 사람들이 받아들이지 않으면 그 고을에 계속 머물며 논쟁하거나 마음이 상하여 불평할 일이 아니다. 먼저 그 고을에서 나오라 하신다. '그 폴리스를 나오면서'(엑세/쎄르코메노이 아포 테스 폴레오스 에케이네스 ἐξερχόμενοι ἀπὸ τῆς πόλεως ἐκείνης) 발의 먼지를 털고 떠나라 하신다. 선교사나 그의 선포가 거부당하는 부정적인 경우를 묘사하는 표현인데 '발의 먼지를 떨어내는 동작'은 고대 근동에서 잘 알려진 행동으로, 분노나 적의를 드러내는 것이 아니라 사람들 사이의 관계를 끊거나 불결에 대한 혐오를 상징한다. 선교에 저항하는 사태들에 보이는 이 상징적인 행위가 바오로 시대에 실행되고 있었던 예를 볼 수 있다(사도 13,51).

6절

"제자들은 떠나가서 이 마을 저 마을 돌아다니며…." 여기서 직설법 반과거형이 사용된 '돌아다니며'(디에르콘토 διήρχοντο)와 함께 쓰인 단어 '마을들'(타스 코마스 τὰς κώμας)을 통해 반복적으로 행하고 있는 일임을 확인할 수 있다. 루카는 예수님께서 다니신 곳을 도시(폴리스 πόλις, 우리말 성경 번역은 '고을')로, 열두 제자가 선교 체험을 하는 곳은 마을(코메 κώμη)로 묘사하고 있다.

제자들이 두루 '돌아다녔다'는 주동사에는 두 개의 현재 분사가 연결되었다. "복음을 전하고 병을 고쳐주었다"(에왕겔리조메노이 카이 테라페우온테스 εὐαγγελιζόμενοι καὶ θεραπεύοντες). 제자들은 그들의 사명을 두 측면으로 수행하였다. 말로 복음을 전하고 행동으로 병을 고쳐주었는데 이것은 예수님께서 주신 힘과 권한으로 행할 수 있었다(1-2절 참조). 그들은 이것을 "어디에서나", 곧 그들이 들른 모든 곳(판타쿠 πανταχοῦ)에서 했다고 전한다. 이것은 루카 고유의 서술인데, 그는 보편적으로 이 첫 선교를 사도들의 미래 선교(사도 1,8)의 예표로 생각하고 인식한다. 제자들은 예수님을 믿는 이들(5,1-11; 6,12-16)이 될 뿐 아니라 어디든지 그분을 따르면서 예수님의 증인들이 되고(루카 8,1;

사도 1,21-22), 하느님 나라의 선포자가 된다(루카 9,6; 참조 6,13). 이 파견 이야기의 중심에는 제자들이 그들의 주님인 예수님과 맺는 관계가 자리한다. 이 단락에서는 제자들이 둘씩 파견되었는지, 홀로 파견되었는지, 전체가 같이 갔는지 명시되지 않았는데, 여기서는 열둘이 파견되며 풍요롭게 힘과 권한을 받고 예수님의 일에 참여한다는 또 다른 결속을 표현하고 있는 듯하다.

(2) 이 사람은 누구인가? 9,7-9

7-9절

"헤로데 영주는 이 모든 일을 전해 듣고 몹시 당황하였다." 영주(테트라르케스 τετραάρχης) 헤로데 안티파스에 대한 이야기는 계속 이어진다. 세례자 요한이 그의 사명을 시작했을 때 헤로데 안티파스는 갈릴래아의 영주였다(3,1). 헤로데 때문에 요한은 투옥되고(3,19-20), 그에 의해 목숨을 잃었다(9,9). 그는 이제 예수님이 누구인지 알아보려 하고 있고(9,9), 나중에는 그분을 살해하려 할 것이다(13,31-33). 마지막에는 예수님을 신문하고 빌라도에게 다시 넘길 것이다(23,6-12). 루카는 헤로데 자체에 대해 관심을 두지 않고 예수님이 일으키는 새로운 움직임에 대해 영향력 있는 정치권력자인 영주로서 그의 태도를 전하고 있다. 그러면서 루카는 복음을 당대의 주요 관심사로 부각시킨다. 헤로데는 악한 인물인데 그의 당황이 복음을 향한 첫발을 떼는 역할을 한다(7절). "이 모든 일을 전해 듣고" 몹시 당황하여 "소문에 들리는 이 사람은 누구인가?" 하며 질문하고 심지어는 소문의 당사자를 만나보려고까지 한다(9절).

헤로데는 일어난 일에 대해 사람들이 말하는 소문을 다 들었다. 루카복음의 맥락에서 이 모든 일이란 예수님의 행적뿐 아니라 제자들의 선교 활동도 포함된다. 그 일들이 사람들에게 전승을 떠올리게 하고, 위대한 예언자의 출현을 추측하게 하니 세례자 요한이 되살아났는가 하는 생각까지 하게 된 것이다. 더러는 "요한이 죽은 이들 가운데에서 되살아났다" 하고 더러는 "엘리야가 나타났다" 하는가 하면, 또 어떤 이들은 "옛 예언자 한 분이 다시 살아났다" 한다.

예수님에 대해서 사람들이 하는 말을 들은 헤로데가 스스로 세례자 요한을 살해했다고 밝힌다. "요한은 내가 목을 베었는데, 소문에 들리는 이 사람은 누구인가?" 헤로데는 자신이 세례자 요한을 참수했으니 그가 죽었다는 사실을 누구보다 잘 알고 있다. 그런데 복음을 전하고 놀라운 권능을 행사하며 사람들을 치유하는 이 사람은 누구란 말인가? 사람들이 예수님에게서 본 것은 세례자 요한의 모습이거나, 구약에서 불같은 열정과 놀라운 기적으로 이스라엘 백성을 일깨우던 예언자 엘리야의 모습이거나, 그들의 전승 속에 놀라운 일을 한 기억으로 살아 있는 옛 예언자의 모습이다. "백성은 기대에 차 있었으므로, 모두 마음속으로 요한이 메시아가 아닐까 하고 생각하였다"(3,15). 헤로데는 명확하게 짚는다. 죽은 이들 말고, 실제로 살아 있는 "이 사람은 누구인가?" 이 구절이 8-9절의 핵심이다. 예수님의 신원에 대한 질문이 제기되었고 점점 심화되어 간다.

(3) 오천 명을 먹이시다 9,10-17

예수님의 신원 이야기가 계속되고 있다. 예수님께서 오천 명의 군중을 배불리 먹게 하신 일은, 헤로데가 일어난 모든 일을 전해 듣고 예수님에 대해 혼란스러워하며 누구인지 궁금해하는 이야기와 베드로가 아주 명확하게 예수님이 누구이신지를 고백하는 이야기 사이에서, 예수님이 제자들과 군중에게 어떤 분이신지 통찰할 수 있도록 단서를 제공하는 이야기다.

① 제자들의 귀환과 보고(9,10)

열두 제자가 파견되어 복음을 전하고 치유 활동을 하는 동안, 한편에서는 그 소문이 퍼지며 사람들의 생각과 헤로데 측의 동향이 소개되었는데, 이제 파견되었던 사도들이 돌아와 예수님께 보고한다. "그러자 예수님께서 그들을 따로 데리고 벳사이다라는 고을로 물러가셨다"(10절). 이 대목은 마르 6,30-32과 달리 한적한 곳에 가서 쉬라는 예수님의 말씀도 나타나지 않고, 따라서 배를 타고 그런 곳으로 이동하는 이야기도 없다. 그러나 '그들을 따로 데리고 물러가셨다'(휘페코레센 카티디안 ὑπεχώρησεν κατ' ἰδίαν)라는 표현을 통하여 충분히 한적한 곳을 찾아 움직이시는 것을 볼 수 있다. 여기에 사용된 훼포코레오(ὑποχωρέω) 동사는 '물러가다, 철수하다'라는 뜻을 지니는데, 전치사 카타(κατά)와 형용사 이디오스(ἴδιος)가 결합한 '개인적으로, 사적으로'라는 뜻의 카티디안(κατ' ἰδίαν)과 함께 사용되었다. 벳사이다라는 고을(도시)로 가셨는데, 12절에 제자들이 '이곳은 황량한 곳'이라고 말하는 것을 보아서 고을 변두리에 한적한 곳이 있었던 것으로 보인다. 벳사이다는 베드로, 안드레아, 필립보의 고향이고(요한 1,44), 예수님께서 기적을 많이 행하셨던 곳으로(마태 11,21-24) 잘 알려진 곳이다. 벳사이다는 비옥한 평야를 끼고 있는 골란 고원 하부의 서쪽, 요르단 강 상류가 갈릴래아 호수로 흘러드는 지점, 호수 북동쪽 약 2km 지점에 위치하는데, 지명도 '고기잡이의 집'이라는 뜻인 어업 중심의 고을이다. 구글 어스에 의하면 카파르나움에서 벳사이다까지는 자동차 도로로 7.7km, 버스로 25분, 도보로 1시간 30분 거리다.

② 군중(9,11)

군중은 예수님이 제자들과 벳사이다로 가신 것을 알고 예수님을 따라왔다. 그곳은 시내가 아니고 황량한 곳이다(12절). 루카 고유의 표현으로 먼저 그들을 환대하시는 예수님의 모습을 보여준다. "예수님께서는 그들을 맞이하시어"(아포데코마이 ἀποδέχομαι)에 나오는 아포데코마이는 '호의로 맞아들이다'라는 뜻이다. 8,40에서 '군중이 예수님을 맞아들였다'고 할 때 같은 동사가 사용되었다. 여기서는 예수님이 따라온 군중을 맞아들이신다. 그리고는 "하느님 나라에 관하여 말씀해주시고 필요한 이들에게는 병을 고쳐주셨다." 10절에 사용된 단어들이 예수님과 제자들이 따로 한적한 곳으로 갔음을 암시하나, 이야기의 흐름상 강세는 군중과 예수님에게 있다. 여기서도 예수님의 행적과 선포와 치유가 나란히 나타나 있다. 그리고 이 부분은 헤로데가 던진 질문 '이 사람은 누구인가'에 대한 간접적인 대답의 하나이다.

③ 제자들과 예수님(9,12-17)

12절

제자들의 개입 장면이다. 예수님께서 군중에게 하느님 나라에 관해 말씀해주시고 치유도 하고 계시는데, 제자들이 예수님께 와서 날이 저물어가니 숙소와 음식을 구하도록 사람들을 주변 마을이나 촌락으로 보내시라고 권한다. 여기서 눈여겨 볼 것은 특별히 제자 열둘을 부각시키는 점이다. "열두 제자가 예수님께 다가와 말하였다."

13절

예수님께서 대답하신다. "너희가 그들에게 먹을 것을 주어라." 그분은 열두 제자가 그들을 위해 무엇인가를 해야 하는 상황으로 제자들을 인도하신다. 파견되었던 제자들은 사람들에게 맞아들여져, 그들에게 복음을 전하고 병을 고쳐주었다. 이제 군중을 맞아들였던 예수님과 함께 그들 자신이 사람들을 맞아들여 음식을 주라는 것이다. 예수님의 말씀은 엘리사가 백 명을 먹인 기적(2열왕 4,42-44)을 연상시키며 예수님께서 예언자로서 기적을 일으키실 것을 암시한다. 제자들이 "저희에게는 빵 다섯 개와 물고기 두 마리밖에 없습니다" 하며 줄 수 있는 것이 터무니없이 적다고 말한다. 이것밖에 없다며 "저희가 가서 이 모든 백성을 위하여 양식을 사 오지 않는 한"이라고 하는데 그들 생각에 방법은 없다는 것이다.

14-15절

루카는 먼저 이미 집계된 군중의 수를 알려준다. "사실 장정만도 오천 명가량이나" 되었다. 예수님께서 그들을 쉰 명씩 떼를 지어 자리를 잡게 하라고 이르시니 제자들이 그렇게 앉게 했다. 예수님은 제자들이 군중과 직접 접해서 무엇인가를 하도록 역할을 알려주신다. 그리고 제자들은 가지고 있던 것을 군중과 나누게 될 것이다.

16-17절

"예수님께서는 빵 다섯 개와 물고기 두 마리를 손에 들고 하늘을 우러러 그것들을 축복하신 다음 떼어 제자들에게 주시며, 군중에게 나누어주도록 하셨다." 여기에 나타나는 성찬례의 동사 다섯 개(들다, 우러러보다, 축복하다, 떼다, 주다)는 마르코복음과 동일하다. 제자들이나 사람들이 뭔가를 드리면 예수님이 하시는 행동은 이 다섯 개로 요약되어 나타나는 듯하다. 예수님은 받아 드시고, 하늘을 우러르시고, 축복하시고, 떼어서, 다시 제자들에게 주신다. "너희가 그들에게 먹을 것을 주어라"(13절) 하셨던 예수님은 제자들이 직접 나누어주게 하신다. 그랬더니 사람들이 모두 배불리 먹었고, 남은 조각이 열두 광주리나 되었다.

제자들은 그동안 이 일뿐만 아니라 모든 일을 보아왔는데 이제 예수님은 제자들이 사람에게 무엇인가를 줄 수 있도록 방법을 알려주신다. 예수님께 드렸다가 다시 그분께 받아서 나누어 주는 것이다. 루카는 복음서의 마지막 장에서, "빵을 들고 찬미를 드리신 다음 그것을 떼어 그들에게 나누어 주셨을 때" 제자들이 예수님을 알아보았다고 한다(루카 24,30). 제자들에게 이것은 익숙하게 보아온 예수님의 동작이 될 것이다. 루카의 맥락에서 오천 명을 먹이신 이야기는 제자들과 예수님 사이의 역동을 특별히 강조하는데, 거기에 성찬례가 의미하는 바가 있다.

먹을 음식을 이야기하기에 빵과 물고기가 언급되었지만, 특히 '빵'은 의미가 아주 풍부하다. 신앙과 친교를 나누는 가운데 축복되고 먹히는 빵은 하느님 말씀에 가깝다. 이 대목의 전형적인 의미는 무엇보다도 황량한 곳에서 백성을 배부르게 먹이는 하느님의 빵이다. 곧 광야에서 이스라엘 백성을 먹였던 기적의 만나를 회상하게 한다(탈출 16,4-36). 또한 엘리사 전승(2열왕 4,42-44)과 연결되며 예수님은 예언자처럼 굶주린 백성을 배불리시고, 예언자보다 훨씬 풍요롭게 먹이신다는 것을 보여주고 있다.

그런데 이 기사 다음에 군중의 반응이 소개되지 않는 것은 이 기적이 무엇보다도 제자들에게 더 의미 있는 사건임을 드러낸다. 남은 조각이 열두 광주리라는 의미도 12절에서 강조된 열둘의 상징과 연관된다. 빵을 나누어 준 이들도 열둘이고 남은 조각을 모아 헤아린 이들도 열두 제자이니, 그들에게 이 일은 더욱 깊은 의미를 지니고 각인되었을 것이다.

(4) 하느님의 그리스도 9,18-21

18절

"예수님께서 혼자 기도하실 때에 제자들도 함께 있었는데…." 예수님께서 기도하시는 장면은 대체로 중요한 사건이 전개될 때 소개된다. '혼자 기도하실 때에'라는 구문에서 예수님이 오천 명을 먹이신 장면과는 완전히 다른 시간과 장소에 계신 것을 알 수 있다. 그 기도 자리에 제자들이 함께 있다. 그리고 그분은 "군중이 나를 누구라고 하느냐?" 하고 물으셨다. 7-9절의 이 모든 일을 보고 들은 이들의 반응과 '이 사람은 누구인가' 하는 헤로데의 질문이 연상되는 말씀이다.

19-20절

제자들이 대답한다. "세례자 요한이라고 합니다. 그러나 어떤 이들은 엘리야라 하고, 또 어떤 이들은 옛 예언자 한 분이 다시 살아나셨다고 합니다." 그러자 제자들에게 재차 물으신다. "그러면 너희는 나를 누구라고 하느냐?" 이에 베드로가 "하느님의 그리스도이십니다"(톤 크리스톤 투 테우 Tòν Χριστòν τοῦ θεου) 하고 대답한다. 하느님의 그리스도는 '하느님의 메시아', 곧 '하느님의 기름부음받은이'와 같은 말이다. 베드로의 고백은 오천 명을 먹이신 기적은 물론 헤로데의 질문에도 답이 된다. 이 질문은 복음서 전반부에서부터 줄곧 이어져 왔으며 이제 절정에 다다르고 있다.

7,19	오실 분이 선생님이십니까?
7,39	저 사람이 예언자라면
7,49	저 사람이 누구이기에 (죄까지 용서해주는가?)
8,25	도대체 이분이 누구시기에 (바람과 물에게 명령하시고 또 그것들이 … 복종하는가?)
9,9	소문에 들리는 이 사람은 누구인가?
9,18	군중이 나를 누구라고 하느냐?
9,20	그러면 너희는 나를 누구라고 하느냐?

루카복음은 처음부터 예수님을 하느님의 메시아로 이야기해왔다.

1,32-33	주 하느님께서 그분의 조상 다윗의 왕좌를 그분께 주시어, 그분께서 야곱 집안을 영원히 다스리시리니 그분의 나라는 끝이 없을 것이다.
2,11	오늘 너희를 위하여 다윗 고을에서 구원자가 태어나셨으니, 주 그리스도이시다.
2,26	성령께서는 그에게 주님의 그리스도를 뵙기 전에는 죽지 않으리라고 알려주셨다.
3,15	백성은 기대에 차 있었으므로, 모두 마음속으로 요한이 메시아가 아닐까 하고 생각하였다.
4,18	주님께서 나에게 기름을 부어주시니 주님의 영이 내 위에 내리셨다.
4,41	당신이 그리스도임을 그들이 알고 있었기 때문이다.
7,22	요한에게 가서 너희가 보고 들은 것을 전하여라. 눈먼 이들이 보고 다리 저는 이들이 제대로 걸으며, 나병 환자들이 깨끗해지고 귀먹은 이들이 들으며, 죽은 이들이 되살아나고 가난한 이들이 복음을 듣는다.

요한에게 준 답변은 그 이후 이뤄진 가르침과 치유까지 포함하고 있다. 그리고 그렇게 증언하고 질문에 답을 해주며 그에 적절한 응답 곧 믿음을 촉구해왔다. 사람들은 예수님이 하신 일을 체험하며, 곧 그분께 가르침을 듣고 그분께 치유를 받으며 그분의 힘과 능력을 믿었다. 그리고 그분의 정체성에 가까이 다가가고 있었다. 군중은 세례자 요한이 메시아가 아닐까 생각하고 있을(3,15) 정도로 메시아를 기대하고 있으며 예수님 현존의 힘을 체험하고 있었고, 세례자 요한은 예수님께 오실 분이 당신이시냐고 물었다(7,19). 그리고 이제 처음으

로 열두 제자 중의 하나인 베드로가 명확하게 "하느님의 그리스도이십니다" 하고 예수님의 신원을 통찰하고 고백한다.

루카는 베드로를 통하여 제자들이 그들의 주님을 이미 갈릴래아에 있을 때부터 알고 있었으며, 그래서 수난 전에 그리스도라고 명확하게 고백했다는 것을 드러낸다. 루카는 제자들이 예수님의 수난을 제대로 이해하지 못했다는 것에 큰 중요성을 부여하지 않는다. 그렇다고 해서 십자가가 그들을 놀라고 흔들리게 하지 않았다는 것은 아니다. 루카는 교회론과 그리스도론을 염두에 두고 독자들이 베드로가 잘 대답했다는 것을 알게 되기를 의도했다. 교회의 고백은 부활 이전 시간에 견고하게 뿌리내리고 있다는 것이다. 루카복음은 처음부터 예수님이 누구신지 예언의 성취를 통해 밝히며 시작되었다.

21절

"그러자 예수님께서는 제자들에게, 그것을 아무에게도 말하지 말라고 엄중하게 분부하셨다." 왜 아무에게도 말하지 말라고 하셨을까? 그 이유를 두 가지로 짚어볼 수 있다. 하나는 22절에 이어지는 그리스도 됨의 내용을 제대로 인식하지 못한 채 그리스도 호칭을 사용하는 것은 위험하기 때문일 것이다. 그리스도에 대한 세상의 정치적 해석과는 너무도 다르기 때문에 큰 오해가 초래된다. 다른 하나는 예수님이 그리스도이심을 결코 믿지 못하는 백성의 지도자들에게 너무 빨리 이 정보가 입수되어, 메시아의 일정이 채 마무리되기도 전에 폭력적으로 끝나게 되면 안 되기 때문일 것이다.

(5) 수난과 부활의 첫 번째 예고 9,22

예수님은 '하느님의 그리스도'이시라는 명백한 신원 고백 후에 바로 수난 예고가 이어진다. 예수님께서 말씀하신다. "사람의 아들은 반드시 많은 고난을 겪고 원로들과 수석 사제들과 율법학자들에게 배척을 받아 죽임을 당하였다가 사흘 만에 되살아나야 한다." 여기에 '하느님의 그리스도'라는 칭호 대신에 '사람의 아들'이란 표현을 통하여 고난, 배척, 죽음 그리고 부활을 알리셨다. 베드로를 비롯한 제자들이 예수님의 신원에 대해 하느님의 그리스도라고 고백하게 되는 것은 루카복음서 전반부의 성과이기도 하지만, 동시에 그것이 앞으로 무엇을 의미하는지를 밝히는 토대가 되며 새로운 단락을 예고한다.

그리고 이 수난 예고에서 두 가지 요소가 보인다. 하나는 '반드시 … 해야 한다'라고 번역된 데이(δεῖ)다. 이 단어는 '그것은 필요하다' 혹은 '반드시 … 해야만 한다'라는 뜻의 비인칭 동사로, 여기서는 반드시 이뤄질 하느님의 계획이 있다는 사실을 드러낸다(사도 2,23 참조). 다른 하나는 고난에 대한 예고다. 죽음뿐만 아니라 고통을 겪게 된다는 것인데, 루카복음에서 고난은 그리스도교 메시아사상의 표징이다(사도 26,23 참조). 배척당함과 죽음을 포함하는 고난은 하느님의 뜻을 이루는 데 필수 요소이다(루카 18,31; 22,37; 24,25-27.46 참조). 이 필연은 어쩔 수 없이 따라야 하는 운명적인 불가피함이 아니라 하느님의 뜻에 순종하는 도덕적 필연이다.

유다교의 최고 권위는 예수님에 대해 아포도키마조(ἀποδοκιμάζω)한다. 이 단어는 '시험을 해보고 쓸모없다고 선언한다'는 것이고, 그래서 '거부하다'라는 뜻이다. 예수님께서 원로들과 수석 사제들과 율법학자들에게 배척을 받았다는 것은 하느님께서 보내신 분을 합당하지 않다고 선언하고 밀어냈다는 뜻이다. 그는 일반적으로 죽는 것이 아니라 죽임을 당할 것이다. 그들이 죽일 것이기에(아포크테이노 ἀποκτείνω의 수동태인 아포도키마스테나이 ἀποδοκιμασθῆναι), 최고 의회의 결정으로 이뤄진 '살해되었다가'(죽임을 당하였다가)에 살인이라는 단어가 사용되었다. 사도 3,15에서 베드로가 같은 단어를 능동태로 사용하여 이 일을 전할 것이다. "여러분은 생명의 영도자를 죽였습니다." 그러나 하느님의 활동은 계속되며, 예수님은 하느님의 계획 안에서 다시 살아나실 것이다.

2) 제자의 길 9,23-50

예수님이 하느님의 그리스도이심과 그분의 길에 대한 예고가 이어졌고, 이제 그러한 분을 따름에 대한 내용이 23-50절에 소개된다.

갈릴래아 활동 3: 9,1-50	
1) 예수님의 신원 (9,1-22)	(1) 열두 제자 파견(9,1-6) (2) 이 사람은 누구인가?(9,7-9) (3) 오천 명을 먹이시다(9,10-17) (4) 하느님의 그리스도(9,18-21) (5) 수난과 부활의 첫 번째 예고(9,22)
2) 제자의 길 (9,23-50)	(1) 예수님을 따르기(9,23-27) (2) 거룩한 변모: 그의 말을 들어라(9,28-36) (3) 더러운 영에 들린 아이 치유(9,37-43ㄱ) (4) 수난과 부활의 두 번째 예고(9,43ㄴ-45) (5) 제자들 가운데 가장 작은 사람(9,46-48) (6) 반대하지 않는 이(9,49-50)

(1) **예수님을 따르기** 9,23-27

23절

예수님께서 열두 제자뿐만 아니라 모든 사람에게 말씀하신다. 그분은 모두에게(프로스 판타스 πρὸς πάντας) 말씀하실 뿐 아니라 "누구든지"(티스 τις)라는 표현을 사용하여 그 누구도 예외 없이 모든 제자에게 적용되는 조건을 제시하신다. "누구든지 내 뒤를 따라오려면, 자신을 버리고 날마다 제 십자가를 지고 나를 따라야 한다." 이 말씀에는 제일 먼저 바로 예수님이 자신을 버리고 당신 십자가를 지고 가신다는 의미가 내포되어 있다. 그리고 그분의 제자의 길은 그분의 길과 닮아 있다. 예수님의 뒤를 따른다는 것은 단순히 문하생이 되는 것이 아니라 십자가에 못 박히신 분을 따르는 것, 고난을 겪고 배척을 받고 죽임을 당한 그리스도를 따라서 자신의 전 존재로 삶을 결정하고 본받는 것이다.

'날마다'라는 부사는 따름의 이 자세가 결정적인 한 방으로 예수님처럼 십자가 위에서 죽는 것이 아니고, 일상에서 매일 실행해야 하는 삶의 태도라는 것을 가리킨다. 루카가 복음서 전체에서 드러내는 제자의 고유한 모습 중 하나는 예수님과 함께 걷는 사람이다. 제자들은 부르심을 받은 이후 예수님과 함께 계속 걷고 있다. 마지막 24장에서는 한 폭의 그림처럼, 엠마오로 가는 길을 함께 걸으며 제자들에게 성경을 풀이해주시는 예수님의 모습이 부각된다. 뿐만 아니라 루카가 고유하게 편집한 단락들이 모여 있는 9,51-19,27은 예수님께서 제자들과 함께 예루살렘으로 걸어가시는 여정을 묘사한다. 예수님이 갈릴래아에서 공생활을 마치시고 예루살렘에서 수난과 죽임을 당하시기 전에, 두 지역을 잇는 그 길을 제자들은 예수님과 함께 걸으며 보고 듣고 배우는 특별한 시간을 가진다.

이런 맥락에서 23절을 보면, 조건문 "내 뒤를 따라오려면"에 '오다'(에르코마이 ἔρχομαι) 동사를 사용하여 예수님 편에서 바라보는 시각을 제시한다. 우리 편에서 보면 그것이 예수님께 가는 길이다. 예수님께 가서 그분과 함께 그분 뒤에서 걷는 것이다. 그리고 주절에 세 번째 명령형으로 쓰인 동사는 '아콜루테오'(ἀκολουθέω)인데, '따르다.

동반하다'라는 뜻이다. 그러니까 처음과 끝에 나타난 동사가 모두 예수님을 따르는 자세의 기본 바탕은 그분과 함께 걷는 것임을 강조한다. 이 바탕 위에서 특별한 고유의 태도, 함께 걷는 양상이 명령형 동사 두 개 '자신을 버려라, 자신의 십자가를 져라'로 제시된다. 이것은 이미 '오다', '따르다'와 함께 쓰인 "내 뒤"(오피소 무 ὀπίσω μου)와 "나를"(모이 μοι)이 가리켰던 내용이다. '예수님 뒤로 오는 것'과 '예수님을 따르는 것'은 바로 자신을 버리고 십자가를 지는 것과 직결된다.

예수님께 가려면 먼저 떠나야 한다. 구약성경에서 아브라함에게 하느님 뜻에 순종하여 길을 가는 첫출발로 제시된 명령은 고향과 친족과 아비 집을 떠나는 것이었다. 여기서 예수님의 제자 되는 첫출발은 "자신을 버리고"(아르네사스토 헤아우톤 ἀρνησάσθω ἑαυτὸν) 곧 '자기 자신을 부정하고'이다. 이것은 심리학적인 견지에서가 아니라, 자신의 권리, 이익, 위치를 주장하지 않는다는 의미다. 필리 2,6-7이 이 상태를 적절히 드러내준다. "그분께서는 하느님의 모습을 지니셨지만 하느님과 같음을 당연한 것으로 여기지 않으시고, 오히려 당신 자신을 비우시어 종의 모습을 취하시고 사람들과 같이 되셨습니다." 왜냐하면 예수님이 하느님 뜻에 순명하며 필연적으로(22절: 데이 δεῖ) 그렇게 십자가의 길을 가셨기 때문이다. 자신을 버린다는 것은 자신의 뜻대로 가지 않고, 사람의 아들이 갈 길인 22절이 제시하듯이 그렇게 해야만 하는 필연, 곧 하느님의 뜻대로 가는 것을 말한다. 자신을 버리고 하느님의 뜻을 따르며 예수님과 함께 걸을 때 필연적으로 감당해야 할 것이 있기 마련인데 그것이 곧 지고 가야만 하는 십자가이다. 이어지는 필리 2,8도 이에 부합한다. "당신 자신을 낮추시어 죽음에 이르기까지, 십자가 죽음에 이르기까지 순종하셨습니다."

24절

"정녕 자기 목숨을 구하려는 사람은 목숨을 잃을 것이고, 나 때문에 자기 목숨을 잃는 그 사람은 목숨을 구할 것이다." 사람은 자신의 목숨을 구하기를 원할 때 엄밀하게 말해서 자기 목숨을 못 구한다. '목숨을 구하는 것' 그 자체가 부정적인 뜻을 가지지는 않는다. 오히려 우리가 우리의 생명을 구하는 것은 하느님의 뜻이다. 그런데 24절이 단죄하는 것은 이것을 자기 행동, 자신의 일과 자신의 생각을 담보로 하여, 스스로 이루리라 자부하면서 자기 자신을 구하고 싶어 하는 것이다. 다시 말해 사람은 자기 자신의 이익만을 위해서 자신의 목숨을 보존하려 하면 실패하고, 다른 이에게 목숨을 내어줄 때에만 그 목숨이 그에게 속하게 된다. 사람 생명의 기초가 본디 하느님이고, 그 생명의 성취 역시 하느님이시기에 이런한 특질을 지니는 것이다. '자기 목숨을 잃는 것' 자체는 표면상으로만 보면 잃은 생명이다. 그런데 여기에 붙은 조건문 "나 때문에"는 예수님과의 통교나 친교로 말미암아 그렇게 된다는 뜻을 가지므로 상황이 달라진다. 제자의 삶은 주님과의 친교를 이루는 삶이니, 그런 삶을 사는 이들은 하느님께서 구원하고 지켜주실 것이다.

25절

"사람이 온 세상을 얻고도 자기 자신을 잃거나 해치게 되면 무슨 소용이 있느냐?" 이 구절은 자기 목숨을 구하려는 바람을 '세상을 얻기 위한' 바람처럼 묘사하면서, 모든 것을 소유하고자 하는 의지의 행위가 자기 자신의 상실로 나타나는 결과를 표현했다. 사실 '사람이 온 세상을 얻고도 자기 자신을 잃거나 해치게 되면 아무 소용이 없음'은 설명할 필요도 없이 자명한 진실이다. 결국 가장 중요한 것은 나를 잃지 않음인데, 그 방법이 내 목숨보다 주님을 첫자리에 놓는 것이다. 이 말씀은 '자신을 버리고…' 구절과 같은 내용이다.

26절

"누구든지 나와 내 말을 부끄럽게 여기면…." 부끄럽게 여긴다는 것은 적대적인 환경으로부터 자신의 유익이나 관심에 대해 압력을 받을 때, 곧 우리 자신이 예수님, 혹은 그분의 가르침과 관련되어 있다고 판단 받는 것을 꺼려하고 부인하는 것이다. 어떤 위협에 의해 그렇게 되든지 간에 예수님을 부인하면 사람의 아들이 영광에 싸여 다시 오실 때 상응하는 대접을 받으리라는 것이다. 비슷한 내용이 12,8-9("내가 너희에게 말한다. 누구든지 사람들 앞에서 나를 안다고 증언하면, 사람의 아들도 하느님의 천사들 앞에서 그를 안다고 증언할 것이다. 그러나 사람들 앞에서 나를 모른다고 하는 자는, 사람의 아들도 하느님의 천사들 앞에서 그를 모른다고 할 것이다")에 이중으로 균형 있게 표현되어 있다.

이 둘을 비교하기도 하지만, 여기 26절은 단순히 부인하는 경우만 제시하여 25절과 병행을 이루면서 12,8-9과는 다른 뜻을 전하고 있다.

말하자면 25절을 다시 한번 설명하는 구절이다. 온 세상을 얻기를 바라는 이는 세상을 얻기 위해 세상을 따르게 되므로, 예수님과 예수님의 가르침을 부끄러워하고 부인하며 따르지 않게 된다는 것이다. 그 결과로 사람의 아들도 그를 부끄러워하는데 그것은 곧 자기 자신을 잃는다는 것이다. 26절의 '부끄러워하다'라는 단어가 좀 더 명확하게 무엇을 가리키는지 알아볼 필요가 있다. 여기에 '시인하다, 고백하다'(호모로게오 ὁμολογέω), 혹은 '부인하다'(아르네오마이 ἀρνέομαι)라는 단어군이 아니라 '부끄러워하다'(에파이스키/퀴노마이 ἐπαισχύνομαι)라는 동사를 사용하였는데, 이는 믿음이 지성과 이성의 문제이기도 하지만 마음의 문제라는 것을 가리킨다. 이 사안은 당대 상황과 관련이 있다. 내가 받은 것, 내가 관계 맺고 있는 것에 대해 다른 사람들의 시선이나 판단의 압력에 굴복하지 않고 문화적으로 용기 있게 증언하기 위해서는 내적 굳건함과 명확한 책임감을 가져야 한다. 우리는 일반적으로 '그렇게 해야만 하는 것'을 하지 않는 사람과 어울리는 것을 부끄러워한다. 예수님이라는 인격과 그분의 가르침은 스캔들이 될 수 있는 처지였다. 당대에 그리스도인들은 유다인들과 그리스인들 사이에서 이 부끄러움을 극복해야만 했다.

27절

"죽기 전에 하느님의 나라를 볼 사람들이 더러 있다." 이 말에서 시메온을 떠올릴 수 있다. 그는 죽기 전에 '주님의 그리스도'를 보리라는 약속을 받았고(2,26), 죽기 전에 '주님의 구원'을 보았다(2,30)고 고백했다. 17,20-21에서 예수님은 하느님의 나라가 언제 오느냐는 바리사이들에게 "보라, 하느님의 나라는 너희 가운데에 있다" 하고 명시적으로 말씀하실 것이다. 예수님과 더불어 하느님 나라는 이미 여기, 현재에 있다. 물론 아직 모든 권능을 가지고 완전히 실현된 것으로는 아닐지라도 그러하다.

여기서 예수님이 말씀하신 하느님의 나라와 사람의 아들의 재림은 다르다. 그럼에도 불구하고 27절에는 말로 표현하는 지금과 실제 '하느님 나라를 보는 것' 사이에 시간의 경과가 있다는 인식이 나타난다. 그러한 인식은 '볼 것이다'라는 미래형에 표현되어 있다. 이것은 믿고 따르는 이들에게 달린 가능성을 표현하는 말이다. 우리는 예수님 자신이 당신의 활동과 하느님의 나라를 연결하여 하신 말씀을 들을 수 있다. "그러나 내가 하느님의 손가락으로 마귀들을 쫓아내는 것이면, 하느님의 나라가 이미 너희에게 와 있는 것이다"(루카 11,20). 그러니 예수님을 따르는 제자들 중 더러는 죽은 뒤 먼 미래에 볼 수 있을 뿐만 아니라 살아 있는 동안에도 하느님 나라를 보리라는 말씀이다.

(2) 거룩한 변모: 그의 말을 들어라 9,28-36

예수님의 거룩한 변모 이야기는 "이 말씀들 후에"(메타 투스 로구스 투투스 μετὰ τοὺς λόγους τούτους) 이어 일어난 일이다. '이 말씀들'은 예수님께서 수난, 죽음 그리고 부활을 예언하신 말씀, 이어서 그와 관련하여 제자가 가야 할 길에 대한 말씀을 가리킨다. 거룩한 변모는 이 말씀들에서 제기될 수 있는 의혹과 질문과 두려움에 주어진 답변이다. 하느님께서 기도하는 예수님에게서 거룩한 모습을 드러내시고 하늘에서 목소리를 들려주셔서 예수님의 예언적 선언(22절)을 확인하신다. 예수님께서 당신의 메시아 고난을 첫자리에 놓으셨을 때 하느님은 아드님의 영광을 드러내셨다. 또한 예수님의 거룩한 변모는 예수님과 함께 가는 제자의 길도 확인한다. 이 장면에 토라와 예언서를 대표하는 인물들의 권위와 하늘의 목소리라는 천상 권위가 함께 등장하여 예수님이 제시하신 따름의 길을 보장하고 있다.

28절

"이 말씀을 하시고 여드레쯤 되었을 때, 예수님께서 베드로와 요한과 야고보를 데리고 기도하시러 산에 오르셨다." '이 말씀을 하신 후'라는 표현을 통하여 이어질 이야기는 앞의 이야기에 밀접하게 연결된다. 마르코복음의 '엿새 후'를 '여드레쯤'으로 바꾼 이유가 드러나지 않는데, '여드레쯤'이란 대략 '일주일 후'라는 말일 수 있고, 33절에 근거하여 초막절 시기(레위 23,34)를 암시할 수도 있다. 분명히 알 수 없으나 이 이야기의 메시지 이해에 미치는 영향은 적다. 예수님께서 산에 오르신 목적은 기도이다. "기도하시러 산에 오르셨다."

29절

29-31절에 걸쳐서 예수님께서 기도하시는 중에 변한 모습과 함께 대화를 나누시는 사람들이 묘사된다. 먼저 29절 "그 얼굴 모습이 달라지고 의복은 하얗게 번쩍였다"(에게네토 … 투 프로소푸 아우투 헤테론 ἐγένετο … τοῦ προσώπου αὐτοῦ ἕτερον). 여기서는 마르코가 사용한 변형되다(메타모르포오 μεταμορφόω) 동사 대신 에게네토(일어나다, 생기다) 동사와 '다르다'라는 형용사를 사용하여 '그의 얼굴 모습이 다르게 되었다'라고 묘사하였는데, 이는 루카복음서 시대에 이교도들 사이에 통용되던 미신적 변형과의 연결을 피하기 위해서이다. 여기 나오는 '얼굴'(프로소폰 πρόσωπον)은 내적 인간을 가리킬 수도 있다. 여기서 달라진 것은 얼굴(프로소폰)이 나타내는 정체성이 아니라 형태(에이도스 εἶδος)로 표현된 외모이다. 즉, '달라지고'가 가리키는 바는 존재의 변화가 아니라 예수님과 다른 이들의 관계의 변화 그리고 다른 이들이 그분과 맺는 관계의 변화이다. 이를 통해 루카는 예수님이 본래 갖고 계시던 것은 달라지지 않았고, 단지 예수님이 진정한 정체성과 빛나는 외모를 잠시 취하셔서 다른 사람들을 위한 신적 표징을 보여주신 것이라고 일러준다. 그러니까 '다른 모습'은 예수님과 하느님 사이의

관계를 표현한 것이다. 예수님은 지금 기도를 통하여 하느님과 올바른 관계 안에 계시다. 또 "의복은 하얗게 번쩍였다"며 같은 양상으로 예수님의 의복을 말한다. 의복에 관한 말들, 흰색과 광채가 나는 것 둘 다 구약성경의 묵시적 개념에서 온 것이다. 일반적으로 옷이 사회적 계급을 드러내고 넓은 의미에서 정체성을 표현한다는 것을 전제하면, 29절에 사용된 언어들은 예수님이 지금 신적 영역에 속해 있음을 드러낸다. 제자들은 기도하시는 예수님이 하느님과의 관계에서 신적 영역에 머물러 계신 것을 보고 있다.

30-31절

"그리고 두 사람이 예수님과 이야기를 나누고 있었다. 그들은 모세와 엘리야였다." 두 사람은 하느님의 산 시나이(호렙)에서 하느님을 만났으며, 이스라엘 백성 전체를 위해 하느님의 일을 한 하느님의 사람들로 모세는 토라를 상징하고 엘리야는 예언자를 상징한다. 그러한 둘이 거기 있는 이유는 율법과 예언서가 그리스도의 운명을 미리 이야기하고, 무엇보다도 고난을 받아야 한다고 말하기 때문이다(루카 24,27: "모세와 모든 예언자로부터 시작하여 성경 전체에 걸쳐 당신에 관한 기록들을 그들에게 설명해주셨다"; 참조 사도 26,22ㄴ; 루카 24,44).

이 맥락에서 31절의 내용이 그 의미를 드러낸다. "그들은 예수님께서 예루살렘에서 이루실 일, 곧 세상을 떠나실 일을 말하고 있었다." 그 두 사람이 예수님과 대화를 나누고 있는데 주제는 그분의 떠남에 관한 것, 곧 그분의 수난과 죽음과 부활이다.

ἔλεγον τὴν ἔξοδον αὐτοῦ,	ἣν ἤμελλεν πληροῦν ἐν Ἰερουσαλήμ
엘레곤 텐 엑쏘돈 아우투,	엔 에멜렌 플레룬 엔 예루살렘
말하고 있었다.	
그분의 떠남(엑소더스)을,	이루실 일을 예루살렘에서

31절 그리스어 문장에서는 그분의 떠남에 대해 말하는 절이 먼저 나타난다. 루카가 사용한 단어 '떠남'(엑소더스 ἔξοδος)은 이중의 의미를 지니고 있다. 하나는 역사적인 이야기의 끝에 속하는 예수님의 죽음이다. 다른 하나는 그 신비로운 사건이 하나의 신탁으로서 곧 다가올 미래 일을 신중하게 선언하고, 부활의 약속을 암시한다(24,49). 루카는 예수님의 죽음을 표현하기 위하여 완곡어법으로 '떠남'이란 단어를 사용하지만 이 죽음이 하느님 계획의 끝이 아니라는 것을 알고 있다. '엑소더스', 예수님의 길은 계속될 것이고 그분을 수난과 죽음으로, 부활 그리고 승천으로 이끌 것이다. 24장에서 루카는 이 마지막 사건을 이별로, 떠남으로 이야기할 것이다(24,50-51: "예수님께서는 … 나가신 다음, … 그들을 떠나…").

그 일은 이제 막 예루살렘에서 이루시려는 일이다(31ㄴ). 구원 계획의 결정적인 완성은 이제 거의 가까웠는데 예루살렘에서 이루어질 것이다. 예루살렘은 예언자들이 죽을 곳이며(13,33), 예수님의 최종 목적지다. 이 지명과 더불어 '채우다, 완성하다'라는 뜻의 플레로오(πληρόω) 동사가 사용되었다. 채우거나 완성해야만 하는 일은 구원 계획과 관련된 하느님의 뜻이다.

32-34절

기도하시러 가시는 예수님과 함께 산에 올랐던 세 제자의 상황이 32절에 소개된다. 예수님이 기도하실 때 제자들은 잠에 빠졌다는 말은 시간이 밤이라는 것을 암시하며 예수님은 밤샘 기도를 하신 것으로 보인다. 그들은 잠에 빠졌다가 깨어나 예수님의 영광을 본다. 29절에 묘사된 예수님의 모습을 본 것이다. 그리고 그분과 함께 서 있는 두 사람도 보았다. 33절 베드로의 말을 감안하면 제자들은 그 두 사람이 모세와 엘리야인 것을 단박에 알아보았다. 그들이 '영광에 싸여' 나타났으니(31절), 영광은 하느님 현존과 관련된 광채일 것이기에 그들임을 드러내는 무엇인가가 있었으리라 짐작할 뿐이다. 어떻게 알아보았든지 간에 두 사람은 유다 신앙에서 출현하기를 고대하던 인물들이다. 성경에 그들에 대한 약속이 나타나기 때문이다(신명 18,15.18; 말라 3,23). 그래서인지 그 두 사람이 예수님에게서 떠나려고 하니 베드로가 다급하게 그들을 이곳에 계속 머물게 하는 방법을 제시한다. 초막 세 개를 지어드리겠다고 한다(33절). 그리고 무엇보다도 그는 그 광경을 본 기쁨과 함께 있음의 좋음을 표현한다. '주님, 저희가 여기 있는 것이 좋습니다'(에피스타타 칼룬 에스틴 헤마스 호데 에이나이 ἐπιστάτα, καλόν ἐστιν ἡμᾶς ὧδε εἶναι). 에피스타타를 사용하여 예수님이 스승 이상인 주님이심을 암시하고, 칼로스(καλός)라는 단어를 사용하여 '좋다. 멋지다'라는 의미를 드러낸다.

"베드로가 이렇게 말하는데 구름이 일더니 그들을 덮었다. 그들이 구름 속으로 들어가자 제자들은 그만 겁이 났다"(34절). 구름이 그들을 덮었다는 표현과 제자들이 겁을 냈다는 표현은 이 현상이 하느님의 영광과 현존의 상태임을 인식하였다는 말이다. 사실 묵시문학에서 구름은 하느님 현존의 도구로 이해되었다. 그런데 여기서 말하는 '그들은' 누구를 가리키는 것인지 명시되지 않았는데, 일반적으로 예수님과 그 두 사람으로 추정한다.

35절

"이어 구름 속에서 … 하는 소리가 났다." 구름으로부터 들려오는 소리는 하느님의 것인데, 구름 속에서 소리가 나서 구름 밖에 있는 제자들에게 소리가 들린 것이다.

9,35	구름 속에서 "이는 내가 선택한 아들이니 너희는 그의 말을 들어라" 하는 소리가 났다. οὗτός ἐστιν ὁ υἱός μου ὁ ἐκλελεγμένος, αὐτοῦ ἀκούετε
3,22	하늘에서 소리가 들려왔다. "너는 내가 사랑하는 아들, 내 마음에 드는 아들이다." σὺ εἶ ὁ υἱός μου ὁ ἀγαπητός, ἐν σοὶ εὐδόκησα

세례 장면(3,22)에도 하늘에서 들려오는 소리가 있는데 여기 장면과 비슷한 듯하면서도 다르다. 그곳에서는 '너는'(수 σù) 하면서 오직 예수님을 향해 예수님 자신에 대해 하시는 말씀이라면, 여기는 인칭대명사 주격 남성 단수로 '이 사람은'(후토스 οὗτός) 하면서 제자들에게 예수님에 대해 들려주시는 말씀이다. 그곳에서는 하느님과 예수님의 관계의 정도가 표현되었다면, 여기는 '내가 선택한 내 아들'(호 휘오스 무 호 에클레레그메노스 ὁ υἱός μου ὁ ἐκλελεγμένος)이라고 한다. 이 말씀은 하느님과 예수님의 관계를 표현하기도 하지만, 글자 그대로 볼 때 완료수동형 분사인 '선택된'(에클레레그메노스 ἐκλελεγμένος)은 사람들과의 동질성과 차별성을 동시에 가리키는 말로, 사람 사이에서의 관계도 드러내고 있다.

이러한 관계성을 지닌 예수님을 두고 내리시는 하느님의 명령이 이어진다. '그의 말을 들어라.' 명령형 2인칭 복수 아쿠에테(ἀκούετε)를 써서 '너희는 들어라'이다. 예수님의 말씀을 듣고 순종하라는 뜻이다. 초막 셋을 언급한 베드로의 말을 상기하면, 떠나가는 성경의 두 인물에 연연하지 말고 하느님이 택한 사람이고 하느님의 아들이신 예수님의 말씀을 듣고 따르라는 명령이다. 그러니 이제 그들은 그분의 말씀을 듣고 따름으로써 응답하고 결정해야 한다.

36절

"이러한 소리가 울린 뒤에는 예수님만 보였다." 거룩한 변모 장면에서 구름 속에서 들려온 소리는 이 장면의 정점이며 계시의 끝이다. 그 뒤 홀로 계신 예수님만 보였다. 그리고 제자들이 침묵을 지켰다는 말이 나온다. "제자들은 침묵을 지켜, 자기들이 본 것을 그때에는 아무에게도 알리지 않았다." 이 문장은 제자들이 무엇인가를 체험하였음을 분명히 일러주지만 한편으로 그것은 당혹스럽고, 선불리 말할 수 없는 부분이었음을 드러낸다. 그래서 그들이 이 사건을 아무에게도 알리지 않았다고 표현하며, 동시에 이 장면에서 그들이 침묵했음도 나타낸다.

여기서 문장이 이어질 때, '구름 속에서 들려온 하늘의 소리', '홀로 계신 예수님', '그리고 침묵을 지키는 제자들'이라는 단어들의 나열은 그 자체로 비장함을 드러낸다. 직전에 나왔던 예수님을 따르는 십자가의 길 이야기와 31절의 '예루살렘에서 이루실 일, 곧 세상을 떠나실 일' 내용과 함께 이어지는 문맥이 전하는 메시지이기도 하다.

(3) 더러운 영에 들린 아이 치유 9,37-43ㄱ

37절

"다음 날 그들이 산에서 내려가니 많은 군중이 그분께 마주 왔다." 예수님과 제자들이 산에 기도하러 가서 밤을 지내고 내려온다. 많은 군중이 그들을 기다렸고, 만나러 온다. '만나다'는 뜻의 수난타오(συναντάω) 동사가 그들의 기다림을 말해준다.

38-40절

군중 속에서 한 남자, 아버지가 외아들을 봐달라고 예수님께 외치며 간청하는 소리가 들려온다. 세 개 절이 그 아이의 상태와 상황을 묘사하는 데 쓰였다. 제일 먼저 아버지는 청원을 드러낸다. "스승님, 청하건대 부디 제 아들을 보아주십시오. 저의 외아들입니다." 자기 외아들을 한번 보아달라고 한다. '주의 깊게 보다'라는 뜻의 에피블레포(ἐπιβλέπω) 동사를 사용하여 치유하실 수 있는 분의 자비, 능력이 가득한 시선으로 자기 외아들을 봐달라고 청한다.

그리고 "영이 아이를 사로잡기만 하면 아이가 갑자기 소리를 지릅니다. 영은 아이를 뒤흔들어 거품을 물게 합니다. 그리고 아이에게 온통 상처를 입히면서 좀처럼 떨어지지 않습니다" 하며 영이 아이를 괴롭힌다고 알린다. "그래서 스승님의 제자들에게 저 영을 쫓아내달라고 청하였지만, 그들은 쫓아내지 못하였습니다" 하며 현재 상황을 알린다. 그러니 예수님께 친히 해주십사고 청하는 것이다.

41-42절

"아, 믿음이 없고 비뚤어진 세대야! 내가 언제까지 너희 곁에 있으면서 너희를 참아주어야 한다는 말이냐?" 예수님의 이 말씀에서 '믿음이 없고 비뚤어진 세대'와 '너희'가 누구를 가리키는지, 제자들만인지 넓게 군중까지 다 포함한 이들인지 명확하게 드러나지 않는다. 기적이 일어난 이후의 반응으로 "하느님의 위대하심에 몹시 놀랐다"(43

ㄱ절)라고 말하는 부분에서 "사람들이 모두"(판테스 πάντες) 그랬다는데, 이 표현은 제자들과 군중을 함께 지칭하는 것으로 볼 수 있다. 예수님께서 하신 일을 두고 당연히 제자들도 군중도 놀라워했을 것이기 때문이다.

'이 세대'라는 단어 중심으로 살펴보면 이 세대에 대한 이런 종류의 비판은 뒷부분에 몇 군데 더 나온다. "이 세대는 악한 세대다. 이 세대가 표징을 요구하지만 요나 예언자의 표징밖에는 어떠한 표징도 받지 못할 것이다"(11,29); "그러니 세상 창조 이래 쏟아진 모든 예언자의 피에 대한 책임을 이 세대가 져야 할 것이다"(11,50); "그러나 그는 먼저 많은 고난을 겪고 이 세대에게 배척을 받아야 한다"(17,25). 이러한 맥락에서 '이 세대'는 모여든 많은 군중을 가리킨 말씀이라고 볼 수 있다. 그런데 예수님의 이 말씀 앞에, 그 영을 쫓아내지 못한 제자들의 무능력이 표현되었다. 누군가 말하는 대로 예수님의 전능하심과 대조되는 무능력이라고 할 수 있으나, 예수님의 능력을 부각시키기 위해 제자들의 무능력을 표현한 것 같지는 않다. 여기서 드러내는 것은 아마도 마르코복음에서처럼 루카복음에서도 제자들의 부족한 기도를 단적으로 표현하지는 않았으나, 제자들이 상당 부분 예수님의 길을 따르는데 여전히 부족하고 기대에 못 미친다는 사실이다. 예수님께서 아이에게서 더러운 영을 쫓아내시고 나자 사람들 모두가 놀란다.

"사람들은 모두 하느님의 위대하심에 몹시 놀랐다." 이 놀람은 사람들이 예수님의 행위를 통해 하느님의 위대하심, 위엄과 권능이 드러났음을 인식했다는 것을 가리킨다. 곧 더러운 영을 제압하고 쫓아내어 아이를 아버지에게 돌려준 일은 예수님과 하느님의 관계를 드러내고, 그분의 구마 치유 능력을 확인시켜 준다. 또한 한순간 그분의 기원을 밝혔던 변모도 확인시켜 준다. 산 아래 남아 있던 제자들과 군중에게도, 산 위에 올라갔던 제자들에게도.

(4) 수난과 부활의 두 번째 예고 9,43ㄴ-45

"사람들이 다 예수님께서 하신 모든 일을 보고 놀라워하는데, 예수님께서 제자들에게 이르셨다"(43ㄴ절). 그때 예수님께서 제자들에게 당신의 수난을 다시 한번 예고하신다. "너희는 이 말을 귀담아들어라. 사람의 아들은 사람들의 손에 넘겨질 것이다"(44절). 하느님의 위대하심을 드러내 보여 사람들을 놀라게 한 그분이 당신의 다음 여정도 보라고 하신다. 그 수난 여정도 하느님의 위대하심을 드러내는 사건이지만 제자들은 그 점을 보지 못할 것이다. 그들이 하느님의 위대하심이라고 보는 영역은 정해져 있다. 제자로서 이제는 예수님의 신적 위대함을 알아보기 시작해야 하지만, 더 나아가야 알게 될 것이다.

영에 들린 아이의 구마를 해내지 못한 제자들에 대해서 침묵하던 복음사가가 이때서야 비로소 제자들의 상태를 표현한다. 제자들은 그 말씀을 알아듣지도 못하고, 묻는 것조차도 두려워하였다고 한다

(45절). 예수님의 길을 이해하는 데 있어, 특히 그 길에 수난의 여정이 포함되어 있음을 알아듣는 데 있어서는 제자들도 군중과 같은 상태이다. 이것은 사실 단지 제자들의 부족함으로 이해하지 못하는 것이 아니라 "그 뜻이 감추어져 있어서"라고 복음사가는 밝혀준다(45절). 제자들이 구원의 역사를 이해하지 못하는 측면도 있지만 하느님 편에서 뜻하신 바가 감추어져 있기 때문이라는 것이다. 사실 묻는 것도 두려워하였다는 것은, 들려주신 말씀이 이미 드러내고 있는 진실을 감지하고는 두려움을 느꼈고, 그래서 질문조차 하지 못한 것이다. 이 두려움을 극복하려면 "나 때문에 자기 목숨을 잃는 그 사람은 목숨을 구할 것이다"(9,24)라는 말씀을 깨달아야 할 터인데, 아직은 예수님께 가르침을 더 듣고 배우며, 그분과 함께 계속 더 걸어야 한다.

(5) 제자들 가운데 가장 작은 사람 9,46-48

46절

"제자들 가운데 누가 가장 큰 사람이냐 하는 문제로 그들 사이에 논쟁이 일어났다." 9,23의 가르침이 제시된 이유와 가르침의 진정한 의미가 지금 예수님의 뒤를 따라가는 제자들의 행동을 통해 드러난다. 제자들은 길에서 누가 가장 큰 사람이냐고 논쟁(디아로기스모스 διαλογισμός)을 했다. 다툰 것이 아니라 논쟁하였다고 하지만 부정적인 분위기는 읽힌다. 서로의 생각이 달라 각기 자기 의견을 주장하면서 논쟁이 벌어진 것은, 논쟁의 주제가 결국 자신들에 대한 평가와 인정 문제로 귀결되기 때문이었다.

47절

이를 확인하듯 이어지는 문장에서 "예수님께서는 그들 마음속의 생각을 아시고…"(47절)라고 밝힌다. 외부에서 벌어지는 논쟁과 더불어 속마음이 움직이고 있다. 루카는 이것이 내적 문제임을 짚는다. 마치 사탄이 외부에서 안으로 들어가듯(루카 22,3 참조), 의견의 차이는 밖에서 제자들 사이로 들어간다. 이것은 외부 사건 같지만 한편 완전히 내적 문제이다. 왜냐하면 그 자신의 동의 없이 무엇인가가 그 사람을 점령할 수는 없기 때문이다.

48절

이 구절은 두 가지 내용을 말하고 있다. 하나는 크고 작음의 관심을 떠나 받아들임을 말한다. 예수님은 어린이 하나를 데려다가 곁에 세우시고는 누구든지 그 어린이를 당신 이름으로 받아들이면 당신을 받아들이는 것이라고 말씀하신다. 지금 제자들은 예수님의 제자이고 동료인 서로를 인정하고 받아들이는 데 어려움을 겪고 있다. 크기를 헤아리기 이전에 서로를 받아들여야 한다. 그것이 예수님을 받아들이는 것이다. 데코마이(δέχομαι)는 '받아들이다, 환영하다, 좋다고 인정하다'의 뜻이 있다. 또 하나는 크기를 재는 기준이다. 예수님께서는 사람의 크기를 굳이 잰다면, 그 크기는 동료들 사이에서 얼마나 겸손하게 자신을 낮추고 자신을 작게 하느냐에 달려 있다고 하신다. 일반적으로 '겸손'이라고 말한다. "너희 가운데에서 가장 작은 사람이야말로 가장 큰 사람이다."

예수님의 길, 제자의 길에 대한 가르침을 받는 중인 제자들은 예수님의 길에 있는 수난과 죽음의 과정을 알아듣지 못하기에 그분을 뒤따르는 길에 있는 겸손과 낮춤은 보지 못하고 예수님 측근으로서 받게 될 영광을 기대하며 논쟁을 하였다. 솔직히 말해 예수님의 말씀은 알아듣기가 실제로 매우 어렵다. 수난에서 하느님의 위대하심이 드러난다는 말씀도, 예수님 때문에 목숨을 잃는 것이 목숨을 구하는 것이라는 말씀도, 가장 작은 사람이 가장 큰 사람이라는 말씀도 알아듣기 어렵다. 말의 의미를 조금 알아들었다 하더라도, 그대로 실천하려면 세상 삶의 이치에서는 낯설고 어려운 이야기다. 제자들이 겪는 과정, 길에서 벌이는 논쟁은 우리 인생길에서 벌어지는 다툼을 그대로 반영한다.

예수님은 단순하고 간단하게 가르쳐주신다. 뭇 어린이 가운데 하나를 '예수님 이름으로 받아들이면' 예수님을 받아들이는 것이라고, 그래서 그것이 하느님을 받아들이는 일까지 된다고 알려주신다. '내 이름으로'는 여러 의미를 지닐 수 있다. '그가 내 제자이기 때문에', '나를 위하여', '너희가 나의 제자이기 때문에', '나의 모범을 따라서', 또는 '그가 마치 나인 것처럼' 등의 의미를 지닐 수 있다. 핵심은 작은 이(아무런 영향력 없는 이)에게 보이는 수용과 존중이 예수님을 대하는 수용이나 존중과 같다는 것이다. 그렇다면 우리 사이에 크기가 무슨 의미가 있겠는가? 동료를 누구나 예수님 이름으로 받아들일 수 있다면 말이다.

진정한 크기는 겸손에 있다. 사람의 크기를 굳이 잰다면 그것을 잴 수 있는 수단은 오로지 '겸손'이다. 예수님은 자신을 겸손하게 낮춘 작은 사람이 가장 크다고 하신다. 동료들 사이에서 자신을 가장 작은 이로 여기는 겸손을 감당하는 이가 바로 큰 사람이다. 가장 작은 사람이라는 사실을 감당할 능력이 없다면 그냥 작은 사람이다. 어린이에서 예수님을 거쳐 하느님께 이르는 받아들임의 길에 대한 첫 번째 가르침은 받아들여짐의 근거도, 나아가 크기, 위대함의 근거도 하느님으로부터 비롯한다는 가장 근원적인 진실을 밝히고 있음을 간과하지 말아야 한다.

(6) 반대하지 않는 이 9,49-50

예수님의 제자는 아니지만 그분의 이름으로 마귀를 쫓아내는 이에 대한 이야기가 예수님의 갈릴래아 활동의 마지막 이야기다. "스승님, 어떤 사람이 스승님의 이름으로 마귀를 쫓아내는 것을 저희가 보았습니다. 그런데 그가 저희와 함께 스승님을 따르는 사람이 아니므로, 저희는 그가 그런 일을 못 하게 막아보려고 하였습니다." 이 말에서는 제자들이 자기들의 특권과 영역을 주장하는 모습이 보인다. 49절의 첫 단어는 아포크리테이스(Ἀποκριθεὶς 대답하여)이니, 직역하면, '요한이 대답하여 말씀을 드리기를'이다. 이 표현으로 이 문장은 48절과 연결된다. 내용상 이 구절들은 37-50절의 한 부분으로 예수님을 따르는 제자들의 태도에 대한 가르침의 맥락에서 이해할 수 있다. 이 말을 하는 제자에게서 예수님에 대한 충절을 볼 수도 있는데, 그의 말은 민수기에서 모임에 참석하지 않고 진영에 남아 있던 엘닷과 메닷이 영을 받은 사실을 두고 오간 모세와 여호수아 사이의 대화를 상기시킨다(민수 11,24-30). 모세는 "차라리 주님의 온 백성이 예언자였으면 좋겠다. 주님께서 그들에게 당신의 영을 내려주셨으면 좋겠다"라고 말했다. 물론 주술사가 예수님의 이름을 이용하여 구마를 하는 것은 하느님의 영을 받아 예언하는 구약성경의 경우와는 다르다고 하겠다. 그럼에도 여기에서 예수님은 당신의 이름으로, 고통받는 이들에게 하느님의 자비가 확장되도록 너그럽게 허락하신다고 이해할 수 있다. 예수님은 "막지 마라. 너희를 반대하지 않는 이는 너희를 지지하는 사람이다"라고 하신다. 여기에서 '지지하다'라고 번역된 휘페르 휘몬 에스틴(ὑπὲρ ὑμῶν ἐστιν)을 직역하면, 휘페르(ὑπὲρ) 전치사에 '위하는, 이로운'의 뜻이 있으니 '너희를 위하는', 혹은 '너희에게 이득이 되는'이라는 의미가 된다. 일말의 동조와 참여의 가능성을 말씀하신 것으로 볼 수 있다. 그러한 실마리가 그 사람을 주님께로 이끄는 계기가 될 수도 있다. 제자들의 공동체는 닫힌 공동체가 아니다. 실상 그들과 함께 예수님을 따르는 이들은 앞으로 점점 늘어나고 많아져야 한다(사도 5,4 참조).

편집 구조와 위치로 볼 때, 9,49-50 내용이 제자의 길에 대한 가르침(9,23-50)에 속해 있고, 이 가르침은 4,14-9,50에 이르는 갈릴래아에서 펼치는 전체 공생활에서 세 번째 단락(9,1-50), 곧 갈릴래아 활동 3에 속하는 구조가 맞다면, 9,49-50은 정말 9,23-50의 맥락에 맞춰 이해되어야 할 것이다. 예수님은 당신의 뒤를 따르는 길에서는 제자들이 동료들 사이에서 위치와 크기에 대한 독점욕을 버리고, '예수님의 이름으로' 작은 이를 받아들이고 작은 이가 되라고 하신다. 또 같은 맥락에서 스승이신 '예수님의 이름으로' 구마하는 이들을 막지 말라고 하신다. 제자 그룹의 능력과 특권의 경계를 지키고 보호하려고 선을 긋지 말고, 반대하지 않는 소극적인 지지라도 받아들이며 선교를 시작하는 실마리를 귀하게 여기라는 가르침인 듯하다. '예수님 이름 때문에' 목숨을 잃는 사람은 목숨을 구할 것이라는 말씀의 의미와 맥을 같이한다.

알.가.유.소. 10 》 예루살렘 여정과 팔레스티나 길(루카 9,51-19,27)

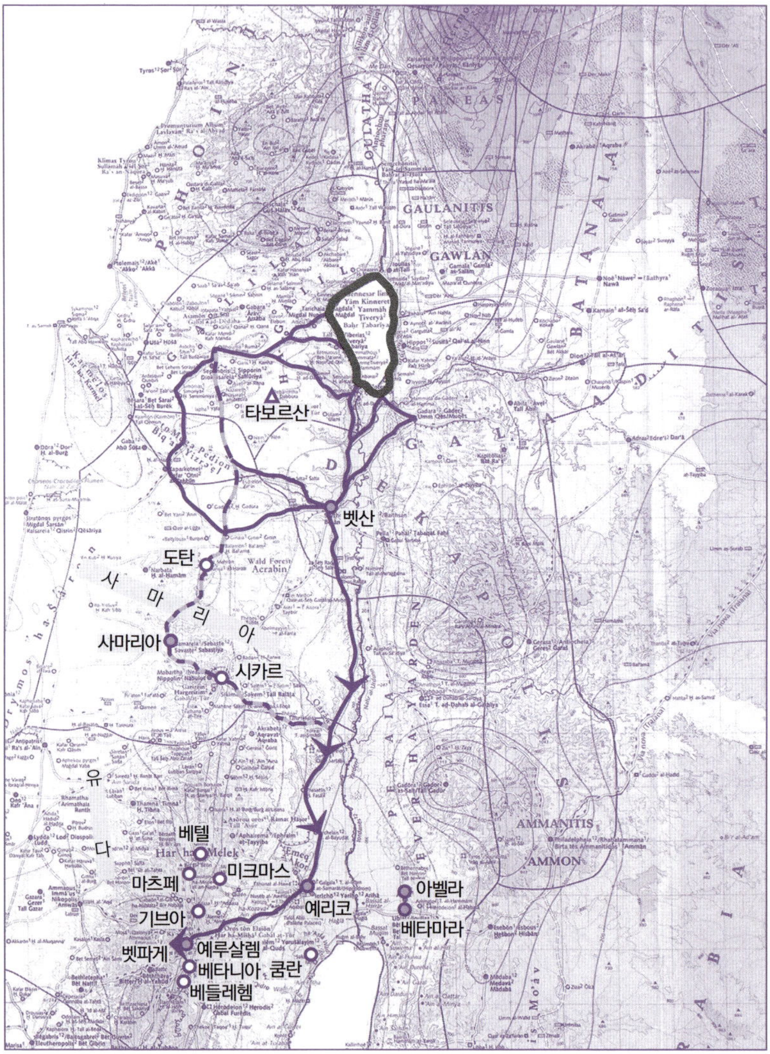

지도8 | 예루살렘 여정

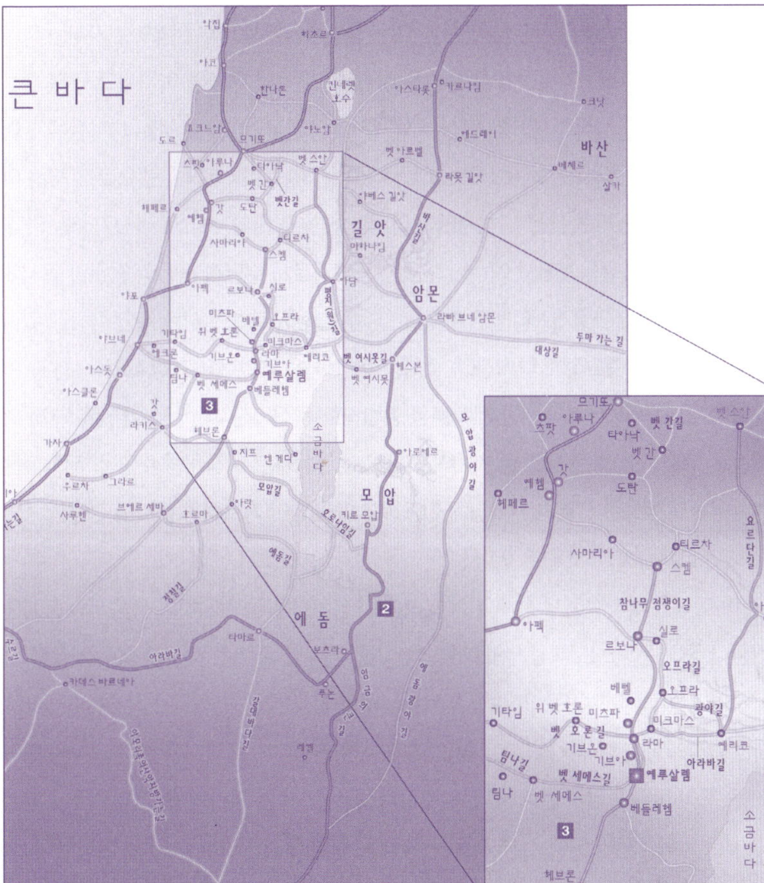

큰 바다
바산
길 앗
암몬
모 압
에 돔
소금바다
예루살렘
베들레헴
헤브론
세겜
사마리아
실로
여리고
라마
기브아
벳 간길
오프라길
벳 세메스길
참나무 점쟁이길
아라바길
요르단길
두마 가는 길
대상길
모압 광야 길
에돔 광야 길

지도9 | 팔레스티나 길

예루살렘 여정

루카복음서는 9,51부터 새로운 국면을 맞는다. 예수님께서 예루살렘으로 가시는 여정 이야기가 19,27까지 다뤄진다. 예수님은 갈릴래아에서의 행적을 마치시고 이제 예루살렘으로 여행을 시작하시면서, 당신의 목적지가 예루살렘이라는 것을 제자들에게 여러 번 상기시키신다(9,51.53; 13,22.33; 17,11; 18,31; 19,11.28). 예루살렘으로 가시는 이유는 단순히 수난과 죽음을 위해서만이 아니라 '하늘로 올라가실 때'가 찼기 때문이다. 예루살렘은 루카복음서에서 예수님의 최종 목적지로서 수난과 죽음의 장소인 동시에 승천의 장소이다. 그렇게 의미심장한 장소인 예루살렘으로 향하시는 동안 행하신 일들이 이 부분에서 중요하게 다뤄진다. 루카는 이 여정을 무엇보다도 '성취'와 '승천'과 연결한다. 그 맥락에서 예수님이 제자들을 동반하고 움직이신다는 사실이 강조되어, 이 여정은 제자들에게 큰 영향을 미치며 그들을 훈련시키는 과정처럼 보인다. 제자들은 예수님과 동행하며 그분의 가르침에 집중하고 마침내 이 가르침과 행적의 진정한 증인이 되며 그분을 따르게 될 것이다.

이 대목은 루카복음서 전체의 삼 분의 일이 넘는 분량을 차지하며 복음서의 중심을 이룬다. 루카는 마르코복음서의 예루살렘 여행 기사를 토대로 자신의 특수 자료를 사용하여 긴 여행 이야기로 엮었다. 루카복음의 편집적 특색인 소외된 자들(사마리아인, 여인, 세리와 죄인, 병자와 불구자, 이방인 등)에 대한 관심이 두드러지고 루카 고유의 이야기들, 특히 비유가 많이 들어 있다. 학자들은 9,51-18,14을 루카의 '큰 삽입'이라고 부른다. 마르코복음서의 여행 기사 자료는 이 대목 거의 끝인 18,15-19,27에 나타난다. 그리고 이어지는 19,28-24,53은 복음서의 마지막 부분으로 도착지인 예루살렘 도성 안에서 벌어지는 일을 다룬다.

갈릴래아를 떠나 남유다 지역으로 가서 예루살렘의 관문인 예리코에 이르기까지, 그 길에서의 이야기들을 장소에 따라 구분하기는 간단하지가 않다. 길을 따라 장소가 차례대로 거론되지 않고 순서가 섞여 있으며, 내용적으로도 주제에 따른 구분을 하기가 명확하지 않은 부분이 포함되어 있다. 그래서 어떤 주석가들은 이 여정 동안의 에피소드와 가르침을 61개나 되는 크고 작은 소단위로 길게 나열하기도 하고, 14-24개의 소단위 주제로 에피소드들을 묶기도 할 정도로 복합적이다. 여기서는 주제에 따른 구분을 참조하여 9,51-19,27까지 단락을 나누려고 시도하였지만, 명확한 기준을 설정하기가 어려워 해설 길이의 편의상 예루살렘 여정1, 여정2, 여정3으로 구분해보았다. 또한 대략 지역과 가르침에 따라 구분해본 구조도 실었다. 두 개를 함께 보는 것이 필요하다.

루카 9,51-19,27의 공간적 배경(길, 마을, 고을)

사마리아 지역 마을들	9,51-56	예수님 영접
남쪽으로 길을 가며	9,57-62	제자 됨
	10,1-12	제자 파견
	10,13-16	파견된 이들에 대한 태도 (코라진과 벳사이다의 예)
	10,17-24	제자들의 귀환, 예수님의 감사기도
갈릴래아와 예루살렘 사이	10,25-37	가장 큰 계명, 착한 사마리아인의 비유
	10,38-42; 11,1-13	마르타와 마리아, 기도에 대한 가르침
사마리아	11,14-54; 12,1-12	구마, 더러운 영, 바리사이와의 갈등과 시비
	12,13-34	탐욕에 대한 가르침
	12,35-13,9	심판 예고

마을과 고을들	13,10-21	하느님 나라 가르침, 덕행의 효과
	13,22-14,35	미래 역전에 대한 가르침
	15,1-32	죄인에 대한 하느님의 마음
요르단 계곡 길 사마리아와 갈릴래아 사이	16,1-31	재물 사용에 대한 가르침
	17,1-37	하느님 나라 가르침, 용서, 믿음 등
산길 (족장들의 길)	18,1-17	기도하는 태도
마을과 고을들	18,18-34	예수님을 따름
예리코	18,35-19,27	눈먼 이, 자캐오, 미나의 비유

참고 도서

성경

- 성경, 천주교중앙협의회, 2005.
- *The Greek New Testament, Fifth Revised Edition*, ed. Barbara Aland, Kurt Aland, Johannes Karavidopoulos, Carlo M.Martini, and Bruce Metzger, Deutsche Bibelgesellschaft; American Bible Society; United Bible Societies, 2014, 2nd Corrected Printing 2015.
- *Synopsis of the Fiour Gospels. Greek-English Edition of the Synopsis Quattuor Evangelium. On the basis of the Greek Text of Nestle-Aland 27th Edition and Greek New Testament 4th Revised Edition. The English Text is the Second Edition of the Revised Standard Version*, Ed. Kurt Aland, 13th Edition 2007, German Bible Society.

사전

- *A Greek-English Lexicon of the New Testament and other Early Christian Literature* (3th edition), revised and ed. Frederick William Danker, based on Walter Bauer's, The University of Chicago Press: Chicago and London, 2000.

주석서

- 루크 티머시 존슨, 《루카복음서》, 조장윤 옮김, 대전가톨릭대학교출판부, 2017.
- 조셉 A. 피츠마이어, 《앵커바이블 누가복음 I》, 이두희·황의무 옮김, 기독교문서선교회, 2015.
- ________, 《앵커바이블 누가복음 II》, 우성훈 옮김, 기독교문서선교회, 2015.
- 존 놀랜드, 《누가복음 1:1-9,20》, 김경진 옮김, 솔로몬, 2003.
- ________, 《누가복음 9,21-18,34》, 김경진 옮김, 솔로몬, 2005.
- ________, 《누가복음 18,35-24,53》, 김경진 옮김, 솔로몬, 2005.

· Françis Bovon, *Vangelo di Luca vol I: Introduzione. Commento a 1,1-9,50* (ed. italiana di Oscar Ianovitz), Paideia Brecia, 2005. (or. *Das Evangelium nach Lukas 1. Lk 1,1-9,50* Neikirchener Verlag, Neukirchen-Vluyn 1989).
· ________, *Vangelo di Luca vol II: Commento a 9,51-19,27* (ed. italiana di Oscar Ianovitz), Paideia Brecia, 2007. (or. *Das Evangelium nach Lukas 2. Lk 9,51-14,35; 3. Lk 15,1-19,27* Neikirchener Verlag, Neukirchen-Vluyn 1996, 2001).
· ________, *Vangelo di Luca vol III: Commento a 19,28-24,53* (ed. italiana di Oscar Ianovitz), Paideia Brecia, 2013. (or. *Das Evangelium nach Lukas 4. Lk 19,28-24,53* Neikirchener Verlag, Neukirchen-Vluyn 2009).

그 외 도서

· 김정훈, 《칠십인역 입문: 본문의 역사와 연구의 실제》, 바오로딸, 2009.
· 라이오넬 카슨, 《고대 도서관의 역사》, 김양진·이희영 옮김, 이춘희 감수, 르네상스, 2003.
· 로이 매클라우드 외, 《에코의 서재 알렉산드리아 도서관》, 이종인 옮김, 시공사, 2004.
· 영원한도움 성서연구소, 《성경지도》, 성서와함께, 2010.
· 존 J. 킬갈렌, 《루카복음서의 20가지 비유》, 권영랑 옮김, 최안나 감수, 성서와함께, 2019.
· *The new Complete Works of Josephus, Revised and Expanded Edition*, Translation and Dissertations by Willam Whiston, Introduction and Commentaries by Paul L. Maier, Grand Rapids, 1999.
· *Tübingen Bibel Atlas, Based on the Tübingen Atlas of the Near and Middle East*, ed. Siegfried Mittmann & Götz Schmitt, Deutsche Bibelgesellschaft, Stuttgart, 2001.

루카복음서 해설 1

서울대교구 인가: 2021년 9월 1일
초판 1쇄 펴낸날: 2021년 11월 15일
2쇄 펴낸날: 2022년 10월 18일
지은이: 최안나
펴낸이: 백인실
펴낸곳: 성서와함께
06910 서울특별시 동작구 흑석로 13길 7
Tel (02) 822-0125~7 / Fax (02) 822-0128
http://www.withbible.com / e-mail: order@withbible.com
등록번호 14-44 (1987년 11월 25일)

ISBN 978-89-7635-389-4 94230
978-89-7635-908-7(세트)